教你如何變得更有價值！

早晚有一天，可以不再為了生活出售自己的時間

通往 財富自由之路

李笑來——著

FINANCIAL FREEDOM

推薦序

看完這本書，我只有一個心得，我錯過了五輩子（按李笑來的說法，七年就是一輩子），應該早看的！不過哪有什麼關係，反正現在的人長命，至少還有兩輩子映證李笑來書中「那些簡單樸素好用的道理」！這本書，讓我佩服有三點：

一、直直地說出你的弱點，而你還點頭稱是，並謝謝他「罵得對」

二、不說大道理，而是說出道理背後的道理，帶著你看到道理為什麼有道理

三、給你方法，還怕你覺得難就不做，不斷拆解切割到最簡單易上手的地步

可是你一定想問，道理聽了很多、方法也練了不少，人生還是一籌莫展，再看李笑來這本書，有用嗎？我的答案是有用！因為——

一、道理，李笑來講通了，通了就好記！

二、方法，李笑來切小了，小了就好做！

不過重點仍然是在，現在！去用！積累！

洪雪珍

yes123 求職網資深副總經理

自序

二〇〇九年，《把時間當作朋友》由電子工業出版社出版（編按：本書繁體中文版由漫遊者出版）。幾年下來，讀者評價一直很高，豆瓣評分保持在八．六分以上。然而，有個細節一直讓我糾結——偶爾會看到有讀者提問：副書名「運用心智獲得解放」中的「心智」指的究竟是什麼？

起初我也沒太當回事兒，覺得「只要你接著把書讀完就能明白」，可當我想把「心智究竟是什麼」解釋清楚的時候，才發現這並不容易。我掙扎了很久，卻沒有做到、做好。隔了三年，我再次做了修訂，在《把時間當作朋友（第三版）》中，我專門加了一節，標題是「何謂心智」，的確有些進步，但依然非常不滿意。

在這個過程中，我將更多的注意力放到了別的地方，比如賺更多的錢，比如買更多的比特幣，比如讓自己的生活品質更高一些……我的生活發生了巨變。雖然我依然保持著「每天至少寫三千字」的習慣，但很少將它們公開發表（原因之一是當時我覺得自己正在琢磨的很多事情不再適合公開發表），甚至產生過「關於講道理的書，我這輩子可能都不會再寫了」的想法。

轉眼到了二〇一五年上半年——距離我最初在博客上連載《把時間當作朋友》（二〇〇七年）已經過去了「一輩子」（按我自己的說法，「七年就是一輩子」）。

二〇一四年底到二〇一五年初，我開始對身邊的朋友說，微信很可能過不了多久就會成為「事實上的整個互聯網」，如果再聽到有人說「微信創業」，很可能需要嚴肅對待了，而不是像一些人「在寫文章的時候憤怒地說」的那樣：「噢，你開個微信訂閱號就叫創業了？開！玩！笑！」可說實話，我的遊說不僅收效甚微，而且要面對「微信的紅利期已經過去了」的所謂「判斷」。到了二〇一五年八月，我乾脆自己開了個微信訂閱號（本來只是想做個示範，不曾想後來因此一口氣搞了好幾個公司，這是後話），不由自主地重新開啟了「公開寫作」模式。

到了二〇一五年十一月，我開始寫《七年就是一輩子》，在其中的一篇文章裡，我提到了這麼一個事實：

電腦的硬體和軟體都是可以升級的，其實人也一樣。「硬體」的的確確是可以升級的——透過鍛鍊讓自己更為強壯，不就是「硬體升級」嗎？更為重要的是，人的「軟體」也可以升級——我們每學習一項重大技能，不都相當於「升級」了一次「作業系統」嗎？我們不斷換更高級的電腦（甚至只能收集），不斷升級它們的作業系統，為什麼竟然疏於升級我們自己的「作業系統」呢？

寫完這篇文章的那個下午，我突然如釋重負——我終於找到了一個能夠通俗地解釋「心智」的表述（竟然轉眼過去了七年多）：

所謂「心智」，生動點講，就是我們每個人腦子裡的那個可以不斷升級的作業系統。

到了二〇一六年七月，我之前答應羅振宇的事情終於要落實了——我在「得到」APP上開了個專欄，取名《通往財富自由之路》。我相信，在這個時代，每個人都有機會，都有至少一次機會獲得財富自由，雖然說到、想到、做到不是一回事，雖然永遠只有少數人能真正做到，但我相信，在這個時代，最終做到的人的比例要比過去高出很多——很簡單也很清楚的邏輯。

而且，我相信凡事都是有方法論的。如果我能讓一些人的作業系統（即，過去我只能籠統講述的「心智」）升級升級再升級，那麼他們的能力、能量、效率都會發生巨大的變化。再進一步，更有能力、更有能量、更有效率的人，是不是有更大的機率賺到更多的錢，或者能更快地獲得財富自由呢？我覺得是有可能的。我自己就是這樣一路走過來的，所以，我不僅是相信，更是**篤信**（即，百分之百地執拗地相信），要不然我也走不到今天。

寫專欄是個「痛並快樂著」的過程。

所謂「痛」，在於要做到長期持續更新，但這並不是像想像中那麼容易的事情。二〇一七年四月，我患上了急性角膜炎，病程接近三週，其間只能蒙著眼睛，當然就無法操作鍵盤去創作了。長期使用鍵盤的我在拿著錄音筆的情況下是完全「倒」不出任何東西的——貌似大腦尚未習得邊說邊想的技能一樣，瞬間變成了「弱智」。然而，專欄的更新卻沒有停止。為什麼呢？因為我是個有方法論的人，在起步的時候就知道很可能會出現意外，所以從一開始就「製造了很多庫存」，於是，即便我「瞎」了，我還是可以按時「交作業」。

所謂「快樂」，在於我看到有很多人發生了變化。我有個長期的理想——改變世界——這從來都被當成一個玩笑。有時候同事們聚會我沒去，大夥兒就問我老婆：「你家李老師呢？」我老婆就笑嘻嘻地轉述我的原話：「改變世界去了唄……」大家哈哈大笑。可事實上，我並不覺得自己是在開玩笑，我有自己的「改變世界」的方法。既然這世界是由人組成的，如果我有辦法改變一個又一個的人，那麼我就是在一點又一點地改變世界。多年來，我實實在在地改變了很多人，而這世界卻貌似沒有什麼變化，其實，這只不過是因為世界太大但我太渺小而已，並不意味著我沒有用處，不是嗎？

我的專欄訂閱人數很多，甚至是二〇一六年全中國所有收費專欄中訂閱人數最多的。如果是全中國最多，弄不好還真是全世界最多——中國的人口就是全世界最多。所以，若按照我的定義，這世界就因為我的存在而改變了不少，至於改變了多少，我也不知道。但，請允許我胡亂「自嗨」一下，也請原諒我一下——想想看，在這樣的時候有誰會不高興呢？而且，肯定是相當高興啊！

從博客時代開始，我就有一個好習慣：不刪除任何留言，哪怕是差評、惡評。經驗告訴我，即便是差評甚至惡評，都會給我提供很多反思的機會，而這事實上是相當寶貴的。我把《通往財富自由之路》這個專欄裡的所有評論都放了出來——放在我自己做的一個網站裡面，這個網站調用了「得到」App的唯讀API。迄今為止，專欄留言超過百萬，差評率低於萬分之一——一共也沒有幾條差評。我每天固定要花一小時去讀這些留言。這一小時，絕對是多巴胺分泌水準大漲的一小時，比做任何事都開心。這一小時會確定地告訴我，我所做的事不僅是有意義的，而且是有很大意義的，有很多人真的因此發生了巨大的變化——有什麼能比這個事實更讓一個作者感到幸福呢？

現在，我重新組織了《七年就是一輩子》和《通往財富自由之路》的內容，寫成這本書，意在幫助更多的人升級自己的「作業系統」，即，擁有更具能量的「心智」，走在「通往財富自由之路」上（「財富自由」就是你的「作業系統」在這本書裡要升級的概念）。終有一天，希望你能意識到時間真的是你的朋友，你不僅發生了變化，還完成了升級——希望你看得到，那個未來的你，已經成為最好的你！

祝你好運！

李笑來

二〇一七年夏 於北京

前言

你是否**篤信**你**能**變成更好的你？

注意——不是「覺得」，不是「希望」，甚至不是「相信」，而是「篤信」（即，一二〇％地相信）；不是「也許能」，而是乾脆清楚的「能」。若你不是「篤信」，只是「希望」，只是「覺得」，那後面的「能」就只能變成「也許能」，或者變成乾脆清楚的「不能」了。若你不篤信「你能變成更好的你」，那你也沒必要讀下去了，你甚至不該買這本書——還不如去星巴克買杯飲料喝掉然後上趟廁所呢。

為什麼是一二〇％地相信？是為了說得生動一點——我是說，你要相信到這樣的地步：即便有人打擊你，打擊掉二〇％，你依然一〇〇％地相信！

你必須對兩件事深信不疑：

▽用正確的方法做正確的事情，你一定會變得更好！

▽若長期持續用正確的方法做正確的事情，你的未來一定會很偉大！

「用正確的方法做正確的事情」是我在《把時間當作朋友》裡為「管理時間其實是個偽命題，因為我們事實上無法管理時間，時間根本不會因為誰的意志而有所變化」這個事實給出的解決方案。

你知道你為什麼要對自己的美好未來深信不疑嗎？我甚至常常向身邊的人一遍一遍地灌輸「你必須盲目篤信」的觀念——對你認定的這件事的篤信要盲目到誰都不能動搖的地步……因為啊，因為**這件事除了你自己之外沒有人會相信！**

我聽到了，也許你也聽到了，有個聲音在某處大喊：「雞湯！雞湯！這就是雞湯！」

我出生於一九七二年，一路成長，其間讀過很多很多「雞湯」，也受益良多。對，我並不討厭「雞湯」，即便在某個時間段會多少有些警惕——在《把時間當作朋友（第二版）》裡就專門有一章，標題是「小心所謂『成功學』」……

從理論上講，那些在今天被人們稱為「雞湯」的東西，本質上只不過是心理學研究成果的「通俗版」，真的沒什麼不好。首先，科學是靠不斷否定自己而發展進步的，所以有些「理論」不正確或者被推翻其實很正常；其次，很多有問題的「通俗版」其實是「通俗演繹版」，在被過度演繹之後產生了一些謬誤及原本沒有的扭曲；最後，即便是正確傳遞的「通俗版」，受眾在理解與應用的過程中也會有很多不恰當或者不徹底的情況，所以，哪怕是一些有用的東西，到了最後也會變成沒用甚至有害的東西了。因此，若因為一些「過度演繹版」的謬誤而徹底否定心理學研究成果，可就大錯特錯了，就好像那個類比所說的一樣——「潑髒水把孩子也潑出去了」。

那麼，有沒有「毒雞湯」呢？有啊！可是，「毒」不在「雞湯」裡，要麼是別人放進去的，要麼是自己放進去的，跟「雞湯」本身沒有關係。更何況，大多數人不懂得如何把自己的知識應用到其他領域中去。我們都學過生理學——「以毒攻毒」不就是常見的策略嗎？「種痘」不就是用一次病毒注射打造終生的免疫能力嗎？可見，有時候吸收一點「毒物」甚至有可能終生受益呢。

又，為什麼「懂了那麼多道理卻依然過不好這一生」？

這種現象貌似普遍存在，但我們不能因為這種現象的存在而否定「道理」的價值。例如，學生們一樣天天去上學，坐在一樣的教室裡，讀一樣的課本，聽一樣的老師講課，結果不僅學習成績天差地別，還有相當數量的人根本就學不好甚至學不會——這有什麼可奇怪的嗎？有沒有簡單的解釋呢？解釋真的很簡單——大多數學生不好好做作業啊！絕大多數成績好的學生怎麼會完成不了作業呢？

「知識傳遞」本身不是教育，它只不過是教育這個龐大的系統工程中的第一個環節而已。若「傳遞」本身就能完成教育，那就用不著辦學校，只要有出版社就夠了，但事實並非如此。讓教育真正發揮作用，主要靠的是知識吸收者（學生，或者乾脆點，你自己），而不是知識傳遞者。這就好像為了增肌而吃東西一樣，吃得太少可能會因為血糖不足而暈倒，吃得太多會導致消化不良，吃得不夠多就不可能繼續增肌……可問題在於，若不進行大量的運動，不去跑步，不去舉啞鈴、做深蹲，不去做各種各樣令人難以忍受的動作，那吃什麼都沒有用，不是嗎？

所以，為什麼有那麼多人「懂了那麼多道理卻依然過不好這一生」呢？因為他們「不運動」啊！

他們不去運用那些道理，所以就沒有機會在運用中調整自己及自己對那些道理的理解和感悟，他們事實上並沒有完成那些道理的「內化」，那些道理對他們來說只不過是中小學課本上印著的字而已，早就還給別人了！或者，說得再乾脆一點，他們頂多是「識字」而已，根本談不上「有文化」。

但是，為什麼還有很多人，的的確確「掙扎」過，卻和那些從未「掙扎」過的人下場一樣呢？解釋依然很簡單——「掙扎」得不夠。任何道理都和我們平日裡使用的任何「工具」一樣，要在大量使用之後才能進入「熟練」階段，而後才能「運用自如」。所謂「掙扎」，無非是把自己起初並不熟悉的「工具」（即，那些道理），透過反覆運用、反覆琢磨、反覆調整，變成自己能夠熟練運用的工具。你一定見過那些工具運用不熟練的人，他們看上去很笨拙，做每個動作都像在掙扎——若那人受不了自己的笨拙，中途放棄了，那「工具」也就瞬間淪為廢物了。

所以，說來說去，怪誰呢？怪自己。

從這個角度望過去，如果在未來的某一天，你並沒有變成更好的自己，或者說，你並沒有變成到那時應該最好的你，怪誰呢？怪自己。怪不得別人。當然，也怪不得那些道理和那些心理學研究成果——或者說「雞湯」。若「雞湯」的定義是「心理學研究成果的通俗版」，那我的確非常樂意笑嘻嘻地承認：「我就是『雞湯』的作者啊！」

我篤信「進步」這件事是有「方法論」的——任何領域的任何進步都有方法論。哪怕是一把螺絲起子，在不同的地方使用的時候，手握的位置和姿勢都會影響工作效率。如果這麼簡單的事都可能有方法論，如果所謂「進步」只不過是「把事情做得更好」的話，那麼什麼樣的進步沒有方法論呢？再進一步，所有「很大的進步」不都是由類似「螺絲起子的手握方式改進」這種細微的進步積累而成的嗎？目前我看不出還有其他重要因素存在。

不僅一切事情都有方法論，甚至連方法論也有方法論。事實上，這本書在某種意義上就是「『草根』逆襲方法論」——誰在起初不是所謂的「草根」呢？當然，我不太願意使用「逆襲」這個詞，我寧願使用「所有普通人的成長方法論」這樣樸素的陳述。這裡的一個關鍵字是「成長」。對，是「成長」，而不是「成功」。成功只是一個里程碑，難道成功之後就不再成長了嗎？後面可還有很長的路呢！

請所有讀者保持耐心，我雖然自稱「雞湯」作者，但讀到這裡的你早就應該明白，我所說的「雞湯」和別人所說的「雞湯」可能根本不是一回事。這本書的內容，肯定不是他們所說的那種「雞湯」。這本書是討論方法論的。無論什麼事，都有方法做得更好，就算是「燉雞湯」，也有人燉得不夠美味，有人卻燉得格外香，同時還很滋補。

生活也好，人生也罷，都一樣，總是有方法活得更好。

Let's go!

目次

1. 你知道自己的未來是什麼樣子的嗎？

雖然我們在學生時代多次寫過標題是〈我的理想〉的作文，雖然我們在長大過程中總是向一些我們心儀的人認真描述自己的未來，但絕大多數人事實上對自己的未來並沒有一個清晰直觀的認識。沒辦法，「未來」這個東西在我們的基本感知能力之外，反正五官是不夠用的，我們不可能直接「看到未來」、「聽到未來」、「摸到未來」、「聞到未來」或者「嘗到未來」。

未來這個東西，所有人對它的感知都依賴另外一個器官：**大腦**。不過，絕大多數人並沒有意識到，大腦事實上和五官一樣，是有感知能力的，而且，大腦的感知能力絕對是可開啟、可開發、可挖掘、可發展的。細想想就能知道，所謂「第六感」，事實上就是指這個器官（大腦）的感知能力。

在這本書裡，你會不斷看到我在「**重新定義**」我們大腦中的各種**概念**。「第六感」就是這樣一個會被我重新定義的概念——它並不神祕，它只是我們的另外一個器官的感知能力而已。對這一點，後面會有更深入的解釋。

有沒有什麼方法，可以讓你看到，而且是清晰地看到你的未來呢？別說，還真有。

那條曲線就是你的未來——只要你願意，並且付諸行動，最終就能活出那個形狀的曲線。

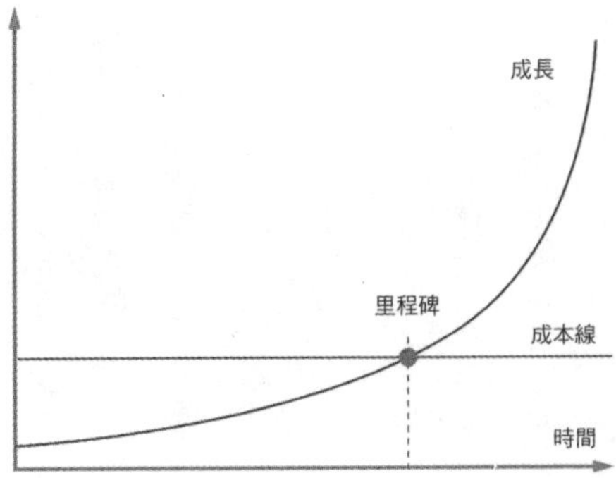

你的未來

每個人都有機會，至少有一次機會，可以活出那樣一條曲線。可最終，人們各自活成了各自的樣子。有些人的曲線上揚了一段時間就回落了，以致終生從未超過那條成本線——無論什麼都有成本，生活有成本，習得技能有成本，獲得尊重有成本，就連做壞蛋都有成本。成長這個東西，只有突破了成本線才開始真正有意義，在那之前都是在掙扎……即便是在突破成本線之後，也要繼續成長。很多人在到達那個「里程碑」之後，人生曲線沒過多久就開始回落，再次回到成本線以下，這種現象極為普遍。

許多年前，當我還在讀大學的時候（就是二十多年以前）就為自己畫了這幅圖。那條細細的橫線對我來說是一個巨大的提示，它就在那裡清楚地告訴我，我所遇到的一切逆境，所感受到的一切委屈，以及正在經歷的一切不開心，其實都是我尚處在成本線之下所致。

但不知道為什麼，我就是非常盲目地篤信自己不僅早晚會突破那條成本線，而且一定能活出那樣一條曲線——不知道最終刻度是多少的曲線。在我三十二歲那年，在我的第一本書《TOEFL 核心詞彙21天突破》出版整整一年的時候，我終於不再為生活所累。而且，除了金錢，我在各方面也感覺自己終於突破了成本線。當時的我回頭看十多年前的那幅圖，真沒想到那個里程碑「來」得如此之快。

寫到這裡，突然想起在我小時候發生的一件事。二十世紀八〇年代末，「萬元戶」（編按，意謂存款或收入破一萬元人民幣）這個概念已經火熱好些年了，而我當時只是個高中生。有一天，同學們湊在一起閒扯，說起將來要賺多少錢，大家紛紛說了一個自己以為「最狂野」的數字——其實不過是幾萬或者幾十萬，但在那個時候已經是「天文數字」了。輪到我的時候，我不知天高地厚地說：「怎麼也得一千萬吧！」大家紛紛做嘔吐狀。許多年過去，我早就賺到了一千萬。可是，這麼多年，這麼大的通貨膨脹率，怎麼可能是當年的一個中學生可以想像的呢？

我一度以為自己是個很「狂妄」的人，直到有一天我讀到孫正義的故事。孫正義在創辦軟銀（Soft Bank）之後，招了三名員工，給他們開會。他站在紙箱上，對員工們說：「今天，軟銀成立了，它將是世界上最偉大的公司……以後，我就是世界首富，你們就分別是第二、第三、第四！」員工們嚇壞了，當場就有兩名員工辭職——當然，那兩個辭職的員工在許多年後只有後悔的份兒了。

孫正義的故事告訴我，我還是個很「腳踏實地」的人。可是，許多年後，當我反思時，另外一個念頭讓我惴惴不安：我今天的成就遠遠不及孫正義，有沒有可能是因為當年在起點上就遠不及他「狂妄」？——雖說這「狂妄」我不一定做得到。可是，換一種樸素的說法，「想到才能做到」——沒想到，又如何確定能做到？後來做到了，之前卻沒想到，那就是運氣成分居多，不是嗎？

最近十多年，我一直鼓勵身邊的人，尤其是年輕人。我告訴他們，「要對自己的美好未來盲目相信」，甚至要「一二〇%地相信」——哪怕被別人潑冷水，打擊掉二〇%，依然是「一〇〇%地相信」

信」。不僅如此，一旦發現只剩下一〇〇%了，還要主動想辦法把這個數值重新培養至一二〇%。

我甚至鼓勵他們把已經賺到的錢全都花掉（當然，不能借錢去花）。邏輯其實很簡單：如果你篤信自己的未來是那樣一條曲線，那麼在成本線被突破之前那段長長的時間裡，你能賺到的錢實際上全都是「小錢」，小到「不值得節省」的地步——就算要省，也省不出多少……雖然這並不符合傳統的教育觀念，但我不僅認同，而且長期以來就是這麼做的。在我身邊這麼做的人也有不少，大家熟悉的羅永浩就是其中之一。我們的理由都一樣：根本不相信自己將來賺不到錢。

對，就是那條曲線，那條曲線就是你必須篤信的那個屬於你的未來。人生很少有必須盲目對待的事情，這倒是其中一件。

2. 你知道那條曲線究竟是什麼嗎？

愛因斯坦說過這樣一句話：

> Compound interest is the eighth wonder of the world. He who understands it, earns it ... he who doesn't ... pays it.
>
> （複利是「世界第八大奇蹟」。知之者賺，不知之者被賺。）

對絕大多數人來說，複利只不過是高中數學課本裡的一個概念而已，做幾道應用題之後就與自己的生活全無關係了。別說複利，事實上，連利息都不見得是每個人都真正完全理解的概念。

利息，毋庸置疑，在今天這個世界裡是個極為簡單的概念，也恰恰因為如此，它是個極好的例子，可以用來說明：

> 無論多麼簡單的概念，都是人類耗費許多年（甚至幾千年）才逐步弄明白，並透過反覆遺忘、反覆教育、反覆更迭才徹底弄明白的。

人們普遍且自然而然地接受利息的存在（或者說「單利計算」）其實不過是近百年的事情。在中國人的印象裡，**「利滾利」**這種缺德事兒是黃世仁那種混蛋為了霸占喜兒才幹得出來的（編按：黃世仁與喜兒是大陸戲劇《白毛女》裡的惡霸地主與貧家女）。

試想一下，如果在幾千年前，某個人在春天的時候向鄰居借了一點種子，到了秋天要歸還種子的時候，是不是會自然而然地多還一些糧食？

抑或，某個人從別人那裡借了一隻母雞，等母雞下蛋並孵出小雞之後，是不是要多還幾隻小雞？借雞生蛋之後，把雞還回去，把蛋全部留下來——估計會挨打吧。

可是，在借錢的時候，人們卻不願意支付利息。為什麼呢？根本原因只不過是笨蛋們的特點從古至今都是一樣的：

事情哪怕只複雜一層，就完全無法理解，更別提複雜一層以上了。

笨蛋去找朋友，想要借一隻雞，可是朋友也只有一隻雞，而且家裡的孩子天天等著雞下蛋吃。朋友想到自己還有十個貝殼，可以在市場上換到一隻母雞，於是出於好心把貝殼借給了笨蛋。笨蛋在市場上用十個貝殼換回了一隻母雞，雞生蛋、蛋生雞……過了一段時間，笨蛋想起當初的事，就抱著一隻生出來的母雞去市場上換了十個貝殼，拿回去還給朋友。朋友說：「嗯？你應該給我至少二十個貝殼吧？」笨蛋憤怒了：「你怎麼可以這麼無恥?!你借給我的明明是十個貝殼！那些貝殼如果不借給我，放在那裡也是放著，難道它們會自動變成二十個？那些雞可是我辛辛苦苦養出來的，你什麼都沒幹就想多要十個貝殼?!你太壞了……」

笨蛋之所以總是理直氣壯，是因為他們思考不全面，卻總以為自己思考全面。笨蛋忘了，朋友其實可以自己拿十個貝殼去市場上換一隻雞，同樣可以雞生蛋、蛋生雞，用生下來的雞換回更多的貝殼。雖然貝殼看起來是「死」的，放在那裡也不會「自動」生出新的貝殼，但這並不意味著那些貝殼如果不被笨蛋借走就一定永遠只是放在那裡。

別笑，別以為自己不是笨蛋——我們每個人都有可能是，或者必然曾經是。

從整體來看，即便到了今天，絕大多數人對利息也沒有正確的認識。迄今為止，地球上只有一個民族的人好像從古至今都對利息有著透徹的瞭解，那就是猶太人——愛因斯坦就是猶太人。

從歷史上看，猶太人長期被迫害、若干次遭受種族清洗的最根本原因就是他們放高利貸，招人恨——說穿了，是招笨蛋們恨。而笨蛋群體幾乎無所不包——科學家、哲學家、道學家、政客、強盜和平民百姓。

地球上的每一個宗教，至今都有嚴格的教義來禁止收取利息，就連精通利息理論的猶太人也不一定認為收取利息的行為是光明正大的。他們的教義規定，「不得向同族人收取任何利息，只允許向外族人收取利息」，這也導致外界的笨蛋們一致認為聰明的猶太人是「昧著良心賺錢的民族」。人們將放高利貸的人稱為「Loan Shark」，就是廣東話裡的「大耳窿」（我猜是「dare loan」的音譯），反正一聽就知道不是好東西，而「利滾利」聽起來就更邪惡了。

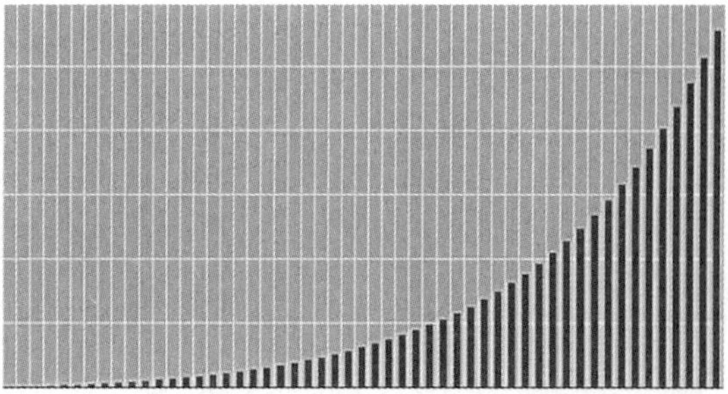

圖一：複利增長曲線

即便到了今天，雖然現代金融學的基礎就是承認並接受利息的存在，也無處不在地應用著複利原理，可是全世界的銀行在吸收儲金的時候大都只支付單利，而不是複利——這是銀行在故意占便宜。白占便宜是很不厚道的，於是，銀行想盡辦法教育大眾「放高利貸是不好的」（這話還真是部分正確的），老百姓也基本上都相信了，有意無意地把複利和高利貸當成一回事。而所有的政府也都是一樣的，出於控制經濟的需求，要嚴格控制利息，這恰好幫了銀行的忙。因此，老百姓普遍無法清楚地理解利息也就不足為奇了——要命的是，還真沒有幾個人認為自己連利息是什麼都不懂……

可是，利滾利就是一個正常的概念：複利。一筆存款，若可以獲取複利，那麼它的增長曲線大抵是圖一這樣的。

於是，一筆借款，若按複利計算，拖欠得越久，就越有可能「永生永世」無法償還。所以，從這個角度來看，借錢還不起是由愚蠢和無能造成的，怪不得別人。話雖難聽，但話糙理不糙。有錢卻賺不到錢的原因也是一樣的——只能這麼理解。

從另外一個角度來看，繼承資產的好處（大多數人無法享受的好處）是讓人有可能在很早的時候就理解利息的原理和複利的神奇力量。我幾乎從未直接從金錢上獲得過複利的神奇力量的支持——為什麼呢？因為我沒有任何可繼承的資產。不僅如此，在三十五歲之前，我的資產還總是反覆歸零。

不過，**萬幸且公平的是，在智力上、知識上、經驗上，複利效應對每個人來說都是存在的——這是多麼令人喜出望外的事實啊！**只要是能積累的東西，大都會產生複利效應。如果沒有資產可繼承，那就持續積累知識吧。

我們的運氣真的很好。我們恰恰活在一個知識變現很容易（而且越來越容易）、變現金額越來越高的時代——對，知識的習得與積累必然是有複利效應的，這一點也毋庸置疑。

最後，你會發現，一切有意義的成長過程都符合那個形狀的曲線（參見第一節）。金融學裡其實也有一模一樣的曲線，叫作「複利曲線」。起初看不出太大的斜率，但一旦過了某個時間點，曲線就會極速上揚。對那個看起來斜率突然發生變化的「點」，還有個專門的通俗詞彙，叫作「拐點」（編按：即反曲點）。如果你想學習投資，那麼在成功之後，你的資產變化情況也符合這條曲線——有拐點的、突破了成本線的、後端極速上揚的「複利曲線」。

二〇一五年，在全世界範圍內有過一場「ＡＩ是否對人類造成了威脅」的討論，有幾幅圖非常震撼，其中圖二是人們普遍認為自己所處的歷史與現狀圖。

可實際上，人們所處的真實的歷史與現狀圖是像圖三這樣的。

也就是說，我們現在身處「拐點」，後面的發展速度可能是之前的人類完全沒有辦法根據歷史想

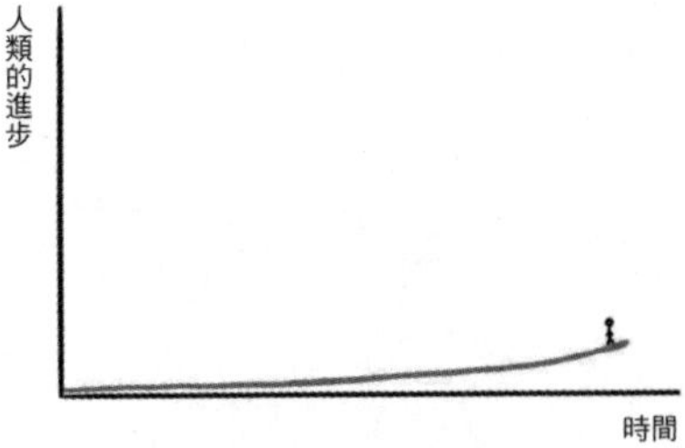

圖二：人們普遍認為的歷史與現狀

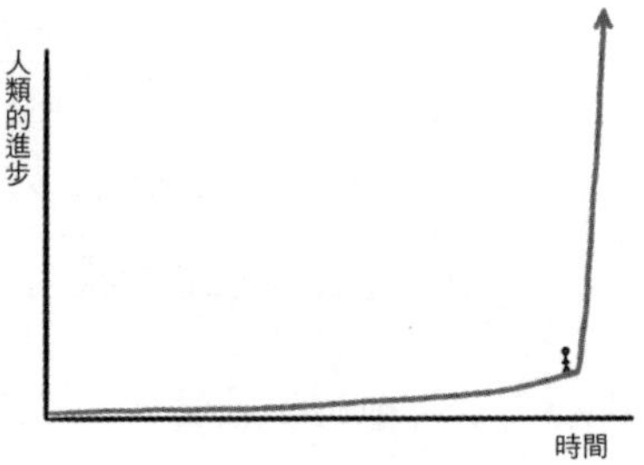

圖三：真實的歷史與現狀

像出來的。實際上，這就是「複利曲線」！在過去的幾千年裡，人類在各個領域都有不少的進展，現在就要將它們組合起來，「利滾利」發揮「複利效應」了！

我們看看圖四是過去的一百年裡道瓊指數的增長曲線。可見，股市增長曲線依然是複利曲線的形狀。

再看看圖五世界人口增長曲線——竟然還是一樣的！

你的未來，也和圖六的複利曲線一模一樣——再看一遍吧！

仔細觀察一下每個人的成長過程就能明白，從出生開始，所有人都不斷習得各種技能，不斷積累，只不過很多人在二十歲以後就停止了學習，所以沒有機會在自己的未來體會到複利效應。然而，少數人在二十歲以後仍不斷學習，不斷進步，他們不僅是終生學習者，甚至像你在讀完這本書後會變成的那樣，還是**「終生成長者」**——只有成長了，才說明把「學到」的東西「做到」了。只是學有什麼用？早晚有一天，他們會跨過那個拐點（或稱「里程碑」），然後「揚長而去」。這是複利效應的威力，適用於任何終生成長者，跟長相沒關係，跟基因沒關係，跟家族遺產

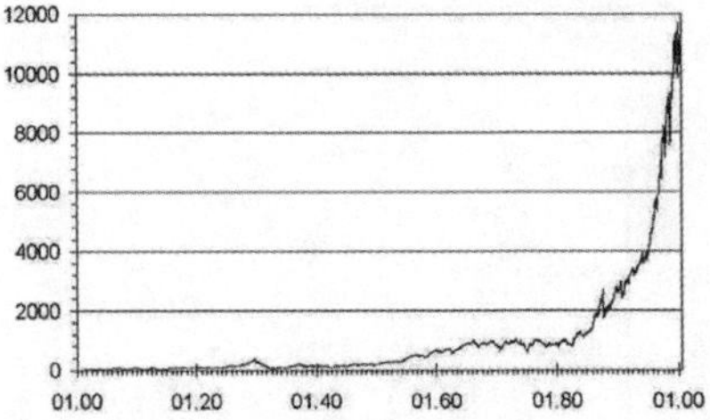

圖四：道瓊指數
（一九〇〇年 - 二〇〇〇年）

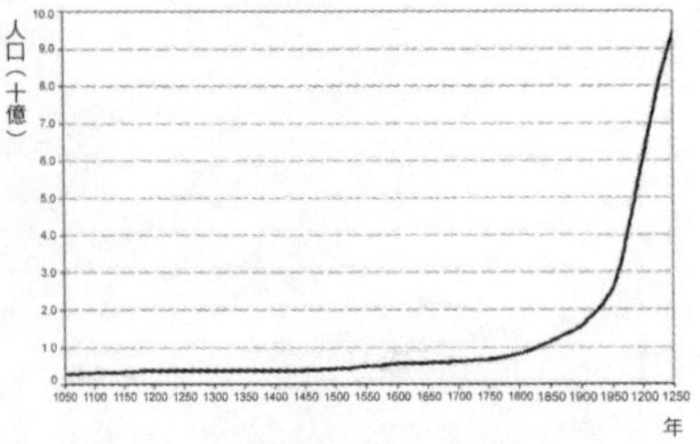

圖五：世界人口增長
（一〇五〇年 - 二〇五〇年）

也沒關係。從這一點來看，複利效應貌似是我們能找到的最公平的效應。

所以，複利曲線事實上很可能真的是對這個**發展中的世界**及其中存在的**發展中的個體**的最有效的描述。

還沒完。

有個詞叫「自信」。**人最好能有自信，但應該是對自己的未來有自信**。絕大多數人並不明白，無論是對現在的自己還是過去的自己，無論是自信、自負還是自卑，其實都是沒有意義的，要「現實」才對——錯了就是錯了，蠢了就是蠢了，該自信的時候自信，該自卑的時候自卑，胡亂自信或者胡亂自卑都是不對的。把自己變得更好才能彌補過往的那些錯誤，才能承擔當初的那些愚蠢造成的後果。

為什麼有些人格外自信呢？不是因為他們在「裝蛋」（編按：裝腔作勢），也不是因為他們過分自負，而是因為他們一直在搜尋屬於自己的「複利式增長曲線」——並且可能已經找到了——所以他們才會那麼淡定，所以他們才會那麼從容，所以他

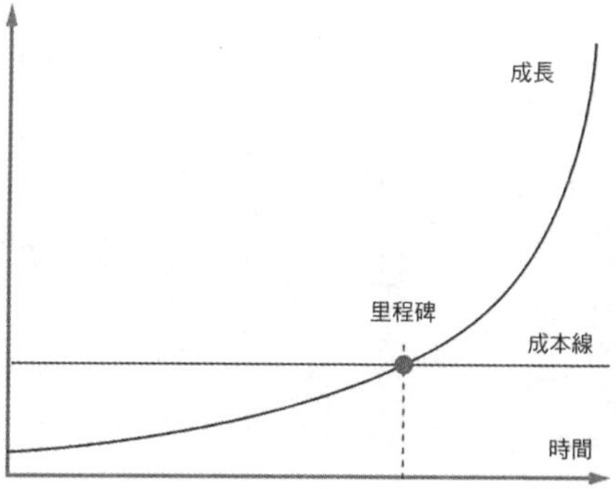

圖六：你的未來

們才會在種種所謂「逆境」中依然善於保持樂觀（其實，如果能真正理解他們，你就會知道，他們不一定覺得苦，他們不是在強作歡顏）。他們篤信自己的未來，**讓他們真正自信的是那個看起來還需要經過漫長等待但其實很快就會到來的瞬間**。

我在第一節中說到，要對自己的美好未來「盲目自信」，在這一節中其實提出了最理智的事實依據。

3. 究竟什麼是「財富自由」？

有些目標（例如，眼前這閃著光芒的「財富自由」），我們明明感覺自己為之使出了渾身的氣力，但這麼多年過去，為什麼我們卻沒有以自己期望的速度向它靠近？

在年輕的時候，我們大都經歷過「非常清楚自己不想要什麼」的過程。例如，在剛剛走上社會的時候，我們只知道自己不想被束縛，不想低人一等，但不知道自己應該要什麼，甚至不知道自己想要什麼。於是，絕大多數年輕人在描述自己的理想時，翻來覆去只有一句話：「我要變得很牛！」至於怎樣才算是「牛」，再問下去，他們一定會卡殼。

這種尷尬反映出：絕大多數人在追求某個東西的時候，可能連那個東西的定義都不清楚。回頭想想，你之所以無法離那些你非常想要也正在為之努力奮鬥的事物更近，是因為你還像「無頭蒼蠅」似的，是因為你連自己想要的究竟是什麼都不知道。可我想告訴你的是，這只不過是**「嫩」的一種表現：只知道自己不想要什麼，卻不知道自己想要什麼。**

語言學家告訴我們：如果我們的大腦對一件事情沒有概念，那麼我們的大腦就傾向於不去想那件事情；如果一個民族的語言裡缺少某個概念，那麼這個民族就傾向於從未思考過那個概念。沒錯，語言對人類就是有如此強大的反向塑造能力（關於廣泛存在的反向塑造能力，我們會在之後詳細說明）。例如，絕大多數歐美國家的人不可能知道自己的身體表現出某些症狀是因為「上火了」。因為在他們的世界裡沒有「上火」這個概念，所以他們不僅不知道，而且完全想不到自己會「上火」（我們也頂多用他們已知的「發炎」這個概念去解釋這種現象）。

如果大腦裡的一個概念不準確，或者沒有準確、正確的定義，那麼我們必然沒辦法準確、正確地繼續思考，由此產生的連鎖反應是：因為定義不準確，所以思考範圍模糊，選擇依據缺失，行動方式錯誤……進而影響整個生活。

我們來看另外一個簡單的例子：「分享」這個概念究竟是指什麼？

大多數人沒有認真思考過這個問題，以為所謂「分享」就是把好東西拿出來和大家一起享受。只有少數人認真思考過，明白這個定義是有問題的——好東西必須是你的，你把它拿出來和大家一起享受，才是真正的分享；而很多人是把別人的好東西拿過去和大家一起享受，那不叫分享，那是「慷他人之慨」，不是嗎？

從這個角度來看，你就能理解為什麼有些人在盜版的時候還那麼理直氣壯了。說穿了，就是他們的腦子不清楚，或者說腦子糊塗，被自己腦子裡的錯誤定義誤導了。他們甚至不是壞人，因為如果他們想明白了，其實是不可能也不好意思理直氣壯地這麼做的。

還有很多人，花錢聽課，在課程結束後馬上把筆記「分享」出去——越完整越好。這是「分享」嗎？不是。盜版者收穫的是金錢，而這些「慷他人之慨」的「分享」者收穫的是讚揚——那句「謝謝」原本可是屬於創作者的呀！

雖然你在一生中會無數次經歷不知道某個概念或者誤解很多東西的正確定義的情況，但是你依然有更多的機會被人教會或者自己教會自己那個最終的正確定義。想明白這個問題你就會發現，如果你真的「想要」財富自由，那麼你需要理解財富自由，就像海洋理解河流一樣。直到你將這個概念理解得如吃飯、睡覺一樣透徹之後，你才擁有了可以加速向它靠近的前提。

財富自由（Financial Freedom）是一個在很多人心尖兒上發光的詞，我也曾琢磨了很多年，卻一直沒有得到一個清晰、準確、正確的定義。我看了維基百科的定義：

> 財富自由是指你無須為生活開銷而努力為錢工作的狀態。簡單地說，你的資產產生的被動收入必須至少等於或超過你的日常開支，這是我們大多數人最渴望達到的狀態。如果進入這種狀態，我們就可以稱之為「退休」或其他名稱。

我認為，這個定義勉強做到了清晰，但還遠遠不夠，因為我完全看不出這個定義的指導意義在哪裡，反覆讀過之後，也不知道下一步該做什麼——這可不行。

直到有一天，我找到了影響行動的關鍵因素：我們要的自由，其本質不是財富，財富只是工具；我們要的自由，本質上是時間自主權。所以，我重新提煉了財富自由的定義：

所謂「個人財富自由」，是指某個人再也不用為了滿足生活必需而出售自己的時間了。

這個定義簡潔、準確、正確，而且具有指導意義。

進一步的思考品質就自然而然地高了起來：

財富自由根本不是終點站，那只是一座里程碑，在那之後還有很長的路要走。

再回頭看看第一節中的那幅圖吧。當你的成長線終於穿越成本線時，你事實上已經成功了，可那肯定不是終點，而是另外一個起點，後面還有很長且更加有趣的路要走。在那之後，你受的束縛更少，你擁有的能力更強，你做事情的效用更高……

關注成長，而不是關注成功。為什麼呢？因為當成功發生的時候，它已經成為過去——這一點很重要，很重要，很重要！

我的運氣好，很早就明白了這個道理。在十四歲的時候，我站在臺上，手裡捧著「東三省青少年宮電腦競賽第一名」的獎盃，看著下面鼓掌的人群，腦子裡閃過一個念頭：

如果今天是我這輩子最輝煌的一天，那我就傻了……

說實話，我真不知道這個念頭是從哪裡冒出來的，但它卻揮之不去。傳說有種境界很高的活法：

每天都像明天就要死去了一樣活著。可我對這種說法完全無感。我有另外一個態度，這些年都沒有變過：

把每天都當作自己人生的第一天，無論好壞，過去的就是過去了。

很多事情，好像明擺著就在那裡，但不走到一定地步是不會認真思考它們的。在穿越成本線之後，我才明白那真的只不過是起點（過去只是猜測「那應該是個新起點」）。只有走過去才有機會看清楚：「個人財富自由」真的只是第一步而已，後面還有很多步呢！下一步是「家族財富積累」，後面還有「財富管理」，再後面還有「家族傳承」——你要考慮的不僅是如何把財富傳承下去，更重要的是如何把方方面面的能力傳承下去。

所以，我不僅花了很長時間去研究「家族傳承」的方法論，還聯合了很多牛人來做這方面的諮詢與培訓，與更多穿越了成本線的人和家庭共同交流，共同成長。

路真的很長，我走了很遠。走得越遠，我就越要慨歎：我要是能早些知道這條路究竟有多長就更好了……

4. 起步時最重要的是什麼？

人們經常說，「速成不可能」。我也堅定地相信這個論斷。可經過多年的觀察，我發現大多數人竟然因為膚淺地理解這句話而「受害」了……如果這個現象真的存在，你能想明白其中的原因嗎？

「速成」，顧名思義，大抵是指「迅**速成**功」——這當然不可能！因為絕大多數成績（暫且不說那個更大的概念：「成功」）都需要時間來孕育，而時間可不會因為某個人的意志而改變其流逝的速度，對不對？

雖然「迅速成功」絕對不可能，但**快速入門**絕對是有可能的——這很容易理解吧？

而且，很多人可能沒有認真想過：

> **快速入門**不僅絕對有可能，而且**絕對必要**！

這也許算得上是我這一生交到的最大的好運。不知道為什麼，我從一開始就對學習這件事感興趣，而且樂此不疲許多年，從來沒有厭煩過——不需要別人來教育，不需要別人來灌輸。我甚至有種幻覺，感覺自己天生就是終生學習者。

於是，我一直在研究學習這件事，連我的第一個微信訂閱號的名稱都是「學習學習再學習」。我的座右銘（motto）也放在網上很多年了：

> 終生只有一個職業：學生。

再進一步，我甚至覺得教育之所以在歷史上屢戰屢敗（屢敗屢戰也是事實），就是因為它一直以來缺少一個重要的底層架構：「元教育」（Meta-Education）。這是我杜撰的一個詞，它來自「元認知」的架構。如果「元認知」是「關於認知的認知，關於思考的思考」，那麼「元教育」就是「關於教育的教育，關於學習的學習」。**元認知**用來思考自己的思考是否正確、合理；**元教育**用來實踐、檢驗自己的教育是否有效。

在學習任何一個學科的知識時，都有一個很重要的概念（這又是我杜撰的概念，當然，換一種說法，這不是「杜撰」，而是「真正的原創」）：

最少必要知識

我甚至專門為它杜撰了一個英文縮寫：

MAKE（Minimal Actionable Knowledge and Experience）

當需要獲得某項技能的時候，一定要想辦法在最短的時間裡弄清楚都有哪些**最少必要知識**

（MAKE），然後迅速掌握它們。在那一瞬間，任何人都完成了「快速入門」——屢試不爽。

舉個例子。我相信絕大多數人都覺得自己沒有藝術天分——貌似事實就是如此。看看絕大多數人做的 PowerPoint 就知道了——那個難看啊！我相信，每個人都起碼應該學習一點點的設計原理，這在任何地方都用得上。不一定要成為專家，哪怕只是掌握一點點的常識，都可以迅速做到「勝過絕大多數人」。

那麼，設計的最少必要知識是什麼呢？其實，只要記住兩個詞就可以了：

▽簡潔

▽留白

這兩個詞足夠打敗絕大多數人。所謂「簡潔」，有很簡單的實施方案：在任何一個視覺框架之中，都要盡量減少元素的數量（如形狀、線條樣式、顏色的數量等），將它們控制在三個左右。例如，最多使用三種形狀、三種線條樣式、三種顏色、三種字體。所謂「留白」就更簡單了：一定要留出六一．八％（其實這是黃金分割的數值）的空間；或者反過來，最多占用六一．八％的空間。

以上的例子，你兩三分鐘就能讀完，就算我當面講給你聽，連說帶比劃，甚至給出一些具體示例，也不過需要五六分鐘。可若你嚴格遵守這兩個小原則，就會發現：你已經超過九〇％的人了。

這樣的例子實在太多。

我也曾拿開車作為例子。開私家車的最少必要知識是什麼呢？一個字就夠了：「慢」。相信我，這個字能避免絕大多數車禍。雖然很多人喜歡炫技，認為那些開車慢的人「太肉腳」，但不爭的事實是，這個字不僅夠用、能救命，還能少害很多命。

我專門寫過一本書：《人人都能用英語》（這本書沒有發行紙本書，內容全部公開在 zhibimo.com 上）。掌握一門外語的最少必要知識都有哪些呢？

▽認識字母
▽認識音標
▽會查詞典
▽懂基本文法
▽會查文法書
▽會用 Google 搜尋引擎

如果掌握了這些知識（其實，在初中畢業之後，我們就已經掌握了這些知識），你就已經「入門」了，接下來只剩所謂「執行」——一個字：

用！

不得不慨嘆：「英語」真是一個絕佳的、經典的「大面積社會化學習失敗」案例。我們從小就開始「學」英語，小學六年、初中三年、高中三年、大學本科四年，一晃十六年過去，儘管天天「學」，但就是堅持不用！若認真地問：「你們為啥光學不用呢？好奇怪！」他們的回答一準兒是相同的：「沒有環境！」哈！這太荒唐了，就好像沒有廁所就不小便了一樣——這個類比可能有些不雅，但非常精準。

我在「一塊聽聽」（微信服務號）上為一個英語培訓機構辦了個叫**《天天用英語》**的欄目，現在有上萬人每天至少讀一篇「新鮮熱乎」的當日美國主流媒體文章，查單詞、查文法書、做筆記、聽講解、複習、深入理解……有了最少必要知識之後，就要把英語用起來——掌握一門外語用來幹什麼呢？**天天用來獲取一手資訊還不夠嗎？**

在理解了「最少必要知識」（MAKE）這個概念之後，再去審視任何逆向習得的技能，你就會發現，長期以來擋住你的只有一件事：

你居然以為自己一上來就能做得很好！

這是絕對不可能的！誰能一上來就做得很好呢？就好像走路一樣——人類天生就有「走路」的基因，所以，只要不存在相關的生理問題，用不著什麼學步車，一個人早晚都能學會走路。剛出生的嬰兒只不過需要一定的時間，等腿部健壯到能富餘地支撐自己的體重並保持平衡，自然就能走路了。然後呢？起步過程中會蹣跚、跌撞，慢慢就正常了——正常到此後在一生之中如果不出太大意外都可以「無意識地行走」。

學習能力也好，執行力也罷，核心只有一個：

在剛開始的時候，平靜地接受自己的笨拙。

接受自己的笨拙，理解自己的笨拙，放慢速度嘗試，觀察哪裡可以改進，反覆練習，觀察哪裡可以進一步改進，進一步反覆練習……這是學習一切技能的必需過程——關鍵在於：

▽儘快開始這個過程

▽儘快度過這個過程

現在已經沒有人懷疑我的文字能力了，可在十幾年前我剛開始寫作的時候呢？且不說那時有沒有人懷疑我的文字能力，連我自己都知道自己不怎麼樣。

二〇〇五年我搭建好自己的獨立博客網站之後發表的第一篇文章，絕對是「勵志典範」。看看那時我寫的東西吧——用一個字形容：「差」；用三個字形容：「特別差」……即便如此，在那個時候，我也已經確立了自己的一些基礎價值觀，例如「鼓勵所有人」。

問題在於：寫得不好就不寫了嗎？寫得不好就不發表了嗎？

练习托福听力的小窍门（一）
Thursday, December 29th, 2005

先说一个常识性的认知：一个人的发音和他的听力往往并不直接联系。韩国人往往v/b不分; f/p不分的。这跟他们的母语环境有关。我自己是朝鲜族，生在中国。因为从小在双语的环境中长大，所以就没有这个问题。有一次我跟一个关系不错的韩国朋友说，video这个词应该读/vidiʒu/而不是/bidiʒu/，“他说我读的就是/bidiʒu/啊？没错！”——我绝望了。后来逗他玩儿，我也把这个单词读成/bidiʒu/。结果他竟然跳起来说，“哈，你读错了！那个词应该读成/bidiʒu/！”另外一个例子是印度人。印度人能把几乎英语中的每一个辅音读得“不标准”，可是却完全不影响他们的听力。再比如，在我们国家，各个地方的人都有自己的口音，却完全不影响他们听懂标准地道的普通话版的“新闻联播”。对于这些事实的观察都告诉我们一个常识：一个人的发音和他的听力往往并不直接联系。所以，千万不要以为自己的发音不好，听力就不可能练好。

Posted in TOEFL iBT, 老托福听力Part C | 1 Comment »

我在十幾年前寫的博客

還有一個小的博弈局被很多人理解反了。很多人認為，「我的文章寫得不好就放出去」或者「我的英文發音不標準就講出去」會讓自己「受傷」，可事實上——「受傷」的又不是「自己」！

這樣的例子非常難得。因為這樣的例子不僅屬於「講清楚」那一類，更重要的是，這是「我在做到之後拿出來的經歷」——是為「鐵證」。

講到這裡，可以重提我對「執行力」的一個定義了（其實我對「執行力」有很多個定義）：

> 判斷一個人的執行力強大與否，就看他在做得不夠好的時候是否能持續去做……

絕大多數執行力差的人，特點是一模一樣的：但凡覺得自己做的事情不值得顯擺，或者有可能被別人鄙視，就馬上不做了——進步對他們來說根本不重要，維持所謂「形象」（面子）才是他們真正的剛需（編按：「剛需」是指剛性的需求，相對於「彈性需求」而言，剛需就是一定必要的需求。）……而一旦遇到可以用來顯擺自己的東西，他們就會一生只關注那一個東西——非常「專注」。於是，進步對他們來說天生就是不可能的。

投資也一樣。在開始的時候一定是笨拙的，只不過那笨拙是在大腦裡發生的，而當不好的結果出現時，「丟人」更不可能接受——不僅丟人，連錢都跟著丟了……但是，做得不好就不做了嗎？不持續做，不反覆做，哪兒有機會改進、修正、總結、進步呢？

當年，我的美股帳戶是新東方的同事幫我開的——一點都不誇張，我能熟練操作帳戶是在六個月之後了——豈止笨拙，簡直是相當愚蠢。那又怎樣？在那之後不久，我就開始寫腳本來操作帳戶了。

後來，我做天使投資，第一年顆粒無收——這是真的。那又怎樣？我這種人是不可能得出「也許我不適合幹這事兒吧」的結論的，我從來都相信自己一定會有進步，只不過需要時間而已。時間可是我的朋友（哥們兒）啊！我怕什麼呢？

> 「也許我不適合幹這事兒吧」絕對是一切失敗者的墓誌銘，甚至可以乾脆改成「也許我不適合來到這個世界吧」（有的時候，刻薄一點會讓自己更清醒）。

做生意也一樣。很多人都有開店的夢想——雖然這在我們的分類裡只不過是比較初級的創業。開店的結果是：三分之一的機率賺錢；三分之一的機率維持；三分之一的機率賠錢。這貌似不是智商能夠決定的結果，因為只要是人，總有想得不周到甚至想錯的時候。第一次開店失敗了，那就不再開了嗎？第一次開店很辛苦，沒賺到多少錢，那就不再開了嗎？很多人（或者說，絕大多數人）真的會馬上得到一個結論：「唉，我可能不適合幹這個……」然後呢？然後他們的人生也就那樣了。

如果我身邊的朋友想開店，我都會鼓勵他們。原因很簡單：我覺得這是做生意的一種常見的起步途徑（事實上，在我眼裡，連上班都是在做生意，因為上班就是在出售自己的時間）。我頂多會給他們一個最具價值的建議：

你要給自己輸兩次的機會（也就是說，要拚掉那兩個三分之一）。

不要押上自己的全部身家去開店，也不要借錢去開店（不僅押上了全部身家，還加上了槓桿）。雖然有人透過這樣的方式獲得了成功，但在大多數情況下，這麼做會使自己失去良好的心態。以後你會越來越明白，一切都發生在大腦之中，所謂「心態」，不過是大腦正常運轉的狀態而已。如果大腦無法正常運轉，會有什麼好事兒自動發生嗎？不可能——發生的全是災難。

若不開始行動，一切都是虛無。所以，要儘快開始：要儘快開始那個過程；要儘快度過那個過程。那麼，應該如何儘快度過呢？

在掌握最少必要知識之後馬上開始行動，然後就要專注於改進了。

除此之外，沒有「別的東西」存在，尤其是別人的看法。要關注事實，不要關注別人的看法。既然你知道自己的看法常常是不準確的，是需要不斷修正的，那你為什麼要在意別人的看法呢？他們的看法和你的看法一樣，往往並不準確——多麼簡單明瞭的事實啊！

有一個像魔法一樣的現象：

當你專注的時候，時間會飛速流逝……

所以，「專注」事實上是「儘快度過那個（笨拙的）過程」的核心方法。

講到這個深度，我們甚至應該重新審視「速成」了。即便「速成」普遍不可能，但人和人之間的差異還是很大的：有的人學了很久都沒「入門」；有的人在掌握了最少必要知識之後，不僅迅速入門，還迅速展開行動（相當於「相對於大多數人更為迅速地到達了成功的里程碑」）。這有什麼可奇怪的嗎？

5. 你認真考慮過自己的商業模式嗎？

大多數人都認為「商業模式」這個概念和自己沒有太大關係，因為印象中「商業模式」是企業才有的東西。人們普遍認為：

▽企業靠商業模式賺錢。

▽個人靠能力和運氣賺錢。

甚至，很多人在創業的時候，對自己創辦的企業所仰仗的商業模式也未曾深入思考過。他們常常覺得，在開始的時候「誰都不可能想得那麼清楚」（這話有一點點道理），「其實都是先賺到錢再反過來總結模式」（事實上，並不是「都」），於是，他們「理直氣壯」地抱著「先做起來再說」的想法。可事實上，如果創業者對自己創辦的企業的商業模式思考得不夠深入，賺上一點錢倒也不是難事，但真正「做起來」的機率就非常低了——他們根本沒有「再說」的機會。

一個企業若能長期持續地賺錢，那麼其背後的商業模式其實從一開始就是存在的，只不過在少數情況下，需要企業在發展過程中「發現」自己的商業模式罷了。就像Google那樣——在開始的時候，Google本身也好，Google的創始人也罷，並沒有想到要按照現在的方式賺錢——擁有地球上數量最多的「廣告招牌」（互聯網上的每個詞都是 Google 的廣告招牌）且能夠智慧分配廣告內容。Google「發現」了這樣的商業模式，並走到了今天。然而，一旦 Google「發現」自己的商業模式如此之後就會明白，這個商業模式不是由它創造的，而是一直存在的，很多企業都在運用，只不過在 Google 的用戶基數上運用這個商業模式效果很驚人，用 Google 的技術把這個商業模式智慧化的效果更驚人而已。

所以，商業模式有點像時間，「它的存在」與「它是否被運用」毫無關係——你用與不用，它就在那裡。而對商業模式的選擇，不管是有意識還是無意識，那個最終被選中的商業模式都會在無形之中影響企業的利潤和發展，就像我們在形容市場規律時經常說的那樣，可以說它是「一隻無形的手」。正因如此，一個企業若不認真研究自己的商業模式，就必然會吃虧，甚至吃大虧。

同樣的道理：不管一個人是否能清醒地意識到自己的商業模式是什麼，他都會被自己正在運用的商業模式所左右，受影響的不僅是收入，還有當前的生活與未來的理想。很多人甚至不知道「個人商業模式」這個概念的存在，他們憑自己的感覺生存，懵懵懂懂地被某個商業模式暗中左右，從未想過自己竟然還可以選擇。於是，走到最後，那隻無形的手就成了所謂「命運」，而他們能想到的不過是「好也罷，壞也罷，一切天註定」。

可是你不一樣。立志走在財富自由之路上的你，不僅要研究自己的商業模式，有意識地選擇自己的商業模式，還要有意識地改良自己的商業模式，讓那隻「無形的手」成為你的朋友，而不是敵人。我常常慨嘆：「對那隻無形的手，你若不研究、不配合它，它就『玩兒你沒商量』……」

事實上，在之前我們定義「財富自由」的時候，已經確立了一個事實：

> 所有的人都在出售自己的時間。

因為，若你不再需要透過出售自己的時間去滿足自己的生活所需，那你就已經實現財富自由了。換言之，在實現財富自由之前，所有的人都在出售自己的時間。

在看清這個本質之後，我們就可以用下面這個通俗易懂的句子來定義「個人商業模式」了：

所謂「個人商業模式」，就是一個人出售自己時間的方式。

千萬不要以為人們都在使用同樣的方式出售自己的時間，也不要以為教師和牙醫所運用的不是同一種商業模式，更不要以為不同的商業模式之間沒有好壞之分。

讓我們仔細看看個人商業模式的基本分類：

▽第一種個人商業模式：一份時間出售一次。
▽第二種個人商業模式：同一份時間出售很多次。
▽第三種個人商業模式：購買他人的時間再賣出去。

在這個世界上有很多打零工的人，他們就是那種「零售」自己的時間的人——不僅是「零售」，而且「可售存量有限」（一天二十四小時，還不是全部可供銷售，賣不出去的部分也不會形成「庫存」，而是直接消失，不復存在）。這是「一份時間出售一次」這種個人商業模式的一個較差的分類。

有固定工作的人，相當於把自己的時間「批發」出去了。很多人過著朝九晚五的生活，把一年之中一百一十五個法定節假日以外日子裡的每天八小時一口氣打包賣出去了。顯然，其結果比上面那種方式好一點。不過你可能已經想到了：他們的時間售價往往有一個很低的上限。

然而，不管是零售還是批發，都是「一份時間出售一次」。

有些人可以把自己的同一份時間出售很多次，其中最典型的就是作者。他們耗費一定的時間和精力創作一部作品，印成書籍，然後就有可能將「同一份時間出售很多次」了。以我自己為例，我就是用這種個人商業模式在三十二歲前後突破了成本線，邁過了「財富自由」的里程碑。二〇〇三年，我出版了《TOEFL 核心詞彙21天突破》。一年後，我開始真正擁有「睡後收入」（即，睡著以後也會產生的收入）。

創業和投資，事實上就屬於「購買他人的時間再賣出去」的個人商業模式。你自己創業，做老闆，招聘一些人為你做事（本質上就是購買了那些人的時間），利用你購買的這些資源創造點什麼（產品也好，服務也罷），再把它賣出去。而投資人購買的本質上也是時間——創業者的時間（也可以說是「更有能力的人的時間」）的一部分——再想辦法將其賣出去。從這個角度來看，我們也可以理解為什麼「投資人首先看重創業者的素質，然後才是創業者所選擇的方向」了。

籠統地看，對個體而言，所謂「進步」，就是逐步學會並使用各種個人商業模式，然後想辦法優化每一種屬於自己的商業模式。全面地看，任何人都起碼能熟練地（或者，「起碼自以為能熟練地」）使用第一種個人商業模式，而後兩種個人商業模式是少數人在習得之後才能熟練運用的。但是，總有一些人能夠熟練地運用這三種個人商業模式中的任何一種，甚至能夠熟練地組合運用它們。

6. 如何優化第一種個人商業模式？

在最初的時候，大家都一樣，基本上只能靠出售自己的時間獲取金錢（主要用來支付生活必需的費用）。於是，大家都自然而然地運用第一種個人商業模式，即，「一份時間出售一次」——在最初的時候，「能賣出去」（零售）就很不錯了，「能批量賣出去」（批發）就太好了！人們之所以普遍更看重「穩定的工作」，就是因為這種思想在起作用。

抽象地看，優化第一種個人商業模式的方法倒也很直觀：

▽想辦法提高單位時間售價。

▽想辦法提高時間銷售數量。

最普遍的提高單位時間售價的方法是**接受更高程度的教育**。有些人選擇讀完研究所再去找工作，基本理由是一樣的：雖然不是絕對，可從普遍的情況來看，拿著研究所文憑去找工作，就是比拿著大學文憑去找工作的單位時間售價更高。

與此同時，選擇的價值會自然而然地展現。從整個社會的角度來看，某個職業的社會需求越強，其從業人員整體上能夠獲得的單位時間售價就越高（例如醫生和律師）。與此同時，那些最終能使個體的單位時間售價越高的專業，學費就越貴，獲得認證的難度就越高——這樣的例子很多，例如新東方廚師學校的學費就比新東方英語培訓學校的學費高出好幾個量級。

> 請注意：新東方廚師學校與在那斯達克上市的新東方教育集團沒有任何關聯。新東方廚師學校可以說是真正的「未上市的獨角獸」。

在這個階段，很多人作出了最終會被證明為「不明智」的選擇，把自己的「努力」和「付出」與自己的單位時間售價直接掛鉤，於是，他們不由自主地採用如下兩種方式簡單粗暴地提高自己的單位時間售價：

▽磨洋工（編按：意指消極怠工）

▽喊高價

收八小時的錢，幹兩小時的活，就等於把自己的單位時間售價變成了原來的四倍。跳槽，利用「資訊不對稱」（反正新老闆沒辦法百分之百瞭解自己過往的成績）獲得更高的薪水，跳上三五次，薪水翻幾番的情況也很多。但從長期來看，這樣做不僅是不明智的，其結果也是很明確的：你見到多少人透過磨洋工或者頻繁跳槽獲得財富自由了？一個都沒有。

為什麼竟然「一個都沒有」呢？我們需要花點心思看透其背後的原理，否則，我們可能會莫名其妙地吃虧。

既然「時間買賣」存在，就相當於這世上有個隱形的「時間交易市場」。你需要徹底弄明白並記住的是：

> 在這個隱形的時間交易市場裡，每時每刻的「成交價」，其實是時間出售者的「估值」，而非時間出售者的真正「價值」。

把股市裡最基礎的概念——成交價、估值、價值照搬過來，對應著去理解，一下子就能明白：

▽成交價是時時刻刻**變化**的。

▽成交價是買家對賣家的**估值**。

▽估值不等於價值，它們之間總會有一些差異，或**高估**，或**低估**。

▽**從長期來看，估值不會離價值太遠。**

▽**精明的買家看重價值**，並善於在低價時買入。

▽**高買低賣的買家早晚會被淘汰。**

作為賣家，如果一味追求高估值，結果就會和股票市場上那些一味追求高估值的公司一樣——很快「死」掉。為什麼？因為確實有一些不夠精明的買家，但這些買家早晚會被市場淘汰。於是，最終，那些估值過高的公司（的股票）找不到買家，價值自然會一落千丈。

不過，個人出售的時間與公司出售的股票還是有一些不一樣的地方。對上市公司的股票，持有者在放棄持有的時候，還有機會將「燙手山芋」扔給別人，把錢換回來，而時間購買者沒有將其轉讓的機會，只有一個乾脆且直接的選項：不繼續購買。此時，時間出售者要回到市場上，將自己的時間「掛牌出售」，通常表現為重新找工作——看看三十多歲的人回到人力市場重新找工作有多難就明白了。

所以，只盯著「成交價」（放到生活場景裡就是「薪水」）而不顧「價值」，肯定是一個巨大的錯誤。邏輯上正確的選擇是：不應該關注「價格」，因為它只是「估值」；而應該關注「價值」，而且必須是「不斷增長的價值」。於是，結論非常明顯了：

你最好，事實上也必須，**關注且只關注自己的持續成長**。

只關注「估值」的人通常不幸福，理由有若干：

▽總是處於不滿意的狀態——被低估的時候不開心，被高估的時候覺得不夠。

▽因為缺乏價值的支撐，所以估值必然逐步降低，更可能被過分低估。

▽不得不頻繁地「重新掛牌」，而且要面對越來越少的「不夠精明的買家」。

▽進入惡性循環……

那些時常因為「感覺自己的價值被低估了」而鬱悶的人，其實應該好好想一想自己有沒有被高估的時候——事實上，答案幾乎是肯定的——一定有，還不止一次。若能想到這一點，就沒有什麼值得難過、鬱悶和衝動的了。不時被高估，不時被低估，這才是常態，而價格和價值恰好吻合是機率極小的事件。再說，在被高估的時候默默接受，在被低估的時候跳腳大鬧，也不是一個思維正常的人會做的事情，對吧？

還有一個事實，可能很多人從來沒有認真想過：

你不斷成長的結果，就是你終將被低估——這是必然的。

讓我們一起做個簡單的分析吧。

老闆給員工發薪水，通常情況下給出的是市場平均水準，原因在於：若給所有人都開出市場上最高的薪水，企業的整體成本就會被抬高到失去競爭力的地步；若給所有人都開出市場上最低的薪水，那員工就都跑了，企業同樣會徹底失去競爭力。因此，大家打工拿到的報酬大都與「市場平均水準」相差不多。若老闆大方一些，那麼員工拿到的是略高於市場平均水準的薪水；若老闆摳門兒一些，那麼員工拿到的是略低於市場平均水準的薪水——市場規律大抵如此。

從這個簡單的事實出發，可以說，**在市場上，幾乎所有的頂尖人才都被低估了**，或者準確地講——頂尖的人才更有可能被低估。所以，和大多數人想像的不同，當這種人發現自己的價值被低估的時候，他們並不會因此格外難過，恰恰相反，他們更有可能覺得高興，因為那是他們成長的證明。換句話講，他們甚至可能把「被低估」當作對自己能力和成長的肯定。與此同時，他們也很清楚：**終有一天，如果能確定自己被「過分低估」，就到了「該自己闖出一片天空」的時候了。**

單位時間的市場售價無論如何都是有玻璃頂的——無法突破的玻璃頂。當然，絕大多數人還談不上「被玻璃頂壓著」，因為他們所處的地勢太低，甚至根本看不見玻璃頂。而不斷成長的人終將遇到那個玻璃頂，直至「不得不」、「必須」、「必然」要衝破那個玻璃頂，在此之前的所有努力，事實上都是在為那一刻做準備。

在生活中，注重估值的人沒法理解注重價值的人，因為他們的底層思考依據不同。一方認為估值更重要，另一方認為價值更重要，雙方怎麼可能達成一致呢？這兩類人從表面上看不出太大區別，可事實上，他們就像兩個完全不同的物種，在同樣的環境裡做著不同的事情，隨著時間的推移，會走出完全不一樣的路。

從「應該更注重價值而不是估值」這個基本事實出發，我們已經推導出**「我們應該關注且只關注自己的持續成長」**這個結論，從而可以繼續摸索更好的優化方法。

提高效率這件事並不像很多人想像中那麼難，那麼玄。其實，它很簡單，簡單到連中學生都應該熟練掌握的地步。

在中學物理課本裡有兩個重要的概念：

▽串聯

▽並聯

其實，想想就知道：

▽如果兩個任務之間的關係是「串聯」的（即，一先一後），那麼有的時候我們可能只需要調整順序就可以提高效率。

▽如果兩個任務之間的關係是「並聯」的，那麼把它們「串聯」起來就不對了——得想辦法找到可以「並聯」的任務，然後讓它們並行。

讓我們「想想」（養成凡事「多想一步」的習慣，這樣做不會很累）：人生中有沒有可以「並聯」的重要事情呢？如果有，我們就必須把它們「並聯」起來，而不是「串聯」，由此我們會大大地提高人生的效率（注意，不僅是工作的效率）。如果能做到的話，這是何其「偉大的意義」啊！

不著急，慢慢來。

既然出售時間必然是不划算的——之所以有人願意購買時間，是因為購買者覺得划算，不是嗎？——那麼給別人打工肯定是權宜之計。你可能早就在想：我什麼時候，憑藉什麼，可以讓別人給我打工呢？對，你早晚要成為有能力划算地購買時間的人，而不是不得不出售時間的人——很好！可是，能不能馬上開始呢？有沒有立竿見影的方法呢？還真有：

> 從即刻開始，在給別人打工的同時為自己打工。

這顯然是一個「反敗為勝」的故事。

從這個意義上看，有些人的選擇是正確的：他們千方百計（形象地講就是「削尖了腦袋」）去明星企業打工，因為在那裡能獲得更多有價值的經驗（有些人無論如何都要去大城市工作和生活，背後的道理其實是一樣的）。雖然從事實來看，在有些時候明星企業的薪資待遇可能不如普通企業高，但是在明星企業裡，「競爭更為激烈」這個事實本身就可能是很大的優勢。人就是這樣，不參與競爭就自然會傾向安逸，停滯不前——越是年輕，就越是如此。

我這一生只有一次給別人打工的經歷。從二十八歲到三十五歲，我在新東方教了七年書。最幸運的是什麼呢？最幸運的是，那是一個在那斯達克上市的公司，算得上大企業，在教育行業裡也算得上明星企業。明星企業的特點之一就是人才濟濟。我一直覺得，**對所謂「教育」，「耳濡目染」很可能比書本來得更直接、更有效。**

在新東方工作的七年裡，所見所聞、所思所得、真正有用及事後慶幸自己見識過的，都隱藏在當初的種種細節裡，當有一天那些東西顯現出巨大價值的時候，我才覺得那絕對不是一段簡單的「打工時間」。我相信所謂「見識決定境界」。民間有句俗語，「就算沒吃過豬肉，也總得見過豬跑才行」，說的是一樣的道理。

觀察一下身邊的人，我們馬上就會發現人群再次一分為二（就好像兩個截然相反的物種）：

▽給老闆打工的人

▽給自己打工的人

第一種人絕對是大多數，將他們描述為「給薪水打工的人」可能更為正確。他們會不由自主地把工作結果和工作品質與那些看得見、摸得著的金錢回報相匹配。他們在工作時多一分力氣也不肯花，下班準時就跑（估計他們在上學的時候就是那種在下課鈴聲響之前就把書包收拾好的人），永遠是「事不關己，高高掛起」，對那些付出更多的人抱持永恆的態度：「你傻了吧？」當別人指出他們的「不作為」時，他們的反應通常驚人地相似：「就給我那麼點兒工資，還指望我做成什麼樣呢？」

於是，絕大多數老師不肯反覆備課，不肯花時間改善課程品質，也不肯講新課——「又要花時間備課，累死了」，反正許多年前準備的那套東西（甚至是從前人那裡直接「複製／黏貼」進自己大腦的東西）已經「夠用」了！

我不理解他們。我知道，他們也不理解我。當我偶爾（因為年輕）說出自己的想法時，無一例外地被評價：「你真能裝！」於是，我學會了「少說話，多做事，一個人默默前行」。

第二種人絕對是少數，甚至是極少數。他們在工作上精益求精，寧可少睡一會兒也要把事情做到一定程度才心滿意足，別人休息時他們可能還在工作，甚至好像完全不會去想：「這麼努力還不漲工資，實在是太不公平了！」

我從來都屬於「給自己打工的人」，即便我跑到一個地方「拿著薪水給別人打工」，也好像沒辦法把那個「為自己做事」的「進程」給殺掉。

> 「進程」（process）是電腦作業系統裡的一個術語，是指同時進行的「任務（們）」。要強制停止某個任務，一般的說法是「殺死那個進程」（kill the process）。

從某種意義上看，有一個以上的進程同時進行，不就是「並聯」嗎？**現在只不過是在「給自己打工」的同時「給老闆打工」而已**。在做每件事的時候，判斷工作結果和工作品質的好壞與高低，有兩個標準：

▽是否對得起拿到手的薪水？

▽是否對得起自己付出的時間和精力？

「給自己打工」和「為自己做事」的人，自然對工作結果和工作品質要求更高一些。其實，每個人在這一點上都是一樣的，看看有多少人在最後一個離開辦公室的時候不會順手關燈就知道了（與此同時，他們其實一直在擔心自己離開家的時候是不是忘了關掉家裡的燈）。在讀高中的時候，我有個同桌經常說這麼一句話：「咱是誰啊?!」這句話的意思是：

▽「咱是誰啊?!」——所以，「那些事不能幹啊！」

▽「咱是誰啊?!」——所以，「這種東西拿不出手啊！」

▽「咱是誰啊?!」——所以，「做成這德性怎麼好意思呢？」

▽「咱是誰啊?!」——所以，「這事得做到這樣的地步才行！」

……

這句話「不小心」影響了我的一生。

雖然這樣想事情的副作用是讓很多人覺得「你真能裝」，但結果確實是：選擇不同，做出來的事就不一樣，而且品質與品格都不在一個層次上。「給自己打工」的人，總覺得「還可以做得更好」，於是，接下來的每一步，每一個選擇，每一次行動，都是在另一個層次上進行的，都有更高的標準——隨著時間的流逝，結果自然天差地別。

事實上，第二種人是划算的，而第一種人從長期來看註定是吃虧的，卻自以為聰明。為什麼呢？因為第二種人大大地優化了自己的個人商業模式。

他們把自己的同一份時間出售了兩次：

▽一次是把時間出售給老闆，換取了薪水。

▽另一次是把時間出售給自己，換取了成長。

這樣看來，對某個差異的解釋就很自然且清楚了：那些拿到兩次回報的人又怎麼會像那些只拿到一次回報的人一樣那麼在乎只是其中「一部分而已」的薪水呢？與此同時，第一種人完全不知道自己正在「被落後」——別人的真正成長就是自己的真正相對落後，這原本就是事實。只可惜，他們不僅看不到，還在「幸福地墮落著」……

「變成另外一個物種」的重要方法之一竟然如此簡單：

把自己變成一個「給自己打工的人」。

如此這般，你已經變得**與眾不同**，因為這世界上絕大多數的人終生只會半生不熟地運營第一種個人商業模式「一份時間出售一次」，而你竟然把這種最基本的個人商業模式「升級」了，變成了「一份時間至少出售兩次」。從長期來看，你的收益曲線一定會長成複利曲線的樣子——雖然在開始的時候，別說別人，就連你自己都看不出它和一條斜率不大的直線有什麼區別。

7. 如何啟動第二種個人商業模式？

二〇〇三年，我決定寫書。

為什麼呢？因為我想明白了：為了獲得財富自由，我必須尋找一個方式來運用第二種商業模式（即，「同一份時間出售很多次」）——這是必經的途徑。因為每個人的時間都是有限的，「用過即棄」的，甚至「不用也不得不棄」的，而且不會再生，也不會給你「攢在一起讓你放個大招」的機會，所以，只有一個辦法——把同一份時間出售很多次，次數越多越好！

我找到的方式就是寫書。

二〇〇三年，我花了九個月時間寫作並出版了《TOEFL 核心詞彙 21 天突破》。到現在（二〇一七年），十四年過去了（按照我的計算方式，因為「七年就是一輩子」，所以已經過去「兩輩子」了），這本書在 TOEFL 詞彙書市場依然暢銷——不僅暢銷，而且長銷，每年銷量不減。

到目前為止，這本書的稿費我分文未動。我故意把用來接收這本書的稿費的那張銀行卡剪掉，然後扔了。這一招是我在 *Mean Genes: From Sex to Money to Food, Taming Our Primal Instincts*（Terence C. Burnham, 2000）這本書裡學到的。在這本書裡，作者提到了一個例子：為了控制自己的花錢欲望，他跑到外地辦了一張銀行卡，並把卡剪掉，然後定期往那張卡裡轉帳——因為必須要到外地補辦一張卡才能提款，所以這個「麻煩」使他「懶得」去花那些錢。讀書也是這樣，哪怕只是一句有意義的話，甚至只不過是因為讀一本書而「刺激」出來的某個（可能並不相干的）想法，竟然改變了你的行為，那這本書就是無價之寶。這本書對我來說就是價值至少千萬的書——我不知道現在那張銀行卡裡到底有多少錢，也不想知道，而且從來沒有去查過，我只知道：有一筆數目並不小的你根本用不上的錢，是財富自由的一個基本標誌。

二〇〇五年，《TOEFL iBT 高分作文》出版——這本書成了我後來長期「不務正業」的堅強後盾。在隨後的差不多「一輩子」（七年）裡，我的所有生活必需開銷都來自這本書的稿費。開公司可以不拿工資，把利潤全分掉，甚至可以同時開好幾家公司；空閒時可以去研究比特幣，做礦場和場外交易……事實上，全是這本書的稿費在支持我——因為我可以不在乎收入，因為那時的我早就可以不在乎自己時間的「成交價」，反正我的生活必需開銷早已不需要靠「出售時間」換取了。

寫出一本長銷的暢銷書（注意，不僅是「暢銷書」）是我運用第二種個人商業模式的起點。因為，書的長銷，事實上相當於把我之前「辛苦」的九個月時間在十幾年裡反覆出售了數百萬次——雖然每次賣出的實際價錢並不高，稅後只有幾元錢而已。

許多年來，我一直在琢磨：對個體來說，除了出版圖書，還有其他方式可以做到把「同一份時間出售很多次」嗎？後來我想清楚了：一切內容製造，從本質上看都屬於這個類別——書籍、唱片、動漫……或者更精確一點——一切創意製造可能都屬於這個類別。

你可以把一本書、一張唱片、一部動漫理解為一個「產品」。那麼，這類極度依賴創意的內容（或稱「產品」）都可能屬於「成本極為低廉」（腦力勞動）、「受眾極為廣泛」（即，銷量可能很大）的東西。有能力製造這類東西的人，最終都有可能把自己的同一份時間出售很多次。

雖然那時我剛剛「入門」，但出手時已然是個深思熟慮的高手了。我不僅是個作者，還是個極受學生歡迎的老師。而且，我是做銷售出身的，所以我從一開始就懂得如何把一個東西不僅賣出去，還賣得很多。更重要的是，我和其他作者的思維不一樣——他們中的絕大多數，思維是這樣的：

▽我很厲害，所以我能寫書。

▽我寫出來的東西就是很厲害，所以你們不能亂改，我寫什麼就出版什麼。

▽我很厲害，我寫出來的書也很厲害，你們不買，是你們的眼光有問題。

我的出發點是：就算我不是很厲害，那我的書能不能賣得很厲害？所以，我的思維和他們是截然相反的。我認為：如果讀者不買我的書，那肯定是因為我做錯了什麼。我不僅是銷售人員，我從一開始就明白：必須用「產品思維」去考慮問題。在產品思維裡最重要的思考是什麼呢？說穿了就很簡單，不說穿就是一張徹底蒙蔽你雙眼的窗戶紙：

剛需

對，**你的產品必須滿足消費者的剛需**——沒有什麼比這個更重要。若你的產品是消費者的剛需，即便做得不夠好，人們也會買——剛需嘛，能解決多少就解決多少。若你的產品不是消費者的剛需，那無論做得多好，買的人也不會太多——其他能力和品質，都是在此之後起作用的。不做剛需產品，剩下的就無從談起。

許多年前的這一點點思考，讓我直到今天都在受益。後來，無論是創業，還是投資，還是再創業、再投資，都是一樣的。我已經習慣了去找、去做真正滿足剛需的產品，也練就了一雙「火眼金睛」去甄別真正的剛需，而這是個根本無法用錢去衡量的能力。

在出版《TOEFL 核心詞彙 21 天突破》和《TOEFL iBT 高分作文》這兩本書的時候，我正在教 TOEFL 的閱讀和作文。一般來說，老師出書都是自己教什麼就寫什麼，但我覺得不能這樣。閱讀和作文實際上不是中國學生的剛需，或者更準確地講，即便它們都是真正的剛需，可學生們卻不以為那是剛需——學生們（即，消費者們）心裡以為的剛需是詞彙書……

所以——你也已經知道了——我出版的第一本書是詞彙書。

我骨子裡並不認為「背單詞」就是「學英語」。在全世界範圍內，甚至從人類史上來看，從來沒有一個學習行為出現了如此驚人的大面積失敗——幾億人前仆後繼地「學」英語，小學六年、初中三年、高中三年、本科四年——十六年下來，百分之九十九的人以失敗而告終。為什麼呢？天天背單詞，卻從來不用單詞——造句不就是「用單詞」嗎？天天背單詞，卻從來不造句……學了十幾年英語，卻從來沒有真正用過，不失敗才怪！

又過了幾年，我寫了《人人都能用英語》，沒有找傳統出版管道出版（反正我不需要靠它賺錢），而是直接放在網上（zhibimo.com）供人免費閱讀，目前閱讀量過億，不知道幫助多少人擺脫了尷尬！

可是，我卻寫了一本詞彙書——它是**消費者心裡真正以為的剛需**（請認真閱讀這裡的每一個字）。然後，就是「我自己要對得起自己」的過程了。我運用自己的電腦技能寫了個自動化腳本，運用在大學會計專業中學會的統計及機率知識在我自己創建的 TOEFL 考題資料庫裡進行分析，最終挑出兩千一百四十二個詞彙。把這些單詞全部掌握以後，剩下的靠「跳、換、猜」基本上就能搞定了——考試嘛，考的就是這種能力。當時，市面上絕大部分的詞彙書都是類似「TOEFL 詞彙 12000」的東西，「考托福至少需要過萬的詞彙量」的說法滿天飛。而我的《TOEFL 核心詞彙21突破》則清楚地、有根有據地告訴讀者：別怕，先把這兩千一百四十二個單詞全都搞定——每天百來個，二十一天全部完成是很現實的，誰都能做到——然後，你就可以在考試中拿個好成績了。

這是一個滿足剛需的、一枝獨秀的產品，上市十多年仍在銷售，而且年銷量穩步增長。

過了兩年，出版社因為第一本書大賣，所以一直勸我出第二本書。於是，我寫了範文集《TOEFL iBT 高分作文》。我在課堂上是絕對不講範文的——作文老師講範文就是犯罪，因為這樣做會讓很多原本可能有創意的人變成毫無創意的人。作文寫不出來，不是因為不會用範本，也不是因為不會用「萬能句型」，而是因為沒有進行真正有意義的思考，所以，作文課應該是教思考的。可是，我還是出版了一本範文書。為什麼呢？重複一下，字字珠璣——它是**消費者心裡真正以為的剛需**。

接下來還是「我自己要對得起自己」的過程。既然是範文書，就要把題庫裡的一百八十五篇範文全都搞定。雖然讀者要的是「範文書」，但我給出的肯定不僅是「範文」，我用了很大的篇幅認真、仔細且正確地分析了托福作文考試的評分標準，並給出了相應的最佳策略。在課堂上，我也可以理直氣壯地告訴學生：你沒必要因為我在課堂上不講範文、不講範本、不講「萬能句型」而投訴我（我真的因此被無理且嚴重地投訴過），如果你非要瞭解這些內容，就花幾十塊錢去買我的範文書吧，在課堂上我要講更重要的內容，即，**你如何才能正常、正確地思考**（這句話在《TOEFL iBT高分作文》的前言裡也醒目地出現過）。

這又是一個滿足剛需的、一枝獨秀的產品，上市十多年仍在銷售，而且年銷量穩步增長。

再後來，離開新東方的時候，我寫了《把時間當作朋友》，目的還是滿足使用者的剛需——所有追求成長的人都會意識到時間的重要和寶貴，而更為關鍵的是，他們苦於時間的「不可控」……我在這本書裡提供了一個邏輯上簡單卻又嚴謹的解決方案：

▽時間是不受任何人控制的。

▽管理時間是根本不可能的。

▽只有管理自己才是可能的。

▽用正確的方式做正確的事情，才是唯一正確的選擇。

這還是一個滿足剛需的、一枝獨秀的產品，上市十多年仍在銷售，而且年銷量穩步增長。事實上，「必須滿足消費者以為的剛需」這個道理在任何地方都適用。你看音樂產業，為什麼愛情歌曲占九五%以上？——一樣的道理啊！你看動漫產業，為什麼愛情故事無處不在？——一樣的道理啊！再回到書籍，情感類書籍從來都是市場上最大的品類之一——還是一樣的道理啊！

陶華碧女士是我最敬佩的「創業者」之一。人家不融資、不上市，只做一款「老乾媽香辣醬」就能賺很多錢，而且老老實實地納稅——如果這樣的人不是英雄，那誰是英雄？她的產品最核心的屬性就是「滿足剛需」——到國外的網站上看看，有多少老外在「不小心」吃過陶華碧女士的產品之後苦於回國無處購買，只得四處尋找代購。

曾幾何時，把自己的「同一份時間出售很多次」幾乎是完全不可能的事情。即便是在十幾年前，作家中的絕大多數也無法做到「一炮而紅」。可時代變了，互聯網改變了一切。今天，若你拿得出「真正能夠滿足消費者以為的剛需」的創意產品，就絕對不愁賣不出去，也絕對不愁賣得不多。

各種管道正在爆發式地增長。蘋果的 App Store 和微信的小程式都是程式設計師把自己的「同一份時間出售很多次」的絕佳管道；微信訂閱號培養了無數作者，給更多的文字工作者以更多的機會，已經是不爭的事實；國外甚至出現了基於區塊鏈的版權確認與獎勵報酬系統（例如 steemit.com）——靠創作賺錢，甚至賺大錢，已經成為越來越多人的機會。

希望掌握第二種個人商業模式的人，請牢記一個概念：

剛需

與此同時，要更深入地研究一個更重要的概念：

消費者以為的剛需

這就是我在這麼多年裡一直認真研究心理學的原因。我們不僅要理解別人，還要理解**這個主要由別人構成的世界**——不僅要理解它，還要和它融洽地相處，和它做朋友，和它共同成長……

還有一個問題是：為什麼我會盡量避免在服務行業從業？因為服務業的問題在於，身處其中的人，幾乎完全沒辦法運用第二種個人商業模式，在那裡貌似永遠只能將「一份時間出售一次」——對我來說這實在是太可怕了。即便在剛開始的時候出於無奈而從事了這個行業——我不就當過老師嗎？又，誰在剛開始沒有「沒辦法」的時候呢？——也要想盡辦法在恰當的時候跳出來，擺脫不能更多地運用第二種個人商業模式的尷尬。

希望啟用第二種個人商業模式的人，從一開始就要訓練自己的創造能力和創新能力，而不是只在意自己完成任務的機械工作能力。近幾年，人工智慧的發展趨勢更加明顯地揭示了這麼一個道理：

> 一切沒有創意的工作，都可能很快被機器代替。

該怎麼辦？虛一點的說法是「重視教育」，實在一點的說法是**「要不斷升級自己的作業系統」**——這恰恰是本書的核心主旨。

8. 如何優化第三種個人商業模式？

在這三種個人商業模式裡，最高級的是第三種，即，「購買他人的時間再賣出去」。其原理很簡單：既然自己的時間是有限的，那麼「購買他人的時間」起碼可以突破「時間總量」的限制。其原則也很簡單：「低買高賣」——這實際上是一切商業模式的共通之處。

前面說過：

創業和投資，事實上就屬於「購買他人的時間再賣出去」的個人商業模式。你自己創業，做老闆，招聘一些人為你做事（本質上就是購買了那些人的時間），利用你購買的這些資源創造點什麼（產品也好，服務也罷），再把它賣出去。而投資人購買的本質上也是時間——創業者的時間（也可以說是「更有能力的人的時間」）的一部分——再想辦法將其賣出去。從這個角度來看，我們也可以理解為什麼「投資人首先看重創業者的素質，然後才是創業者所選擇的方向」了。

能夠成功創業的人和能夠成功投資的人，在人群當中肯定只占極小的比例。可為什麼說「最高級的個人商業模式事實上人人都在用」呢？因為這是事實啊！

當我們花錢購買他人服務的時候，本質上就是在購買他人的時間，以便自己的時間不被占用。還記得服務行業的所謂「缺陷」嗎？在那個領域，絕大多數人每份時間只能出售一次。於是，當我們**花錢購買服務的時候，就從本質上避免了將自己的時間花到那些只能將「一份時間出售一次」的人所做的事情上**。

所以，第二種個人商業模式（同一份時間出售很多次）並不是大多數人能夠用得上的，甚至是大多數人終生無法掌握的東西。可與此同時，事實上任何人在任何時候都有機會運用更為高級的第三種個人商業模式——這真是個令人驚訝的現象！

然而，再仔細觀察一下就會發現：絕大多數人從未把「花錢購買他人的時間」（在他們看來是付費購買商品或者服務）當成自己的個人商業模式來處理（事實上，他們腦子裡根本沒有「個人商業模式」這個概念），當然就從未意識到這件事還需要更深入地琢磨才有可能不斷優化。

從二〇一六年下半年開始，我頻繁地使用一個叫作「助理來也」的微信服務號。它是幹什麼用的呢？很簡單，我用它可以花五塊錢找人幫我去星巴克排隊買咖啡（編按：此指人民幣，以下皆同），然後送到我的手中。想想看，有多少次你想喝杯咖啡，到星巴克一看，人太多，等不起，於是就算了？花五塊錢，節省十到二十分鐘——我的十分鐘怎麼可能連五塊錢都不值呢？若我正在寫文章，十分鐘我能敲出幾百上千字呢。要知道，按照二〇一六年我的收費專欄的收入計算，每個字差不多值兩千元。所以，我怎麼可能不喜歡這個服務呢？它實在是太值了！

不同人的思考角度、思考根據、思考品質差異巨大，很多人甚至從來沒有認真想過，「不肯花錢購買服務，寧願用自己的時間來省下那些錢」這種做法，更合理的依據應該是：確定自己的時間價值抵不上那個時間消耗。只有在這樣的時候，「不花錢」才是合理的。然而，看看絕大多數人的選擇就知道了，他們不是這麼做的，也不是這麼想的，他們甚至根本沒想過。於是，他們天天在做不合理的事情卻不自知。

在許多年以前，我就不太理解人們為什麼會覺得「書太貴了」，甚至嚷嚷著「買不起」。要知道，書可是天底下最便宜的東西啊——即便是在書價漲了好幾倍之後。另外，長期以來，大陸的書價也比外國的書價便宜很多。你知道這是為什麼嗎？原因並不是人們淺薄地以為的「中國人不重視知識」，真正的原因只有一個——銷量足夠大。我們已經知道，寫書是少數可以把自己的「同一份時間出售很多次」的方式之一，那麼，既然能夠「多銷」，就可以「薄利」，如果能夠「多銷」很多，就可以更「薄利」——這才是大陸的書價比國外便宜很多的根本原因。

從這個角度來看，一個精英人士花時間認真寫出來的書，飽含知識的結晶，卻以接近紙張本身的價格銷售——貴嗎？怎麼可能！這時候，付費就是撿便宜啊！歸結成公式化的語言，是這樣的：

> 能被批量銷售的時間更值得購買——它們實際上無比廉價。

除此之外，「能被**更大規模**地批量賣出去的時間」更值得購買，因為「更大規模的銷售」意味著

「更大規模的認可」——已經有很多人幫你驗證了品質，豈不是更放心？（雖然也會有例外，可什麼事情是沒有例外的呢？）

要想認清「付費才是撿便宜」的本質，核心在於認同這樣一個不等式：

時間＞金錢

也就是說——若你認為「時間比金錢更重要」，你會作出一些決定；反過來，若你認為「金錢比時間更重要」，你會作出一些截然相反的決定。

我們再回頭看，為什麼「花錢避免將自己的時間花費到『一份時間出售一次』的事情上」是值得的呢？要想清楚：把時間花在哪裡才最划算？

把時間投資到自己的成長上最划算。

因為在第一種個人商業模式中，個體的價值決定了時間的價格（估值），所以，在所有人都出售自己時間的情況下，如果你能不斷提高自己的價值，那你就賺到了——肯定不是馬上賺到，但終將賺到——這一點毫無疑問。

還有一個極為重要的因素是絕大多數人根本想不到的：

> 若你篤信自己將來能賺到的錢（成長的重要指標之一）的數值變化會像複利曲線一樣，那你就能明白：在早期，無論費多大勁攢下來的錢，都只不過是「小錢」，一二十年之後，那一點點錢完全可以忽略不計了。

相信你已經看出來了，這就是「撿了芝麻，丟了西瓜」的另一個版本。

把時間投資在自己的成長上，是在提升自己的價值。若只是為了省下一點點錢而把時間花費在那些不必要的事情上，卻因此耽誤了成長，那就要多吃虧有多吃虧了。可惜，絕大多數人正在這麼做——把自己有限的腦力花費在那些「雞毛蒜皮」上。

時間和精力都具備排他性——用在這裡，就不能用在那裡；用在那裡，就無法用在這裡。這就是絕大多數最終在某個領域成就非凡的人都顯得有點「弱智」，甚至看上去「生活不能自理」的重要原因。他們關心的不是生活瑣事，而是那些更重要的事——其中必然包括自己的**不斷成長**。

成長的方法是什麼？答案只有一個：學習。在有意義的人生中，貌似沒有什麼比這兩個字更重要了。習得每一個技能，都是在給自己賦能，讓自己擁有更強的能力。擁有更多的技能，就是擁有更多維度的能力。人類之所以能夠進步，能夠成長，就是因為人類具有學習能力。甚至，在我的世界裡，我把「學習」、「進步」和「成長」統一稱為**「進化」**。

生動點講，每當你習得一個新技能的時候，你就**進化**成了另外一個**物種**：學會了開車，你就進化成了腿更長的物種；學會了外語，你就進化成了視野更廣闊的物種；學會了演講，你就進化成了嗓門兒更大的物種；學會了寫作，你就進化成了聲音更有穿透力的物種；掌握了統計和機率理論，你就進化成了能更清楚地認識事物本質的物種；熟習了統籌方法，你就進化成了具有「三頭六臂」的物種，就能比別人多做很多事情；深入研究了心理學，你就進化成了能更準確地理解整個世界的物種；悟透了現代金融理論，你就進化成了在當前這個金融時代最受恩寵的物種……

總是有人慨嘆：「同樣是人，差異怎麼那麼大呢?!」其實原因很清楚：雖然頭頂同樣的藍天，腳踩同樣的大地，呼吸同樣的空氣，同是「人模人樣」，但每個人類個體往往不屬於「同一個物種」。人與人之間的差異，常常是「物種」之間的差異——否則差異怎麼會那麼大呢？

邏輯非常清楚了：

▽既然——你的目標是「終有一天不用再出售自己的時間了」。
▽那麼——你的行動就應該是「想辦法合理地逐步減少自己出售時間的數量」。
▽所以——方法就是「在能用錢換時間的時候盡量用錢換時間」。
▽進而——將省下來的時間全都「投資」到自己的「持續進化」上去。

那麼，學習有沒有方法呢？當然有——要不我怎麼會主張「學習學習再學習」呢？

「學習學習再學習」中的第一個「學習」是名詞，第二個是動詞，第三個還是動詞，意思是說：要先把「學習」（名詞）這個本領「學習」（動詞）好，「再」繼續「學習」（動詞）。

而這整整一本書，根本目的就是提高你的學習能力，甚至要讓你的學習能力更上一層樓：**讓你進化成一個作業系統能夠不斷升級的物種**，即，作業系統具備自動升級功能的物種。

9. 你升級過自己的作業系統嗎？

事實上，在這個問題之前有更基本的問題，在這個問題之後有更深入的問題：

▽在此之前，你知道自己有一個作業系統嗎？
▽如果你竟然知道，那麼你升級過自己的作業系統嗎？
▽如果你竟然升級過，那麼你知道如何持續地甚至自動地升級自己的作業系統嗎？

很多人從未想過自己事實上是被一個作業系統所左右的，而那個作業系統到底是不是自己的，很多人也從未有意識地思考過。真相是：

很多人在被別人的作業系統所左右。

看看身邊究竟有多少人的所謂「行事原則」是下面這樣的，你就能徹底明白我在說什麼了：

「別人都是這麼做的啊！」

絕大多數人腦子裡確實有個作業系統，但那個作業系統事實上完全不屬於他們自己，而是被別人植入的、不受他們自己控制的。那個作業系統完全是由別人設計的——「出廠」的時候是什麼樣就一直是什麼樣，被設定可以做什麼就只能做什麼，被設定不能做什麼就永遠不能做什麼……

只要略加思索，你就能明白，下面這個類比不僅生動，甚至和事實一模一樣：

很多人的大腦若能一直保持一個作業系統出廠時的乾淨狀態倒也罷了，可實際上，他們的作業系統完全就像互聯網上那些已經被病毒入侵的電腦系統一樣，只不過是「殭屍網路」的一員——雖然平時可以正常運作，但那只不過是因為「病毒」還處於潛伏期，尚未發作而已。

絕大多數人根本就沒意識到自己還有一個作業系統，當然也絕對不會想到應該給自己安裝「殺毒軟體」！

數學家奈許（John Forbes Nash）可能是最廣為人知的「透過給自己安裝殺毒軟體而保證自己的作業系統盡量正常運轉」的經典例子：

在相當長的一段時間裡，奈許患上了精神分裂症。他的作業系統被「病毒」入侵，以致產生了各種幻覺。後來，在他的意識裡出現了一個小女孩。許多年後，他發現自己意識中的小女孩沒有長大，還是那麼小——這明顯不符合邏輯。由此，他明白了：之前的意識其實是幻覺。於是，他給自己安裝了「殺毒軟體」，一旦那個小女孩出現，他就主動告訴自己，

「那是幻覺」，「那絕對是幻覺」……直到他去世的時候，那個幻覺也沒有消失，但他學會了分辨那個幻覺，甚至嘗試著適應那個幻覺的存在。

這個極為震撼的例子在《把時間當作朋友》裡就提到過，在本書的後面還會提到。

那麼，每個人的作業系統是如何構成的呢？我們應該如何把自己進化成一個具備自動進化能力的物種呢？

我們的作業系統由以下幾個層面構成：

▽概念與關聯

▽價值觀與方法論

▽實驗與踐行

如果可以用圖來表示的話，大抵會是左圖的樣子。

我們會在後面多次深入討論這個「作業系統」，並給出許多重要的實例以幫助你理解它。現在，讓我們先對自己的作業系統有一個概括性的認識。

所謂「概念」，無非是你對某個事物（不管它是抽象的還是具體的）的清楚認知。你要清楚地知道：

▽它是什麼，不是什麼？
▽它和什麼東西很像，但在哪些地方完全不一樣？
▽它可以用在哪裡，不可以用在哪裡？
▽在用它的時候，怎麼用是對的，怎麼用是錯的，需要注意哪些問題？

其實，衡量一個人是否足夠「聰明」的依據很簡單：

▽看他腦子裡有多少清晰、準確、必要的**概念**。
▽看他腦子裡那些清晰、準確、必要的概念之間有多少清晰、準確、必要的關聯。

前面已經說過，「快速」不應該與「成功」關聯在一起，而應該與「入門」關聯在一起。很多人只不過是缺失或者搞錯了這個簡單的關聯，就耽誤了自己的一生。

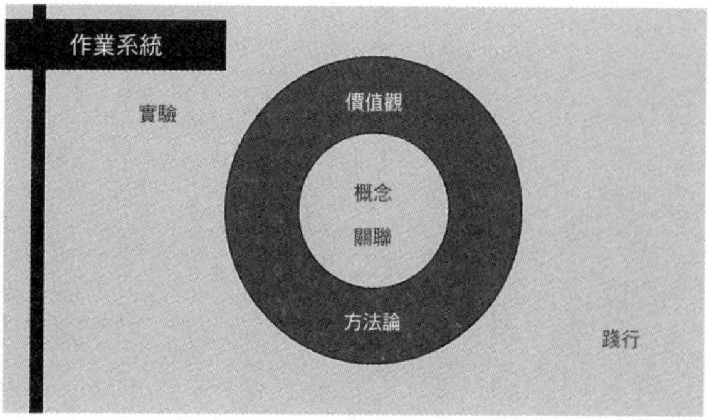

作業系統

概念和關聯構成了作業系統的底層核心，其他部分都依賴於它們究竟有多清晰、多準確、多必要。進而，一些價值觀會自然形成或自然進化。你得先知道「什麼」究竟是什麼，才能知道「這個」

和「那個」孰優孰劣。而所謂「價值觀」，無非是一個「小」問題的真實答案。這個「小」問題是：

什麼更重要？

認為「金錢比時間更重要」是一種價值觀，認為「時間比金錢更重要」是另外一種價值觀。價值觀決定選擇，選擇促成行動，行動構成命運——一環扣一環。

有了清晰的價值觀，就會有決斷（而不是面對選擇猶豫不決）。同時，當決斷擺在那裡的時候，我們會研究方法論，因為選擇要配合行動才有意義。因此，我們要錘鍊自己的方法論，以指導緊隨決斷的行動——實驗與踐行。

踐行很容易理解，可為什麼要有實驗呢？因為我們的「作業系統」並不是一個一成不變的系統，它和人類所使用的另外一個作業系統——科學——是一樣的。科學不是「永恆正確的」。科學是一套具備可證偽性的作業系統，因此它可以在不斷否定自我的同時不斷進化。而所謂「實驗與踐行」，幾乎完整對應著科學方法論中的「實證」過程。為了進化，我們總是要用實驗與踐行去檢驗我們的價值觀與方法論，把好的留下繼續打磨，把不合適的去掉——這就是升級過程。

若實驗與踐行的結果不盡如人意，我們就要重新審視自己的方法論與價值觀；更進一步，為了糾正自己的價值觀，改進自己的方法論，我們還要深入一步，去審視我們大腦中存在的概念與關聯，甚至需要重新定義它們，讓它們更清晰、更準確，或者乾脆拋棄一些已然沒有必要存在的概念，否則就無法從「根」上完成「升級」（即「進化」）。

在此之前，你對自己的作業系統有這樣清晰、準確、必要的理解嗎？更可能的事實是，在此之前，你的腦子裡甚至沒有「我的作業系統」這個概念。如果連最核心的東西都沒有，那麼後面的一切就都不見了：

▽關聯——用在哪裡？啊，還要「升級」？（「作業系統」與「可升級」的關聯。）

▽價值觀——哪個作業系統更好？

▽方法論——如何升級自己的作業系統？

▽實驗——可能要試用多個作業系統才能作出更優質的選擇。

▽踐行——透過持續的「理論指導行動」獲得更好的結果。

前面我用「不同的物種」做過類比。還有一個類比可以幫助我們形象地理解人與人之間的差異：

一些人腦子裡運轉著的是單工作業系統（例如DOS），一些人腦子裡運轉著的是多工作業系統（例如Windows），一些人腦子裡運轉著的是更漂亮的作業系統（例如Mac OS），還有一些人腦子裡運轉著的是看起來雖然不那麼花稍但實際上極為健壯的作業系統（例如Linux）……

一些作業系統應該被淘汰（例如 DOS），一些作業系統正在不斷升級甚至進化（例如 Windows 10 最近的表現），還有一些作業系統本就高效（例如 Linux 生態中的某些分支）……

事實上，人腦是很神奇的，不僅「軟體」可以「自主」升級，「硬體」也可以「自主」升級！精彩的例子太多了，在本書後面會慢慢展開。不過，當前的重點是：你不再像過去那樣懵懂，你已經清楚地在「自己的作業系統」裡打造了一個「作業系統」的概念，並把它與「升級」、「成長」、「進化」、「自主」等概念關聯起來了——你很可能已經變成了「另外一個物種」。

起碼，你已經知道：這世界上有很多看起來和你沒什麼區別，卻具備「一個不斷自主升級的作業系統」的「另外一個物種」。

10. 你所擁有的最寶貴的財富究竟是什麼？

你可能從來都沒有把**「注意力」**這個概念當成自己的「財富」品類之一。一提到財富，絕大多數人能直接想到的概念肯定是「金錢」，甚至不是「時間」，當然更不會是一個原本不在自己的作業系統裡的概念——注意力。如果在此之前你就是這樣的，那麼——相信我，你並不孤獨。

注意力和時間的區別在於，時間不受你的控制，而注意力在理論上應該只受你的控制。當然，你會發現絕大多數人的注意力都是被別人控制的，而其中很可能包括過去的你和現在的你——還是那句話：相信我，你並不孤獨。

你可能沒有從這個角度想過問題，所以才那樣無所謂。

舉一個在互聯網發展過程中發生的例子。在互聯網剛剛出現的時候，人們即便「看到」了它的商業價值，也沒辦法「實現」它的商業價值。因為要真正實現大規模的商品交易，不僅要有互聯網基礎傳輸協定所傳輸的「資訊流」（你能看到賣家賣的是什麼），還要有「金流」（你得有辦法向賣家支付）和「物流」（賣家收到你的錢後得把貨送到你那裡）。資訊流、金流和物流就是「電商三要素」。

與很多人以為的不同：免費不是互聯網的「理想」，而是一個無奈的結果。在互聯網出現之初，由於金流和物流沒有完全跟上資訊流，所以只能免費。在那時，連遊戲這個不需要物流的東西，都因為金流解決得不好而只能暫時免費——只要金流有了一點點的改善，遊戲馬上就進入了大規模收費時代。

於是，在互聯網大規模普及的前二十年裡，並沒有大規模的電商被實現，也就是說，在那之前，互聯網上幾乎只有一種商業模式：**收割用戶的注意力**。透過提供各種新鮮有趣的內容，吸引使用者的關注，把流量搞上去之後，開始投放廣告——本質上不過是把大量用戶的注意力集中起來再收割，然後打包賣給廣告主。

人們萬萬沒有想到自己的注意力竟然被這樣出售了——這件事真的很諷刺。一般認為早期的互聯網用戶是相對「素質更好」的群體，但從另外一個角度看，他們更像「被人賣了還在幫人數錢」的那種人。不過，一些人也用不著太得意，因為他們雖然不常上網，但整天都在看電視——背後還是一樣的商業模式——隨便看，全部免費！於是，很多人就把注意力挪到電視上去了。這些人的注意力也被集中、大量、廉價地收割（更可能乾脆是免費收割吧），然後被打包出售。

所以，不要認為注意力是不值錢的。這世界的商業模式之一起碼在清楚地告訴你：雖然單個人的注意力可能很不值錢，但若能大量收割那些完全不值錢的注意力，就有可能賣出一個不錯的價錢！

那些被互聯網和電視收割的注意力，就是由很多個體主動放棄的注意力構成的。如果連這樣的注意力都能賣出好價錢，那麼主動有效調動且最終能有所產出的注意力該多麼值錢？起碼應該「更值錢」才對吧。

經過多年的觀察，我總結了一個概念，叫作「人生三大坑」。

你一定經歷過一些「坑」。有些坑很深，一旦掉進去就可能爬不出來；有些坑很淺，掉進去再爬出來可能反倒是件好事（可以借此增長經驗）。但還有些坑很可怕——它們是隱形的，沒準兒已經掉進去了卻全然無知。

我就知道這世上有三個這樣的大坑，坑內人頭攢動，九九．九九%的人身在其中而不自知，因為放眼望去——「大家不都這樣嗎？」

第一個大坑叫作「莫名其妙地湊熱鬧」。

湊熱鬧，你一定見過。很多人走在大街上，看到有一大群人圍在一起，就會不由自主地走過去，想知道究竟發生了什麼。可關鍵在於，那一定是跟自己沒有關係的事情，為什麼要去湊這個熱鬧呢？尤其是那些在大街上造成圍觀的，通常不會是好事。道理明擺著：能讓人們在大街上圍著看的是什麼事情？大都是不好的事情！可是，不好的事情有什麼可看的？看來看去無非就是那麼幾齣：有人吵架了，有人打架了，有人受傷了……用腳趾頭想想就能知道，見義勇為這種事，大都不是一大群人圍在一起做出來的。而且，絕大部分人都不是醫療、消防、救援等專業人員，即便在大街上遇到需要幫助的人，也不具備相應的專業知識，這時最好的選擇是撥打求助電話，等待專業人員來處理，而不是——湊熱鬧。

現在，人們上街的欲望比以前低多了，因為人們現在上的不再是大街，而是網路。網路上可看的熱鬧更多，甚至可以給自己泡杯茶，擺好姿勢再圍觀。呀，萬科出事兒了！呀，吳亦凡出事了！呀，趙薇出事了！……這種人現在在網路上被稱為「吃瓜群眾」。比起在路邊圍觀的人，網路上的吃瓜群眾們還會將湊熱鬧變成一齣鬧劇——一群人本來就莫名其妙地圍觀，結果看著看著，圍觀的人居然吵了起來，引來更多的人圍觀……

據說「好奇心是創造力的源泉」。事實上，無論是誰，都有滿滿的好奇心，只可惜這好奇心都被浪費在莫名其妙的湊熱鬧上了。不過，這也很正常——有那麼多的人沒什麼正事可做，連書都不讀，閒得要命，他們有大量閒置的時間需要「殺」掉，有大量閒置的精力需要發洩，有大量閒置的好奇心需要滿足……

第二個大坑叫作「心急火燎地隨大流」。

突然之間，某個「趨勢」就出現了（例如，前幾年的O2O，以及最近的AI和內容創業）。只要有什麼東西「火」了，瞬間就會有一大批人（事實上，總是絕大多數人）心急火燎地去隨大流。

可是他們忘了，在任何一個大趨勢出現的時候，一定有一批人早就準備好了（雖然不一定是特意準備的）。若內容創業真的是大趨勢、大潮流，那麼在此之前已經「寫了十幾年字」的那批人顯然是

「雖然不是特意，卻必然準備最充分」的。在大趨勢出現後才開始心急火燎的人，怎麼可能是另外一批人的對手呢？

問題在於：他們為什麼會心急火燎呢？是因為大勢來得太突然了嗎？不是。正確的答案是：那趨勢，那機會，並不屬於那些心急火燎的人。**那趨勢，那機會，明明屬於那些有意無意已經準備好了的人。**很多人平日裡掛在嘴邊的「機會屬於有準備的人」，在這個時候完全成了一句空話——這究竟是為什麼呢？只因為平日裡從無積累。

說實話，這個坑裡的人比第一個坑裡的人「有正事兒」多了，起碼這些人是要求上進的。只可惜，他們平日裡空有一顆上進的心，卻從未有過積累的行動。於是，他們把兩個坑都占上了：平時總是湊熱鬧；看到別人得到機會的時候，花費自己的時間和精力去隨大流。最終，只要入了「坑」，不管是不是正經事，都一事無成。

第三個大坑叫作「為別人操碎了心」。

什麼是「為別人操碎了心」呢？例子非常多，最近很多人對「萬眾創業」的所謂「獨立思考」就是一個。「萬眾創業」這個說法也許有一些禁不起推敲的地方，但別人創業，別人單幹，那是別人的事情啊！現在的社會環境和一二十年前真的很不一樣，個體生存比以前容易多了——這是事實。

但凡有點想法和能力的人，在這個時代確實應該去創業。雖然不一定是各路風險投資人眼中的那種「能改變世界」的創業，但最起碼——單幹可能更有前途。

從社會效率的角度出發，每個單幹的人從本質上看，都是在嘗試去掉中間環節，嘗試直接為社會做貢獻——就算有可能失敗，又有什麼不好的呢？而拉起團隊創業的人，是在嘗試為社會做出比個人更大的直接貢獻——就算有可能失敗，又有什麼不好的呢？

「失敗乃成功之母」不是每個人都知道的正確道理嗎？即便別人失敗了，你怎麼知道他們不會在失敗中總結經驗呢？你怎麼那麼篤定別人在失敗之後就會一蹶不振呢？有句歌詞是「What doesn't kill you makes you strong.」（那些打不倒你的只能讓你更強）——誰說失敗不是正常生活的必需構成部分？

兩個字：閒的。

一句話：自己是「泥菩薩」，連一條小河都過不去，卻「為別人操碎了心」，真不知道圖個啥。

若別人創業失敗了，你不會有損失；若別人創業成功了，你會害怕——是嗎？

想想看，你是不是還在坑裡？若你竟然爬出來了，那就回頭看看，還有多少人依然在坑裡「幸福地活著」？為什麼說這三個坑很可怕？因為這三個坑都會在消耗你寶貴注意力的同時讓你沒有任何產出。所以，你現在應該意識到「注意力很可能是最值錢的東西」了吧！

請認真研究一下注意力的另外一個「定義」。注意力是什麼？

> 注意力是你唯一可以隨意調用且能有所產出的資源。

最終，你只能同意這個結論：**「注意力」是在任何地方「挖掘」價值的最基本工具**。所以，要選好「地方」。若把注意力放到學習上，你就會有進步；若把注意力放到思考上，你的思維品質就會得到提升；可若把注意力放到根本不可能產出價值的地方，你就慘了——你最寶貴的東西被消耗了，而你卻一點收穫都沒有。

你可能擁有三種財富（也可以暫時稱其為「資本」）：

▽注意力

▽時間

▽金錢

在起點上，雖然你可以自由支配你所擁有的金錢，但若沒有繼承（這是絕大多數人面臨的實際情況），你的金錢數量可能不會很多，也可能無法容易地賺到更多的錢。

你所擁有的時間和別人一樣，每天二十四小時，不多不少，這和遺傳、繼承沒有任何關係。但是，時間絕對不受你的支配，而且不管你做什麼（或者做不做），它都自顧自地流逝。

而你的注意力卻不一樣——要多少就有多少，愛怎麼用就怎麼用，理論上可以不受他人控制。從總體上看，它也不受遺傳或繼承的影響。在必要的時候，少睡一會兒，或者多「堅持」一會兒，就可以「相對賺到」更多的注意力，並把它放到更有價值的地方了。

於是，越是在早期，下面這個公式就越「普適」：

這很可能是你在讀這本書的時候建立的第一個系統、完善的價值觀。而你現在已經知道：你的注意力比你的時間更重要，你的時間比你的金錢更重要。這就是價值觀——知道什麼比什麼更重要，最終知道什麼最重要。隨之改變的是你的選擇——「人在改良過後的價值觀下不可能再作出改良之前的選擇」，這是真理。

在這個價值觀下，金錢其實是最「便宜」的東西。所以，用錢來省時間肯定是很值得的交易（用低價值資產換取高價值資產）。若能用錢來保證自己的注意力不被分散，那就是更划算的生意了。

在我的生活中，最重要的一個原則就是：若可以用時間去減少注意力的消耗，那我一定不會去節省那個時間。例如，很多人因為工作忙而不去花時間陪家人，在我眼裡就是不明智的。我曾在一篇文章裡提到，我運用一系列手段，做到了「二十多年沒有跟老婆吵過架」。怎麼做到的？很簡單：我在她身上花時間！稍微想想就能明白，這個結果對我來說再重要不過了。在過往的二十多年裡，我從來沒有因為跟老婆吵架而出現一整天甚至好多天心情不好的情況——要知道，人在心情不好的時候是無法集中注意力的，什麼事都幹不成，什麼事都做不好，「番茄時間管理法」（編按：意即把時間分成小段，每段只專心做一件事）之類的東西再有道理也沒有「用武之地」。

經常聽到一些在女性朋友之間交換的所謂「經驗」：「判斷一個男人愛不愛你，就看他肯不肯給你花錢！」這就是另外一種價值觀——準確地講，這是一種在愚昧價值觀下的愚蠢判斷。錢對我這種人（或者說「我這個物種」）來說是價值最低的東西——如果只是要錢，那真的是太便宜了！要時間的才是「要命」的——要注意力的那得多有價值啊！即便在另外一個物種的世界裡，「肯不肯花錢」也是一個有缺陷的判斷標準——萬一那個人的時間很值錢呢？若你的時間價值很低，你的注意力屬於可以被免費收割的那種，那你能要的也確實只有少量且「廉價」的錢了。唉，尋找人生伴侶也是受概念與關聯、價值觀與方法論影響的！

大多數女性認為，男性不及時回覆簡訊，或者不馬上接電話，就是不愛自己、不在乎自己的表現。可對我這種珍惜自己注意力的人來說，我們分得很清楚——簡訊是非同步通信工具，電話是不得已才使用的即時通信工具，各有各的用場。而且，對我來說，簡訊、電話這種隨時可能入侵、占有自己的注意力的東西，是必須格外有效防範的東西。於是，我早就發明了自己的方法：

> 手機永遠設置為靜音，關掉所有的推送通知（push notification）。在我專注做事的時候不接受任何打擾。等我停下來休息的時候，可以順手處理那些未讀簡訊和未接來電。

可是，我要怎麼讓我的老婆也理解這個貌似簡單明瞭的道理呢？真的不是講一遍就可以的。因為她是我人生中唯一一個沒有血緣關係的親人，所以，我要講很多遍，要用很多的事實去證明，要把遇到的每一個實例展示給她……這麼做對我自己有什麼好處，更進一步，對我們有什麼好處？當別人發簡訊、打電話找不到我的時候會生氣到什麼地步？從我的角度來看，那憤怒有多麼可笑，又為什麼格外可笑？即時通信工具在什麼情況下必須使用？非同步通信工具在什麼情況下使用更有效？既然都是通信工具，組合使用是不是更有效？如果是，應該用什麼樣的策略來組合？

不誇張地講，若把我和她探討這件事情的經過拿出來寫成一本書，都可以賣得不錯。這種例子很多，但本質只有一個：**我用大量的時間與她進行有效的溝通，最終使我不被無謂地干擾，讓我的注意力有更多持續的機會和更多產出的能量**。這就是我的方法：花時間換取注意力的持續。順帶說一句，許多家庭不幸福的根本原因就是相互之間的時間投資太少——就這麼簡單。

現在，你可以停下來，合上書，拿出紙和筆，思考一下：

▽過去你有多少該花錢的地方卻沒有花錢？

▽過去你有多少該花時間的地方卻沒有花時間？

▽過去你的注意力在什麼地方被你主動放棄而被別人免費收割了？

▽如果你能有更多的注意力，現在的你會把它放在什麼地方？

▽你的身邊有多少人完全搞錯了價值的順序？不妨想像一下，他們的結局究竟會怎樣？

如果你寫不滿一張A4紙的正反面，就別再讀這本書了——你可能會被自己寫出來的東西嚇到。相信我，你並不孤獨。

11. 有沒有提高注意力使用效率的科學方法？

具備能夠「長時間集中注意力的能力」，幾乎是一切所謂「學習能力強」的人最基本的素質。

大陸有個著名的雲端服務提供者，名字叫「七牛」，創始人許式偉是我的朋友。在我和我的一些朋友眼裡，他是個極其聰明的人，學習能力超強。我的另外一個朋友郝培強對許式偉的評價是：「這是我見過『入定』速度最快的人。」郝培強不小心用了一個佛教術語——「入定」。我們在一張桌子上吃飯，動不動就會發現許式偉已經沉浸到他自己的世界裡，正在想著什麼，完全體會不到身邊發生的事情。

若不用佛教術語，而是用大白話來描述，就是「這個人很快就能進入注意力百分之百集中的狀態，而且可以長期保持」。

我見過很多具有相同屬性的聰明人，他們無一例外，都覺得自己很笨，因為所有讓他們顯得聰明的思考與結論，在他們看來，都是自己花費了太長的時間、太大的精力，經歷了太多的曲折才得到的。他們也很羡慕（甚至比常人更羡慕，因為他們對自己的「吃力」感受太深切了）那種看起來渾身靈光閃閃的人，可實際上，對這種錯覺的解釋非常簡單且清楚：

他們之所以最終真的比別人聰明，是因為：第一，在所有他們曾解決的問題上花費了大量的時間；第二，在單位時間裡，他們的注意力運用比更高；兩項相乘，才有了極為優質的結果。又因為發生在人腦子裡的事情別人是看不到的，所以人們總會以為那些真正聰明的人僅靠「靈光一閃」就搞定了一切。

一方面，提高自己「長時間集中注意力的能力」的方法簡單到「習慣就好了」的地步——雖然簡單，但有點含糊。另一方面，人類早就發明了提高這種能力的方法——竟然是在兩千多年以前！世界上第一個發明這個方法且系統地傳授它的是個印度人，名字叫釋迦牟尼。在今天，這種刻意的練習方式有很多名稱，如「打坐」、「禪修」、「內視」、「冥想」等。而我生造了一個詞，把這種刻意練習方式稱為「坐享」。

任何一個清晰、準確、必要的概念，都有如下三個基本要素：

▽是什麼？（what）

▽為什麼？（why）

▽怎麼做／用？（how）

說實話，人類真的很神奇。歷史上，人類在很多領域裡，經常是在完全不知道「是什麼」

（what）和「為什麼」（why）的情況下，就早已熟練掌握「怎麼做」（how）的方法了。最經典的例子是玻璃：人們在不知道玻璃究竟是什麼東西，以及玻璃為什麼會是那樣的材質的情況下，已經使用它千百年了。義大利人甚至在不知道製作過程中攪拌為什麼會使玻璃更為透明、雜質和氣泡更少的情況下，很好地把「攪拌」這個祕密方法保護了三四百年。

生活中其他的例子還有很多，最明顯的例子是性。人類在這個領域裡長期愚昧，即便到了今天還是如此——「潮吹」究竟是什麼？為什麼到現在也沒有科學的定論？可早就有大量的人掌握了「怎麼做」的方法——地球上第一個為人所知且系統地掌握此項技能的是個日本人，名字叫加藤鷹。

還有一個例子是賭博。人類貌似從一開始就帶著「好賭」的基因，幾乎每個人天生就會賭博。人類甚至在不知道機率是什麼的情況下（要知道，機率論的啟蒙在十七世紀才出現），就不僅能熟練地賭博，還能設計出對莊家勝率傾斜的賭博遊戲。

毒品也是如此。很多人既不知道它是什麼，也不知道它為什麼會給人帶來奇異的感受，反正就是知道它該「怎麼用」。

其實在人類歷史早期，醫也好，藥也罷，都是如此——「是什麼」完全搞錯，「為什麼」也根本弄不明白，反正直接用就好了。從這個角度來看，「不管三七二十一，用起來再說」從來都是人類的智慧。你現在知道為什麼我主張不要閒著沒事才學英語，而是一上來就要「用」英語了吧（詳見《人人都能用英語》）？

為什麼一定要刻意編造一個詞呢？因為現在和過去不一樣了，現在的科學已經可以清楚地解釋「是什麼」、「為什麼」和「怎麼做」這三個問題了。所以，我們現在確實有必要把這個已經被科學證明為有效的大腦鍛鍊方式與過往那些不那麼清楚或者乾脆錯得離譜的解釋盡量區分開來。當然，還有一個原因：我們對自己的作業系統有「潔癖」，只喜歡使用清晰、準確、必要的概念。

這有點像什麼呢？就像當我們知道木頭可以被點燃其實並不是所謂「燃素」（phlogiston）在起作用，而是由我們的肉眼根本看不到的空氣裡的氧引發的之後，我們需要拋棄過往的解釋，採納新的解釋一樣；也像那個讓當時的一些人憤怒到極點，最終被燒死的哥白尼，用太陽替換了地球，「將太陽放到了宇宙中心」一樣。我們的生活沒有因此發生變化，我們的感受依然是「太陽早晨從東邊升起來，晚上在西邊落下去」。但事實就是事實，過去我們以為的事實是錯的。而值得慶幸的是：我們最終知道了正確的事實。

釋迦牟尼是地球上第一個知道如何「坐享」的人，並由此建構了一個系統、龐雜卻也足夠完整的解釋理論：佛教。如此說來，人類練習坐享，因為坐享而獲得益處的歷史，至少有兩千五百年了——真是神奇得很。

不過，科學發展到今天，腦科學的研究成果越來越明確，已經有足夠的證據能夠證明和解釋「坐享」究竟有哪些好處（what），以及為什麼會有那樣的好處（why）——至於「如何做」（how），人類已經有了兩千多年的經驗。

於是，在科學清楚地解釋了「what」和「why」之後，這種刻意的練習方式實際上不必非要與宗教聯繫在一起了——你一定還記得：概念要清晰、準確、必要，概念之間的關聯也要清晰、準確、必要。

這種練習都有哪些好處呢？請看下面的列表。又，為什麼會有這些好處呢？若你有興趣深入研究，請閱讀本節注釋中列出的相關英文文獻。

---

(1) 它能讓你更健康

它能增強你的免疫系統。[1][2]

它能減緩各種疼痛。[3]

它能在細胞層面去除炎症。[1][4][5]

(2) 它能讓你更快樂

它能增加正面的情緒。[1][6]

它能減輕抑鬱。[7]

它能消除焦慮。[8][9][10]

它能減緩壓力。[11][12]

(3) 它能讓你更好地進行社交

- 它能讓你對社交聯繫體會更深，進而改善你的情商。[6][13]
- 它能讓你擁有更多的同情心。[14][15]
- 它能讓你覺得不那麼寂寞。[16]

(4)它能提高你的自制力

- 它能讓你更好地控制自己的情緒。[17]
- 它能讓你有更強的自我審視能力。[10][18]

(5)它能改善你的大腦

- 它能增加大腦灰質的厚度。[20]
- 它能增加與情緒管理、正面情緒、自制力相關的大腦區域的體積。[1][20]
- 它能使大腦灰質變得更厚，使你更能集中注意力。[21]

(6)它能提高你的效率

- 它能增強你的注意力和參與度。[22][23][24][25]
- 它能增強你的多工處理能力。[23]
- 它能增強你的記憶力。[25]

在花大量時間閱讀這些文獻的過程中，最令我震驚且信服的事情是：

透過坐享（即，所謂「打坐」或者「禪修」）練習，可以使大腦皮層表面積增大，使大腦灰質變厚[20][21]。

回到這一節開始的問題：為什麼坐享可以提高「長時間集中注意力的能力」？因為它的練習方式是這樣的：

把你的注意力全部集中到某件事情上（例如，你的呼吸），然後保持。

如何練習坐享呢？實在太簡單了——直接開始就好。

（一）姿勢

在坐享過程中，當注意力足夠集中的時候，由於全身放鬆的狀態與人體在睡覺時的狀態幾乎相同，所以，不僅要注意保暖，還要注意風向。

▽可以找張毯子把膝蓋蓋好。

▽不要讓風持續吹到耳朵周圍。

其中，第二條尤其重要。由於三叉神經彙聚於耳部，所以如果不小心，可能會引起面部偏癱。

至於姿勢，其實並不重要，只要舒服就好（不一定要盤腿），如下頁任何姿勢都可以。因為長時間弓著背可能會更累，所以把脊背挺直是比較重要的。

（二）步驟

稍微嚴肅一點的話，就從以下簡單的步驟開始：

▽找一個安靜的地方。

▽設定一個計時器（從五分鐘或者十五分鐘開始，漸漸延長到四十五分鐘到一小時）。

▽用你感覺舒服的方式坐好（脊背最好挺直）。

▽閉上眼睛。

坐享

▽開始深呼吸。

▽將所有的注意力集中到呼吸上。

▽一旦發現注意力轉移到了其他地方，就要刻意將注意力集中到呼吸上。

▽持續深呼吸……

直至計時器將你「喚醒」。

（三）進階

完成幾次坐享之後，就可以嘗試在坐享過程中用你的注意力來掃描你的整個身體了。

從左腳的腳尖開始……左腳掌……左腳跟……左小腿……左膝蓋……左大腿……左臀……順著脊柱一直到後脖根……劃到左肩……左上臂……左肘……左小臂……左手腕……左手心……左指尖……再回來……左手心……左手腕……左小臂……左肘……左上臂……左肩……沿著肩一直劃到右肩……右上臂……右肘……右小臂……右手腕……右手心……右指尖……再回來……右手心……右手腕……右小臂……右肘……右上臂……右肩……回到後脖根……順著脊柱一直到右臀……右大腿……右膝蓋……右小腿……右腳後跟……右腳心……右腳尖……

在這個過程中，你可能會覺得某個地方不舒服。當這種情況發生的時候，把注意力全部集中到那個不舒服的地方，仔細體會自己的感覺，並嘗試接受它。這是一個機會，也是一個挑戰——一旦你能接受那個原本不舒服的感覺，接下來的感覺竟然是解脫。

（四）習慣

嘗試在任何地方坐享：計程車上，火車上，飛機上，甚至顛簸的船上，或者某個非常嘈雜的地方……

總而言之，要集中注意力，並最終可以自如地控制注意力，才算是坐享——最終的目標是可以在越來越長的時間裡自如地將注意力集中起來，並控制被集中的注意力。而胡思亂想、放空甚至睡著，對增加大腦皮層表面積和大腦灰質厚度沒有具體的幫助，所以都不算是坐享。

有沒有更簡單的方法？

都這麼簡單了，還要更簡單？真是太貪心了！不過，還真有更簡單的方法，這個方法也是經過科學驗證的：

刻意緩慢呼吸兩分鐘……

很簡單吧！從嚴格意義上講，這是一個能讓注意力集中能力更強的輔助方法。所謂「緩慢呼吸」，是指每分鐘呼吸五到六次，也就是用十秒左右完成一次呼吸。在這麼做的時候，你的身體裡發生了什麼？這樣的兩分鐘緩慢呼吸，會極大提高你的「心律變異度」。

由於我們的心律並不是完全均勻的，所以在任何時刻都有一個「心律變異度」。例如，當你突然極度緊張的時候，心律就會加快。這時，如果你的心律變異度高，那麼你的心律會很快恢復到正常水準，從而舒緩你的緊張與不適。但是，如果你的心律變異度低，那麼你的心律被抬高之後就相對很難快速恢復正常。換言之，心律變異度的提高對保持正常的心律水準很有幫助。當心律處於正常水準的時候，大腦皮層與大腦灰質的養分供給最為充足，也就是說，大腦處於最佳工作狀態，因此，注意力集中能自然而然地使你處於最佳狀態。就這麼簡單。

所以，這種「簡易坐享方式」幾乎在任何場景中都適用。只要你意識到自己在未來一段時間裡需要將注意力高度集中（例如開會、上課、考試、面試），就可以實踐一下，刻意地把呼吸速度降至每分鐘五到六次，持續兩三分鐘，你的身體（當然包括你的大腦）就會馬上進入最佳狀態——神奇吧？

簡單吧？

【注釋】

[1] Alterations in Brain and Immune Function Produced by Mindfulness Meditation. http://t.cn/Rqp534h.
[2] Effect of compassion meditation on neuroendocrine, innate immune and behavioral responses to psychosocial stress. http://t.cn/Rqp5rtL.
[3] Brain Mechanisms Supporting Modulation of Pain by Mindfulness Meditation. http://t.cn/Rqp5gc3.
[4] A comparison of mindfulness-based stress reduction and an active control in modulation of neurogenic inflammation. http://t.cn/zYJ30pF.
[5] Workplace based mindfulness practice and inflammation: A randomized trial. http://t.cn/RqpV5mV.
[6] Open hearts build lives: Positive emotions, induced through loving-kindness meditation, build consequential personal resources. http://t.cn/RqpVxjo.
[7] The Effects of Mindfulness Meditation on Cognitive Processes and Affect in Patients with Past Depression. http://t.cn/RqUxkir.
[8] Systematic Review of the Efficacy of Meditation Techniques as Treatments for Medical Illness. http://t.cn/zHruzW4.
[9] Effectiveness of a meditation-based stress reduction program in the treatment of anxiety disorders. http://t.cn/RqpVNfv.
[10] Three-year follow-up and clinical implications of a mindfulness meditation-based stress reduction intervention in the treatment of anxiety disorders. http://t.cn/RhDy8Aw.
[11] Mindfulness-Based Stress Reduction for Health Care Professionals: Results From a Randomized Trial. http://t.cn/RqpVWg7.
[12] A Randomized, Wait-List Controlled Clinical Trial: The Effect of a Mindfulness Meditation-Based Stress Reduction Program on Mood and Symptoms of Stress in Cancer Outpatients. http://t.cn/RqpVjU5.

[13] Loving-kindness meditation increases social connectedness. http://t.cn/RqpVHAs.
[14] Enhancing Compassion: A Randomized Controlled Trial of a Compassion Cultivation Training Program. http://t.cn/RqpV8Zk.
[15] Compassion Training Alters Altruism and Neural Responses to Suffering. http://t.cn/zQU4gpJ.
[16] Mindfulness-Based Stress Reduction training reduces loneliness and pro-inflammatory gene expression in older adults: A small randomized controlled trial. http://t.cn/RqpVmCG.
[17] A randomized controlled trial of compassion cultivation training: Effects on mindfulness, affect, and emotion regulation. http://t.cn/RqpV3Op.
[18] Coherence Between Emotional Experience and Physiology: Does Body Awareness Training Have an Impact? http://t.cn/RqpVe1a.
[19] The Brain's Ability to Look Within: A Secret to Self-Mastery. http://t.cn/RqpVkdX.
[20] The underlying anatomical correlates of long-term meditation: Larger hippocampal and frontal volumes of gray matter. http://t.cn/Rqpfvya.
[21] Meditation experience is associated with increased cortical thickness. http://t.cn/zOE2WPn.
[22] Mindfulness training modifies subsystems of attention. http://t.cn/RqpfZWg.
[23] Initial results from a study of the effects of meditation on multitasking performance. http://t.cn/RqpfAIh.
[24] Mental Training Affects Distribution of Limited Brain Resources. http://t.cn/Rqpf29q.
[25] Mindfulness meditation improves cognition: Evidence of brief mental training. http://t.cn/RqpfyMv.

12. 為了不斷升級作業系統，你最需要具備什麼能力？

這種能力很可能是你沒有在意過，也沒有研究過的概念：

元認知能力

所謂「元認知」，是指「認知的認知」。也就是說，你能認知到你的認知。雖然有點拗口，但其實也不是那麼難以理解。當你在思考的時候，你能意識到自己在思考，進一步能意識到自己在思考什麼，再進一步能判斷自己的思考方式和思考結果是否正確，更進一步能糾正自己錯誤的思考方式或者結果，這就是元認知能力。

這是個非常重要的概念，因為它幾乎決定了一個人是否有機會成長。如果你的作業系統並不知道自己是個落後的作業系統，那它怎麼可能有動力去升級呢？能夠「自主」升級的前提是它知道自己落後了——才要想辦法升級到不落後的地步。

在《把時間當作朋友》的第一章裡，我就提到了元認知能力。擁有元認知能力的我們，思考可以非常複雜——複雜到「我們甚至可以思考我們的思考方式和思考結果是否確實是合理的思考方式和思考結果」的地步。

元認知能力幾乎是一切學習與進步的最底層和最根本的能力。一個人的潛力有多大，幾乎完全取決於他的元認知能力有多強。有相當數量的人甚至意識不到自己的思考，至於思考是否正確，過程中是否有疏漏，結果是否合理，也完全意識不到，更談不上糾正自己的思考了。很多所謂「個性強、脾氣大」的人，從底層來看，其原因就是元認知能力匱乏。這樣的人其實沒有分清楚誰是「主人」、誰是「僕人」，他們不明白一個很重要的道理：**你的大腦並不是你，你的大腦是屬於你的一個器官，而不是反過來**——你竟然屬於你的大腦。

佛洛伊德的說法是這樣的：「本我是馬，自我是馬車夫。馬是驅動力，馬車夫給馬指引方向。自我要駕馭本我，但馬可能不聽話，二者就會僵持不下，直到一方屈服。」

儘管這個類比有不是很完善的地方，但在當前的語境中還算適用。若用今天的說法，這個類比可能是：認知能力是馬，元認知能力是馬車夫。

你看，**我們在不斷升級我們的概念**，並由此獲得進步。

一個人元認知能力的強弱，與其大腦皮層表面積和大腦灰質厚度有正相關的聯繫。過去人們以為腦殼大的人聰明，現在我們知道了：決定一個人聰明與否的並不是腦殼的大小，而是大腦皮層表面積的大小。大腦皮層表面有很多溝回，溝回的多少決定了大腦皮層表面積的大小（不同人的大腦皮層表面積甚至可能相差一倍以上）。

可實際上，一個人的聰明程度與其大腦皮層表面積之間並不是一方決定另一方的關係，而是相輔相成的關係。透過不斷有效地學習，大腦可以獲得更多的鍛鍊，結果是大腦皮層表面積增大、大腦灰質變厚；而反過來，大腦皮層表面積增大、大腦灰質變厚，也會使學習能力有更大的擴展空間。

元認知能力的獲得：一方面，與知識的習得有關，因為任何學習過程從本質上看都是「製造更多的溝回」；另一方面，我們也可以像鍛鍊肱二頭肌那樣透過一定的方式來鍛鍊大腦，坐享就是其中之一。

透過坐享放鬆大腦，長時間只專注於身體的某個部分，可以讓一個人透過運用元認知能力來不斷提高自己的注意力。注意力是最重要的認知方式之一。而在不斷把分散的注意力重新集中起來的過程中，練習者可以漸漸感受到並越來越熟練地應用自己的元認知能力——當他認知到自己的認知並沒有按照應有的方式操作時，他會運用自己的元認知能力糾正自己的認知及其操作方式。

這種練習看似簡單，卻有著巨大的實際意義。不要輕視簡單的練習，我們身體每個部分的能力，其實都可以透過非常簡單的方式來增強。

不說別的，走路夠簡單吧？每天多走一小時，對身體的幫助可以說是無限大的。可即便是這麼簡單的事情，也很少有人願意做（只是因為他們沒有深刻意識到這麼做的種種好處，更無法想像不這麼做的巨大害處而已）。

每天坐享十五分鐘到一小時，已經是足夠的大腦鍛鍊強度了。有充足的科學研究結果證明這樣做帶來的巨大好處：除了大腦皮層表面積增大、大腦灰質變厚之外，還能增強人體的免疫系統。更為重要的是，當一個人的元認知能力增強的時候，他更容易轉變為進取型人格，更難被情緒左右，相對更容易冷靜，也更容易清楚地思考。無論從哪個方面看，坐享都是能夠極大**提高生活品質**的活動。

在你閱讀前面介紹三種個人商業模式的內容時，你的腦子裡可能會閃過這樣的念頭：「呀，之前我怎麼沒想過！」這種思考就是「針對自己過往思考的當下思考。」

當你理解並認同「注意力＞時間＞金錢」這個價值觀之後，你有意識地糾正了過往的一些判斷，而這種思考還是「針對自己過往思考的當下思考」。再進一步，你會發現自己不由自主地犯了一些錯，不能貫徹實施這個價值觀，不知不覺又把注意力浪費了。這個「發現」也是在元認知能力指導下的思考，即，意識到自己的思考不小心出了錯誤，於是馬上有意識地主動糾正這個錯誤的思考。

在《論語》中，曾子所說的「吾日三省吾身」同樣是強元認知能力的表現。

我在《把時間當作朋友》裡多次提到，「不知道並不可怕，真正可怕的是你不知道『你不知道』這個事實」。再仔細觀察一下就知道了，很多人真的不是在「不懂裝懂」，他們是真的不懂「自己並不懂」這個事實。為什麼會這樣？用一句話總結：他們是元認知能力差，甚至是無元認知能力的人。

為什麼越是高手就越謙遜？為什麼越是專家就越謹慎？因為他們不僅本領高超、經驗豐富，更重要的是，他們有很強的元認知能力（沒有這個能力也成不了高手或專家），於是，他們對自己的思考、水準與經驗有著更多和更嚴格的審視，而結果就是：他們心存更多的敬畏，最終只能表現成那個

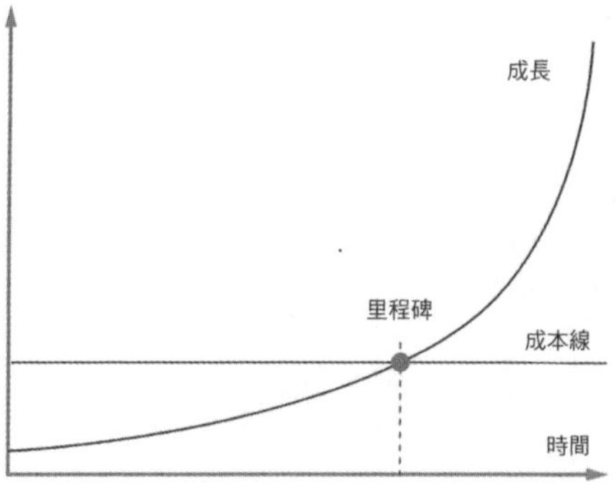

你的未來

樣子，沒有一絲一毫的「裝」，也不像別人描述的那樣「刻意低調」，他們就是不覺得自己已經「天下無敵」，他們就是覺得「凡事其實都沒那麼簡單，只要是路，就都很長」。

你看到了，元認知能力幾乎主導了一切。是它去審視在整個作業系統中每個最底層的概念是否清晰、準確、必要，每個清晰、準確、必要的概念之間的關聯是否清晰、準確、必要；是它去審視價值觀是否正確，究竟什麼更重要、什麼最重要。有了它，我們才可以反覆審視自己的方法論，不斷糾正，不斷改進。沒有它，我們就很難產生主動行動，因為固守在我們基因裡的很多東西就是更傾向於讓我們變成好吃懶做的人。

一個人元認知能力的存在與否及強弱，決定了一個人對自己整個作業系統的日常維護品質的高低。元認知能力就像作業系統的「安全衛士」，不斷審核每個操作過程有無疏漏及品質的高低，並由此決定如何應急，如何升級，如何主動進行自我完善。

好消息是：這種能力不啟動則已，一旦啟動就不可能關閉。而且，它和你的所有其他能力一樣，越用越強——也只能越用越強。啟動它的方法很簡單：不斷刺激它。我想，這本書會完美地完成這個任務：在短時間內高頻次地刺激你的元認知能力，讓你不斷想到「啊，還可以這麼想！」或者「嗯？

我竟然沒想到！」抑或「哈，這次我想對了！」

還記得之前展示過的那條曲線嗎？牢牢記住這條曲線，時刻用這條曲線提醒自己，告訴自己：「咱是誰啊?!」時刻用這個「我所篤信的未來」反省自己的決策與行動，實際上就是在不斷強化你為了達成這個你所篤信的未來所需要的最基本的能力：元認知能力。

13. 你的人生中最沉重的枷鎖是什麼？

很多事情，不是想一下就能懂的，也不是自己以為懂了就真的懂了。全面、深入的思考是特別困難的事情，因為當注意力投入程度不夠的時候，就是做不到全面、深入。例如，雖然我們已經「深入」思考注意力一段時間了，但下面要討論的內容，說不定還是會出乎你的意料。

大多數人是這樣的：

> **時時刻刻關注身邊所有可以被關注的東西，而且對「竟然有被自己漏掉的」感到非常害怕。**

這有點像什麼呢？

> 幾乎所有低等動物的雙眼都是長在頭部兩側的。牠們沒有視覺盲區，可以同時看到上、下、左、右、前、後方的物體。

這確實是一種極為安全的配置。可這樣的配置有什麼局限呢？其副作用在於，牠們沒有辦法把自己的目光集中在一處，沒有辦法長期、深入地觀察任何一個點，於是，牠們不可能有長期、深入的思考，因此，牠們在進化過程中從未有機會發展出大腦皮層——事實上也沒有必要。因為對牠們來說，生存似乎更重要，所以，牠們演化出來的是更為強大的繁殖能力。

從另外一個層面來看，由於牠們不能長期、深入地觀察和思考，由於牠們的注意力只能消耗在身邊發生的一切上，所以，牠們實際上沒有過去和未來，也不知道可以有過去和未來，牠們只有現在——一個沒有前後對比的現在。於是，牠們等於**被困在永恆的當下了**。

被困在永恆的當下——對另外一些物種來說，或者，起碼對人類中的一部分來說，簡直是不敢想像的噩夢。

這裡有個細節：最終，一些物種的雙眼進化到了頭部的正面，於是它們終於有機會長期、深入地觀察，也終於有機會進化出大腦皮層了。[1] 想想看，整個人類文明實際上就是建造在大腦皮層之上的（我們之前已經交代了如何強化我們的大腦皮層）！

可問題在於，這裡有一個前提：「放棄了全視角，接受了視野中有盲區存在。」從這個角度來看，不誇張地講，**幾乎所有的進步都是在放棄部分安全感的情況下才有可能獲得的**。

從這個層面觀察生物，會給我們帶來很大的啟發。觀察一下我們身邊的人，你會發現絕大多數人是追求百分之百的安全感的，他們時刻被身邊發生的一切吸引（其實應該稱作「分神」），他們不可能在任何事情上進行長期、深入的觀察和思考。他們的本性不一定是這樣的，他們只是沒有意識到這種生存模式會有局限——**他們就像那些動物一樣，被困在永恆的當下**。

其實，這只不過是過分追求安全感的下場，而不是什麼「造化弄人」或者「命運捉弄」。

我出生於一九七二年。在二十世紀八〇年代初，大陸剛開始改革開放的時候，我已經懂得一點事理了。我算是親歷了吳曉波所說的「激盪三十年」，然後經歷了被互聯網搞得天翻地覆的十多年……其間見過太多鮮活的例子，這些例子異常慘烈地證明，「追求百分之百的安全感」將一批又一批甚至一代又一代人的生活變得「生不如死」——處心積慮地弄到「鐵飯碗」卻最終不得不下崗的，不惜調用兩三代人的積蓄買個不動產而成為「房奴」的，害怕不穩定所以不惜以自殺來逼迫家人絕對不要創業的……太普遍了。

請注意，在這裡我不是主張冒險。在後面我會詳細闡述另外一個觀點：冒險本身不是追求成功的好方式，獲取財富的訣竅之一就是不冒險。

請再次集中精力仔細看我的措辭：

▽ **追求百分之百的安全感，肯定會把自己困在永恆的當下。**

▽ **我們必須放棄一部分安全感，才能長期、深入地觀察和思考。**

再從一個層面上看，那些放棄了部分安全感的人，會有更多長期、深入的思考——他們怎麼可能沒有辦法補全他們主動放棄的那一小部分安全感呢？他們當然有辦法。他們不會孤立行動，**他們選擇與他人合作（或者稱之為「有效社交」）**。

更深入地看，正是那些勇於放棄部分安全感的人在不斷用他們的腦力推動這個社會的進步。至於歷史上常常出現的集體屠殺那些對人類有巨大貢獻者的情況，從本質上看，大都是絕大多數不肯放棄那一點點安全感的傢伙內心的深深恐懼被引發所致。什麼是「大惡」？所謂「大惡」，常常竟然只是烏合之眾出於自我安全的考慮。動物都是這樣的——有的時候，狗咬人不是因為牠們兇狠，而是因為牠們恐懼。

深刻理解安全感的本質真的很重要，因為它決定了其他很多在社會中生存的基本觀念。需要深入討論的話題很多，需要更新的觀念同樣很多，但在這裡我們只討論合作與信任的本質：

> 合作是什麼？合作的本質其實是大家各自放棄一小部分安全感，並把它交由合作方來保障。信任是什麼？信任是相信對方不會利用自己主動放棄的那一部分安全感。

所謂「缺乏安全感」，其實就是不相信他人竟然不利用自己放棄的那一部分安全感，所以只能自己去搞定百分百的安全感。這真是令人心力交瘁的狀態。

如果你已經知道人們缺乏安全感的根源究竟是什麼，你就會明白這條建議為什麼是正確的了：

> 不要與缺乏安全感的人合作，因為在他們的世界裡不可能有真正的合作關係。

我們甚至可以重新定義「勇敢」。

什麼是最大的勇敢？最大的勇敢很可能是：有些人即便孑然一身，也竟然勇於放棄一部分安全感。所以，你會發現，那些少數有大智慧的人，在乎的事情真的很少，害怕的事情也真的不多。在我看來，所謂「大智若愚」——「大智」像是結果，不像是原因；而「若愚」才像是原因，不像是結果。進而，若「大智」與「若愚」互為因果，那「若愚」作為原因的權重依然應該遠遠大於「大智」。

若真的如此，那麼「勇敢」在某種意義上是可以習得的，而不一定要靠天生。不過，別人教完全沒有用，必須自己教自己。方法倒是很簡單：即便在暫時找不到能夠相互交付的合作者的情況下，也嘗試主動放棄一些安全感（其實不用放棄很多，也不應該放棄很多，只要放棄一點點就夠了）。仔細想想吧，所謂「傻人有傻福」，某種意義上貌似就在描述這種現象：不在意吃一點眼前小虧的人，其實是撿了便宜（他們的注意力根本不在這些「雞毛蒜皮」上，他們有更緊要的事情要去做，有更重要的問題要去解決）。於是，有了另外一種描述：「將軍趕路，不打小鬼」。

順帶說一下，如果你還有機會選擇，那麼千萬不要和沒有安全感的人結婚，甚至不要和他們談戀愛——切記。他們不僅會被「追求百分之百的安全感」拖累，還可能會因此窮盡一切來拖累身邊所有的人——這是冷冰冰且慘兮兮的事實。不信你可以仔細觀察一下，相信我，過不了幾天你就會被無所不在的慘烈例證嚇到。

【注釋】

[1] 「動物雙眼位置對思考的影響」的例證，脫胎自Robert Greene在Mastery中的論述。

14. 你活在哪裡？過去，當下，還是未來？

如果根基錯了，那麼在它上面建造的東西再華麗也沒有用。「活在當下」是個俗世中非常流行的建議，這個建議甚至可能曾使很多人熱淚盈眶。可若你認真讀過上一節，尤其是反覆讀過那個句子之後：

> 牠們被困在永恆的當下……

你還會覺得「活在當下」是個好建議嗎？我猜你不會。我猜你會毛孔驟然收緊，猛打幾個寒戰，聽到腦子裡有個聲音在說：「我絕對不應該把自己困在永恆的當下！」難道沒有嗎？（這肯定是元認知能力啟動且發揮作用的一個實例。）

> 過去，當下，未來。

有沒有辦法「活在未來」呢？答案是肯定的：有。事實上，我們不僅有辦法「活在未來」，也必須「活在未來」。對，就是必須，否則沒有出路。因為「活在當下」就是「永恆地」被困住，「活在過去」就相當於「永恆地」被困在更差的地方，所以，即便掙扎，也要「活在未來」，哪怕「部分活在未來」。

怎樣「活在未來」呢？其實，這個詞聽起來有多玄妙，做起來就有多簡單：

▽你現在對未來有一個預測。
▽那個預測需要經過一段時間才能得到結果。
▽你現在已經篤信你的預測是正確的。
▽你提前按照那個預測的結果去行動、選擇、思考。
▽時間自顧自地流逝，而你終將走到那個結果出現的時刻。
▽最終的事實證明，你的預測是正確的。

由於你提前按未來正確的結果去行動、選擇、思考，所以，在相當長的時間裡，你生活中的一部分就是「活在未來」的。

「預測」是只有少數人能最終掌握的能力。理由之前也說過：大多數人其實不肯放棄百分之百的安全感，不肯放棄全視角，從而無法長期、深入地關注和思考任何問題。於是，別說「預測」了，他們不僅沒有「過去」，也沒有「未來」，甚至連「當下」都沒有。仔細想想，「當下」這個概念並不是獨立存在的，實際上，它要相對於「過去」和「未來」才有意義。因此，更準確地講，他們其實「只不過是就那樣存在著」而已。

我們先看一個很簡單的預測：

▽從長期來看，腦力的產出率一定比體力的產出率高，且高出許多個量級。

▽體力增長的玻璃頂很明顯，腦力增長的玻璃頂不知在何處。

▽體力衰退的時間來得很早，腦力衰退的時間來得晚很多。

▽透過暴力可獲得的暴利正在減少，因為從大趨勢上看，一定是知識才更可能產生更大的暴利。

也許你會想：現在這不是明擺著的事兒嗎？這算什麼預測啊！

這是二十世紀八〇年代中期，我還在讀初二的時候，在日記本裡寫下的內容（措辭稍微做了調整）。那時的我，天天泡在延吉市青少年宮，擺弄那台只能跑 BASIC 程式設計語言的 R1 電腦。許多年後再看這些記錄，我當然知道它們算不上什麼「驚為天人的大智慧」——實際上，這些話都不是我想出來的，而是我從書籍和雜誌上看到的。整個二十世紀八〇年代，媒體的主流論調是：

▽知識就是力量。

▽科技就是生產力。

我當時甚至並不在意「知識就是力量」到底是誰的名言，也沒有糾結過「power」這個詞究竟應該指「權力」還是「力量」，只是想來想去，認定這道理是對的，一定是對的，於是篤信。

既然我相信這個道理是對的，那麼即便當時看不到特別明顯的效果，我也能猜得出，在未來——也許是不遠的未來，也許是很遠的未來——那效果一定會明確而顯著。

該怎麼辦？不管別人怎麼說，只要我篤信這個道理，就只能按照這個道理所指引的方向及方式行動與生活。經過這麼多年，我知道有多大比例的人認為這個道理只不過是個大道理，太空泛，完全沒有實際操作指導意義，可在我看來，這種東西才是最實在、最具體、最值得認真對待的——個中差異，容我細細道來。

二〇〇五年，我讀史帝文·李維特（Steven D. Levitt）的*Freakonomics*（中譯為《蘋果橘子經濟學》），其中提到，紐約的黑幫現在已經賺不到多少錢了，同時要冒很大的生命危險。我啞然失笑，想起這其實是二十年前的論斷之一，而現在結果已經非常清楚了。到了二〇一三年，我陸續認識了很多遊戲行業的「大咖」，瞭解了他們的生活，於是又經常慨嘆：那些黑幫成員要是知道「九〇後」程式師能靠寫遊戲賺錢且生命無憂，估計都得羞憤得七竅流血吧。

許多年後，再想起這件事情，我的體會是：

> 在知識積累這個方面，在過去的許多年裡，我確實做到了「活在未來」。

因為許多年來，我一直在用知識賺錢。講課、寫書、投資、創業，都要靠知識——不斷習得、不斷改進、不斷積累才能產生意義的知識。實際上，這一點不僅有很多人做到了，還有很多人比我做得更好。

這只是生活的一部分，剩下的大部分，尤其是「肉身」，當然是一直（也只能）「活在當下」的。所以，我們所說的「活在未來」，從本質上看，只能是「思維上的活在未來」。用之前你還不能直接理解的措辭來描述就是：

讓你的元認知活在未來。

我可以再舉一個例子，是我在二〇一六年八月之前對未來作出的預測。經過二〇一四年一整年的思考，到二〇一五年上半年，我大致得出了以下結論：

▽互聯網上貌似已經消失的各種社群一定會捲土重來。
▽新生代社群的數量肯定會超過上一代社群的數量。
▽在新生代社群中，免費的社群很可能逐步被收費的社群超越。
▽以交易為核心的分享（社交）將逐步超越以資訊為核心的分享（社交）。
▽可能成為社群壁壘的應該是收費和內容積累。

於是，我開始對身邊的朋友說：「收費時代來了，社群會逐步重新火起來……」說了很久，搭理我的人其實沒幾個——真的沒幾個。於是，反正閒著也是閒著，我於二〇一五年八月開通了微信訂閱號（當時很多人都在說，「微信的紅利期已經過去了」）。到二〇一五年十月底，這個微信訂閱號積累了大約四萬個訂閱用戶。二〇一五年十一月，我開始動手搭建各種收費社群，也幫身邊的一些朋友設計和搭建，甚至組建了一個團隊，開發了一個可以作為社群工具的「基礎設施」，「新生大學」就相當於一個樣板間——誰有本事建一個社群，我就給誰「複製」一份，大家合作創建和運營收費社群。這一切的思考與行動都是公開的，有興趣的讀者可以去翻閱我的微信訂閱號「學習學習再學習」。我不太喜歡一有想法就好像特別了不起似的，總是藏著掖著，我總覺得可以言無不盡，反正我天天都在琢磨未來，有無數的「進一步思考」。

再過一兩年，當收費社群成為常態的時候，相信大家就能認同我這個觀點了。於是，在這個層面上，我又一次做到了「活在未來」。

二〇一七年五月，比特幣價格大漲。我看到的是什麼？

▽比特幣的總流通市值達到兩百七十億美元。

▽包括比特幣在內的各種區塊鏈資產的總流通市值達到五百二十億美元。

▽儘管比特幣的市值依然漲勢迅猛，但它在區塊鏈資產總市值中的占比正在下降，已經接近五〇%。

於是，預測既簡單又清楚：

▽在未來幾年裡，區塊鏈資產流通總市值可能會達到非常驚人的程度。

▽其中，比特幣之外的區塊鏈資產總額占比可能會超過八〇%甚至九〇%。

那麼，我應該做什麼呢？

▽尋找並投資其他高品質的區塊鏈資產。

事實上，這個預測是我在二〇一六年七月投資若干區塊鏈創業公司時作出的，那時比特幣在區塊鏈資產總市值中的占比已經低於七五%了——我必須用我的行動去配合我那「活在未來」的元認知，不是嗎？結果，在不到一年的時間裡，預測已經成為趨勢的開端。

請千萬注意：我的預測不一定正確。事實上，我知道自己預測成功的歷史資料並沒有多好看。但「不確定性」是不可消除的，於是，我只能按照邏輯行事。我只是盡量「活在未來」；反過來，有的時候，我會一不小心「活在錯誤的未來」。可那又怎樣？反正我這種人早就放棄了「追求百分之百的安全感」。

這幅圖又來了！

如果這就是你的未來，那你要從現在開始就「活在未來」。拿出紙和筆，羅列一下：「活在未來」的你，有什麼事情是必須做的，有什麼事情是絕對不能做的？

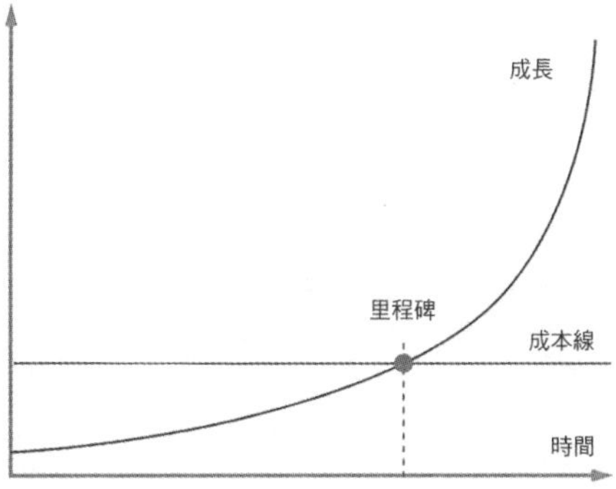

你的未來

又，「活在未來」這件事，一輩子哪怕只做到一次，就很開心了，就會有不可想像的收穫了。可問題在於，一旦開啟了這種模式，有過一次成功的經驗，後面就肯定停不下來了——「做到」變得越來越容易，越來越自然。至於你的思維——只能「活在未來」了。

讀到這裡，請暫停一下，認真寫出下面這個簡單的問題的答案：

> 你曾經做出的最重要的正確預測是什麼？它為什麼這麼重要？

也許你寫不出什麼——很正常，絕大多數人都是這樣的。但你要明白，你需要做出一點改變了！

15. 活在未來的最樸素的方法是什麼？

讓元認知活在未來，不僅是成長的方法，還是讓自己——尤其是讓自己的未來——更具價值的方法。那麼，最樸素的方法是什麼呢？

用正確的方法去做正確的事情。

如何判定方法是否正確？如何判斷事情是否正確？只靠一樣東西：邏輯。很多人說自己的邏輯很差，原因在於沒有掙扎過。邏輯不是刻在我們基因裡的東西，而是在人類發展過程中由少數聰明人歸納和總結出來的東西。它是幹什麼用的呢？用於「預測未來」。除了邏輯學以外，數學、機率、統計都屬於這類工具——誰說上學沒有用？

在生活中，有很多簡單的正確邏輯，只要遵循它們，就能獲得好的結果。然而，即便是這些簡單的正確邏輯，也需要我們「耗費大量甚至看起來過分的力氣」才能真正搞明白，並真正有所體會。

有人這樣解釋射鵰英雄郭靖為什麼一路都有貴人相助：

> 智商一流、情商一流可以成就帝王霸業；智商低下、情商一流多有貴人相助；智商一流、情商

> 低下大多受人排擠；智商低下、情商低下只能活該當一輩子「草根」。

在這個解釋裡，不靠譜的地方太多了。第一，我無法相信智商低下的人竟然可以有一流的情商。第二，這個解釋搞得好像智商和情商衝突似的，但其實根本不是——明明都是腦力活動嘛！第三，我甚至根本不認為「情商」這個概念有存在的必要——他們所描述的「情商低下」的情況，可以更簡單、更清楚地解釋為**「由於腦力不夠，所以思考不全面、不深入，於是出現了意外的不良後果」**，不是嗎？

不過，我們真正想弄明白的是：為什麼有的人總是有貴人相助，而大多數人卻不行？僅僅是運氣使然嗎？即便有運氣的成分，可若我告訴你，就連「意外的好運」（serendipity）都有可能被創造出來，你原來的看法還站得住腳嗎？

反過來看，你現在能否盡量有根據地預測一下：

▽你將來會不會頻繁地遇到貴人並獲得幫助？

▽你的判斷根據是什麼？

別著急，我知道這兩個問題太刁鑽了，不是馬上就能想明白、說清楚的。所以，繼續讀下去吧。

請注意：我們要研究的不是「情懷」、「修養」或者「人生的法門」，我們只想認真、清楚、邏輯嚴謹地「想明白」。

從一九七九年下半年開始，大量民眾湧進了北京城，目的是「落實政策」。

> 根據中共十一屆三中全會精神，在第十四次全國統戰工作會議後，中共各級黨委，包括統戰部門，大力進行了撥亂反正，進一步全面落實統一戰線的各項政策。落實政策工作，不僅涉及「文化大革命」中統一戰線方面的冤、假、錯案，還處理了一批歷史上的遺留問題，使統一戰線從長期「左」的束縛中徹底解放出來。

到一九八〇年，我的父親已在黑龍江省海林縣的一所中學任教七年了（就是所謂「下放」）；之前，他曾被關押在「五七幹校」，勞動改造三年——他們那一代人真的很慘。終於，春風來了，等消息傳到邊城小鎮的時候，聽說已經有不少知識分子陸續獲得了「平反」。

母親說：「你得去北京。」父親說：「那得先想辦法攢點錢。再說，也不是去了就一定能平反的……也就是說，這件事不是沒有風險的。聽說有人在北京折騰了半年多，還沒落實政策呢。」

我的母親是個在關鍵時刻決斷力特別強的人。第二天晚上，她對我父親說：「我把房子賣了，這是人家給的一半費用，算是訂金，車票已經買好了，明天準備一天，後天你坐火車走，我帶兩個孩子住到單位去……」父親瞠目結舌。

隔天，母親拉著父親去買了兩套新衣服（襯衫和內衣都是兩套），並叮囑父親：「你當了這麼多年老師，有口才，邏輯清晰，這個我不擔心。我們也沒做過壞事，所以什麼都不怕。只是，到了北京之後，你一定要昂首挺胸，不卑不亢，乾乾淨淨，利利索索……」在之後的許多年裡，父親和母親把這段經歷複述過太多次，以致我和弟弟都能一字不差地背出母親那句經典的話：「咱不是去訴苦的，咱是去討個公平的，有事兒說事兒，沒事兒不囉唆。」

第四天，我們全家去火車站送走了父親。然後，母親帶著我和弟弟去了她的單位，她對獸醫站站長說：「我愛人到北京『落實政策』去了，家裡沒錢，所以就把房子賣了，現在沒地方住了……」於是，老站長愣是在單位裡騰出了一個小房間，作為當時我們一家三口的臨時住所。

每天，母親都要去火車站，要麼送信，要麼收信，要麼空手去、空手回——她想辦法說通了列車員幫她捎信，這麼做要比透過郵局寄信的速度快。

第三十五天的時候，父親從北京回來了，他成了海林縣第一個成功「落實政策」的人，也是後來所有成功「落實政策」的人裡辦理速度最快的那個。一九八〇年夏天，我們全家離開了我們兄弟倆的出生地黑龍江省海林縣，搬到吉林省延吉市，我的父親在延邊醫學院創建了外語系，我的母親後來成了延邊醫學院圖書館的館長。

「你當時的判斷是對的」，父親後來對母親說。到了北京，從全國各地來「落實政策」的人無一例外，都想用自己的悲慘經歷去感動工作組的人員——拄拐杖的，打石膏的……彷彿慘烈可以用來插隊一樣。父親說，他就每天收拾得利利索索地去排隊。要蓋的章特別多，有時要等上好幾天才能蓋一個章，但父親經常遇到的情況是——叫號的人出來一看，就對他招手，說：「你，站在那兒幹嘛？過來！」相對來看，不僅整個過程非常順利，而且一路上遇到了很多貴人。

我的母親經常說，她一生中遇到的貴人更多——起碼比我父親多。事實也的確如此。對「遇到貴人」這件事，她有自己的一套原則。

她說：「自己首先得是個貴人，才能遇到貴人，甚至更多貴人。」

許多年後，我在書裡寫的「你不優秀，就沒有有效的社交」，其實就脫胎於母親的教育。這是一個特別樸素、特別簡單，以至於永恆有效的道理。

事實上，上一節中的兩個問題會難倒絕大多數人：

你曾經作出的最重要的正確預測是什麼？它為什麼這麼重要？

我相信，八〇%以上的人或是乾脆沒有答案，或是即便有答案也是在湊數。哪怕是在人群中相對（看起來）「比較上進」的人裡，也有很高的比例竟然從未認真思考過未來，或者乾脆不知道應該如何思考。

不是「沒有手」，而是不知道如何下手，甚至不知道從何下手；雖然「有手」，但和「沒有手」竟然沒有區別——從這個角度來看，我們其實都曾經是「殘疾人」，不是嗎？只不過不是能夠看出來的殘疾而已。

其實，有一個特別簡單且特別安全的預測未來的策略（在前面已經蜻蜓點水式地提到過，不知你注意到沒有）：

> 如果某個道理客觀上確實是正確的，過去它是成立的，現在它也是成立的，那麼，若不出極大意外，將來它還是成立的。

例如，「做對的事情」遠比「把事情做對」重要得多。反覆研究這個道理，我得到的結論是：它客觀上就是正確的，過去它是成立的，現在它也是成立的，我很願意相信甚至篤信，它將來還是成立的。於是，我就按照這個道理行事，在這個層面上我就是「活在未來」的，因為我用一個最簡單的策略作出了成功機率最大化的預測。因此，你可以很容易地理解：從小的耳濡目染，讓我一旦遇到像**「『做對的事情』遠比『把事情做對』重要得多」**這樣的說辭，會更容易理解，更容易感同身受。

我從來都不是說說而已的人。若干年前，我順著這個思路琢磨，發現管理時間是沒戲的，因為時間根本就不可能聽誰的話。所以，「對的事情」是管好自己，而不是無謂地與時間進行必然失敗的爭鬥。再深入一點，我甚至發現：若做錯了事情，那效率越高越可怕；若做對了事情，即便拖拖拉拉，只要最終完成，就能有巨大的收穫。

我不僅想到了，而且這麼做了，甚至乾脆寫了《把時間當作朋友》這本書——一晃七年（一輩子）過去，不知道改變了多少人。無論是用Google還是百度，搜尋「把時間當作朋友讀者見面會」，得到的第一條結果都是一段長影片，內容是這本書的讀者留言精選，你不妨看看，感受一下。

你看，**越是樸素的道理，就越是永恆**。認真琢磨那些樸素的、永恆的，甚至被大多數人當成耳邊風和陳腔濫調的道理，把它們研究透，你就相當於在瞬間穿越到未來，因為那些道理在未來依然成立。

這樣的道理其實是「滿天飛」的。什麼「少壯不努力，老大徒傷悲」，什麼「出來混的，早晚要還」——多有道理啊！小時候學過的古文，賣油翁說，「無他，唯手熟爾」——這和今天人們熱中討論的所謂「精進原理」或者「一萬小時定律」在本質上有區別嗎？反正我覺得就是一回事。**只不過，很多人從未重視過它們，不重視的原因，無非是從未想過自己需要預測未來而已**。

我也在自己的人生中遇到了很多貴人，甚至比我母親遇到的還多。於是，我也在不斷增補和修訂母親當年給我講的那幾個原則。說來說去，其實都是很樸素、很簡單，甚至可能永恆的道理。其中的每一條，都是我隨隨便便就能展開寫上萬把字的道理（若我願意拿出瑪律科姆·格拉德威爾善用的那些手段，甚至能把下面這些內容拼起來寫本書）：

▽樂觀的人更容易成為他人的貴人。

▽貴人更容易遇到貴人。

▽能幫助他人進步的才是真正的貴人。
▽優秀的人、值得尊重的人更容易獲得幫助。
▽樂於分享的人更容易獲得幫助。
▽不給他人製造負擔的人更容易獲得幫助。
▽不恥於求助的人更容易獲得幫助。
▽求助的時候不宜僅用金錢作為回報；幫助他人的時候不宜收取金錢回報。
▽貴人不一定是牛人。牛人常常只不過是自顧自地牛。貴人不一樣，他們常常「以和為貴」，更懂得「獨貴貴，不如眾貴貴」。
▽在很多時候，某個人之所以能成功，是因為有大量的人希望看到他成功。反過來，若有大量的人不願意看到某個人成功，那麼此人將很難獲得所謂「貴人相助」。
▽正在做正確的事情的人，更容易獲得貴人的幫助。所謂「得道多助」說的就是這個道理。
▽活在未來的人更容易遇到貴人，因為別人能在他的身上看到未來。
▽……（有待用餘生繼續補充。）

你看，這些都不是什麼「了不起」的道理，可若你真的理解其中的運作機制，蒼天作證，你在未來就是能夠不斷遇到各種各樣的貴人，你就是會不斷獲得各式各樣的意外好運——雖然不一定是明天，也不一定是明年，但在三五年內，你一定會有所體會。可惜，**一般來說，絕大多數人連三五個月都等不及**。絕大多數人就是沒有「長遠思考，耐心驗證，小心總結提煉」的能力。

不過，這背後有個深刻的道理值得單獨說道說道。大多數人對「求助」這個概念有著極為深刻的誤解，把求助當成一種低聲下氣、卑躬屈膝、脅肩諂笑的行為——那不是求助，那是乞討。若你的大腦（即，你的作業系統）是這樣理解「求助」的，本質上就是把自己等同於乞丐處理了，無論是過去、現在還是將來，都不會得到好結果。

事實上，**求助是一種交易，不僅如此，它還是一種隱蔽卻意義巨大的交易**。貴人之所以願意幫你，是因為他已經看到（儘管並不確定）你的價值——要麼能幫助他確立自己的價值，要麼能讓他看到未來的某種可能性。所以，若你自己做過貴人，你一定早就明白那個別人肯定不理解的道理：在你出手相助的那一瞬間，你自然就得到了回報，而這也很可能是你樂於相助的根本原因。

這個世界越來越像一個大市場，每個人都生活在價值交換和價值集群之中，所有的聰明人都會為自己做兩件事：儲備人際價值；到人際價值高的地方「紮堆兒」（編按：集結）——這些是每個人的本能。從這個角度來看，**求助根本不是「討好」的藝術，而是「正確展示自我價值」的藝術**。

再進一步，你可以仔細想想：**如何才能把自己變成一個能夠吸引貴人的個體？**換個說法，這不僅是善於求助，甚至是「自動吸引各種各樣的幫助」——這是財富自由之路的根本。

16. 做得正確就會有好結果嗎？

相信我，大多數的痛苦都是幻覺——只是一時的感覺，而非永久不變的真相。

絕大多數從高處跳下自殺的人，很可能不是摔死的，而是嚇死的。若在落地的瞬間心臟仍在跳動，那麼，由於血壓依然存在，其場面大抵是「血花四濺」的……可實際上，大多數屍體上甚至沒有血跡——在落地之前，心臟早就停止了跳動。

在跳下去之前，「這世界跟我半毛錢關係都沒有」的感覺是那樣真實，以致「邁出那一步跳下去」的行動顯得那麼「義無反顧」。可自由落體在著地之前都有一定的運動時間，所以在面臨死亡的時候，大腦會進入一種高度興奮的狀態。很多生還者都用類似的語言描述了他們的經歷：那不是「瞬間」，而是「很長時間」，在那個過程中，對一生中重要事件的記憶都被喚起，就像在觀看一個清晰而緩慢播放的投影片。

結論是什麼？結論是：這世界一直跟自己有這樣那樣的聯繫，而且是相當重要和清楚的聯繫，剛剛的「這世界跟我半毛錢關係都沒有」的幻覺最終被證明為子虛烏有……可是——來不及了！已經掉了下去，馬上就要著地了！

事實上，人們不應該為「這世界跟我半毛錢關係都沒有」這種幻覺而煩惱。不妨反過來看看：

	別人是正確的	別人是錯誤的
你是正確的		
你是錯誤的		

這世界本來確實和我們一點關係都沒有，可是我們一路走來，無論如何都會在這世界上留下痕跡，無論如何都會與這世界產生這樣那樣的聯繫。至於那聯繫是否足夠強，是否足夠有意義，其實取決於我們的行動，而不是我們的恐懼。

作家畢淑敏在某大學舉辦講座的時候，有個學生問了一個「終極問題」：

「畢老師，生命的意義是什麼？」

畢淑敏先生的回答是：

「人生本無意義，意義是活出來的吧？」（大意如此。）

深以為然。也很慶幸，我二十來歲的時候在某本雜誌裡就讀到過這樣的觀念。排在第二名的痛苦，和排在第一名的痛苦一樣，無疑也是個幻覺。為什麼這麼說呢？因為很少有人認真想過這件事：

正確本身，其實很可能沒有價值。

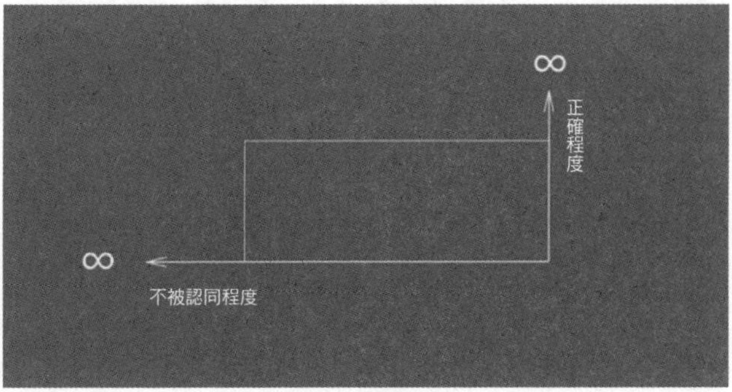

正確本身的價值

大多數人習慣性地「一根筋」，只進行單維度思考，從來不去思考事物的另外一個維度。

若你是正確的，與此同時，別人也都是正確的，那「正確」本身的價值其實並不大。

若你是錯誤的，別人都是正確的，那會是個很可怕的局面。

若你是正確的，別人都是錯誤的，這時「你的正確」才具備很大的價值。英語中有一個詞「contrarian」，原意是指股市中那些倒行逆施（這裡僅取「倒行逆施」這個詞的字面含義）的人。「特立獨行」本身的價值和「正確」本身的價值一樣，並不算大，但「特立獨行且正確」的價值就是巨大的了。

所以，若我們從兩個維度來思考價值，結果就相當清晰了。也就是說，你正確的程度越大，與此同時，不認同你的人越多，你的價值就越大。若你很正確，但與此同時，所有的人都很正確，那你的價值其實可能等於零。

例如，現在你看好VR／AR（編按：VR為虛擬實境，AR為擴增實境），大家也都看好VR／AR，你去做這方面的創業，其實勝算並不高。因為大家都看好，都想做，所以，誰的資源最強，誰就最可能成功，而「你看對了」這個事實本身不會給你帶來哪怕多一點點的相對優勢——在「正確程度」這個維度上，你不一定比別人「更正確」，沒準兒別人在「正確程度」上超過你一大截呢。

所以，若你確定自己是正確的，而你身邊絕大多數的人並不認同你的想法，那你應該高興（而不是痛苦），而且是「越不被認同越應該高興」才對。所有的人一生都聲稱自己在尋找價值，可當絕大多數人「不小心」找到真正的價值時，他根本就不知道自己找到了——不僅不知道，還要不高興，甚至痛苦得要命——真是邪門兒！

為什麼人們在面對真正的價值時會如此痛苦？因為他們衡量正確與否的方式錯了——他們靠的不是邏輯和獨立思考，而是「認同的人是否足夠多」。

從底層看，有個重要的因素在發揮作用：

> 絕大多數人是「表現型人格」，他們在乎的不是好、壞、對、錯，他們只在乎自己是否「顯得好看」。

「表現型人格」決定了「隨大流」的根深柢固——只有「跟大家在一起」、「與大多數人相同」才覺得安全。

在二〇〇三年的時候，全大陸的人都認為通過 TOEFL 考試至少需要掌握一二〇〇〇個詞彙——反正大家都這麼說。我做了個統計，發現其實在掌握部分中學英語詞彙的基礎上，再搞定二一四二個詞彙就夠了。

我知道自己的統計結果是正確的，我也知道認同我的人並不多，於是，我知道在這裡可以挖掘出價值了——《TOEFL 核心詞彙21天突破》到現在賣了「兩輩子」，而且還在賣……

在二〇〇七年的時候，我琢磨著：所有講時間管理的書都錯了，因為時間不可管理，可管理的是自己或者團隊裡的人。於是，我寫了《把時間當作朋友》——大家都知道。

在二〇一一年的時候，我花了相當長的時間去研究比特幣。在最初的時候，我當然跟所有人一樣一頭霧水，但我有精讀和研究的能力，更重要的是，我有「讀不懂但可以讀完，然後反覆讀，進而讀得更懂」的能力。於是，我漸漸得到結論：這件事是對的。然後，我開始向身邊的聰明人諮詢，並和他們討論，結果是：認為這件事靠譜的人比例極低，而在這個比例極低的人群中，肯用實際行動去驗證它的價值的人比例超級低。

我在新東方工作時的同事鐵嶺曾經告訴我一個簡單的原則：聽大多數人的話，參考少數人的意見，最終自己作決定。這是個很睿智的原則。在這裡，「聽大多數人的話」，不是「按照他們那麼說的那麼做」，而是「聽聽他們怎麼說，琢磨他們怎麼想」。我的結論是：第一，比特幣這件事是對的；第二，認同「這件事是對的」的人很少，所以這一次「我的正確」很可能價值超級大。於是，我沒有把時間花在說服他人上，只是在博客上寫了一篇文章——〈此物一出天下反〉，然後就去做自己該做的事情了。

在二〇一五年年初的時候，我又一次認為自己想對了：「在互聯網上，免費時代過去了，收費時代來了。」我把這個結論告訴身邊的朋友，結果呢？我說了大半年，大家都是客客氣氣地聽，也不反駁，但就是不去做。

本來已經準備「退休」的我，想了想：算了，還是我自己來吧！因為我再一次意識到，這是一個「特立獨行且正確」的機會，價值很大，所以「不去做」對我來說是無法忍受的。從另外一個角度，我知道這樣的機會實際上並不多，一輩子遇到一次都已經是極度幸運的了，所以我只能去做。

於是，我開始行動。後面的事情大家都看到了：二〇一五年八月中旬，在大家都說「微信的紅利期已經過去了」的情況下，我開通了微信訂閱號；在積累了一小段時間之後，從二〇一五年十一月開始，我自己創建並幫朋友創建各種收費社群，製作並指導製作各種收費內容；二〇一六年七月，我在「得到」上開通收費專欄《通往財富自由之路》，不到一年時間有超過十五萬人訂閱。到了二〇一六年的最後一個季度，大陸各大平台都開始做付費內容訂閱了。

請注意：儘管你「特立獨行且正確」，但這並不保證你一定有機會驗證和收穫其價值。

在二〇一三年年中的時候，大陸的所有比特幣交易所幾乎都來找過我，給我很優惠的條件，讓我加入或者投資——我全都拒絕了。直到今天，我都認為自己當時的決定是正確的：想要在去中心化的世界裡打造一個最大的中心，這僅從邏輯上就站不住腳。

可結果呢？這些我沒有加入或投資的交易所的估值在接下來的兩三年裡不知道漲了多少倍——我被反反覆覆「啪啪啪啪」地「打臉」。而與此同時，按照我認為正確的邏輯打造的開源交易所公司的增長極其緩慢——我還是被「啪啪啪啪」地「打臉」，左臉之後是右臉……因為風險投資機構從來都是最看好交易所模式的，而他們的資金實力遠比我個人要強，所以在這次博弈中，我幾乎沒有勝算（雖然在一兩年之後，貌似出現了一點時來運轉的苗頭）。

這時就需要真正的勇氣了。若這世界給你正回饋，你能心平氣和地接受，不因此趾高氣揚；相反，若這世界並沒有給你正回饋，甚至給你負回饋，你依然能心平氣和地接受，不因此灰心喪氣——這不是勇氣是什麼？

「特立獨行且正確」終究是很難做到的事情。當然，一切真正有價值的事情都很難做到，否則，價值就變成任何人都可以隨隨便便實現的東西了。

回頭想想，我在二十多歲的時候是完全不懂這個道理的（實際上也沒有人能給我講清楚），所以，我當然經常會因為在自認正確的同時不被認同而痛苦，也會因為痛苦而做出很多「走樣了」的事，進而吃了很多當時就能理解的明虧，以及很多多年以後才反應過來的暗虧……

隨便舉個例子：那些在課堂上挑刺兒的學生，雖然很聰明，但實際上是吃虧的——「證明自己正確」並不是學習的任務和目標，「時時刻刻成長，早晚更聰明、更正確」才是應該的結果。他們把注意力用錯地方了，以致沒有獲得原本應該獲得的結果。這可能是很多人一生中吃過的最大的暗虧，也是他們從來都不知道自己吃過的暗虧。

許多年後，我雖然有機會和這麼多人分享自己的經歷和成長過程，卻常常在想：將這些「事後」（許多年以後）才弄明白的道理傳遞給那些尚無經歷的人，難度其實是非常大的，不僅要把事情說清楚，還需要對方擁有強大的想像力和元認知能力——元認知能力是一切反思的基礎，可大多數人本來並不知道元認知能力是什麼！

然而，畢竟大多數人進行過足夠的閱讀訓練，元認知能力又是一種只要獲得就不再消失的能力，因此，終究有一些人會因為這篇文章而改變。他們會懂得：有些痛苦其實只是幻覺；有些價值，之前之所以不可能獲得，完全是因為自己「有眼不識泰山」。

還好，我們升級了。

17. 你的世界究竟是活的還是死的？

人類學家和心理學家們早就注意到這麼一個事實：

> 如果一個概念在某個文化裡並不存在，那麼，那個客觀存在在那個文化裡主觀上並不存在，即，那個文化裡的人對那個客觀存在沒有任何感知。反之，如果一個概念存在，即便它不是一種客觀存在，人們還是可以從主觀上感知到它。

其實這很容易理解。別說某個單獨的文化了，整個世界都是一樣的。你完全可以想像，在「重力加速度」這個清楚的概念出現之前，整個人類都無法感知到這個實際上亙古存在的東西。

別以為這和智商有多麼大的關係。亞里斯多德不笨吧？可他不知道重力加速度的概念，於是他（只能憑感覺）認為：當羽毛和鉛球從同一高度落下的時候，「肯定是」鉛球先著地，至於理由，「很明顯」——鉛球更重！直到一千多年以後，伽利略從比薩斜塔上扔下兩個鉛球，人們才發現那兩個品質相差很大的鉛球「竟然」同時落地！——在聰明人生活的城市裡正好有一座斜塔，這機率也真夠低的，怪不得要等上一千多年。

反過來看，人類史上有無數例子可以證明：

在了。

很多客觀上並不存在的事物，由於主觀上存在一個概念，就變得好像真實存在一樣。

例如，在不知道物體燃燒是空氣裡的氧氣發生主要作用的時候，人們認為在發生燃燒現象的屋子裡有一種看不見的東西，便給那個東西憑空取了一個名字，叫作「燃素」。當然，這個概念早就不存在了。

再如，在我們的文化裡，人們能夠感知到一種事實上並不存在的東西：上火。

展開想像的翅膀，你隨時都會撞到各式各樣光怪陸離的概念。雖然它們客觀上並不存在，但很多人在主觀上可以切實感覺到它們的存在。

一個特別極端的例子是愛情——你可以想像有多少人會反對，甚至包括你和我。這也是一些極度冷靜的人竟然選擇保留一些幻覺的根本原因。

言歸正傳，在這裡我要說清楚一件事，也相當於給你植入一個新的概念：

我們所生存的這個世界，並不只是冷冰冰的客觀存在而已。這個世界是有生命的，甚至可能是有靈魂的——你如何對待它，它就如何對待你。而且，它竟然可以實現這樣一個奇蹟：即便你事實上錯得離譜，它也總是能夠向你證明你是對的。

如果你不知道這個概念，那麼這個世界就好像「你壓根兒就不應該知道似的」那樣存在；如果你知道了這個概念，那麼這個世界就好像「你原本早就應該知道了似的」那樣繼續發展——是不是很神奇？

神奇得很！在此之前，你的世界好像對你無動於衷；在此之後，你的世界是鮮活的，是隨時對你有回應的。

我有一個從小一起長大的朋友（因為認識羅永浩才結識的朋友），名字叫金光，我已經很多年沒有見過他了。雖然我們沒有成為那種特別要好的朋友，只是客客氣氣的君子之交，但奇怪的是，我竟然在他身上學到了兩個重要的道理。這裡先說一個，後面會說到另外一個。

在我讀高中的時候，金光已經在社會上闖蕩了。在那個年代，我們的老家有大量的人出國打工賺錢——那時在國外做勞力一年可以賺十幾萬元，這相當於在大陸收入的二三十倍。對很多人來說，這簡直是無法抗拒的吸引力。於是，金光和很多年輕人一樣出國去了——當船員。不用太多想像你就會知道，那肯定是非常辛苦的工作。但當他回來的時候，那兩年的時間在他嘴裡成了「周遊世界的傳奇經歷」，而這也是很容易理解的。

不過，有一個細節我和羅永浩都注意到了。

金光一路上遇到了很多好人。在阿姆斯特丹，他想往家裡打電話，卻發現自己一個硬幣都沒有，語言又不通，完全不知道應該去哪裡換硬幣。正在他著急的時候，一對情侶路過，問他發生了什麼事。金光一個字都聽不懂，比劃了半天，對方竟然懂了，做手勢讓他在原地等著。過了一會兒，那對情侶給金光拿來了兩把硬幣——金光的雙手差點兒捧不過來。船在港口休息了一週，金光每天往家裡打電話，都沒能把那些硬幣用完。這樣的事情實在是太多了，一連幾次聚會，金光都能講出內容不同且令人震驚的遇到好人的經歷。

我和羅永浩一起注意到的細節並不是金光遇到好人的經歷，而是與此同時，我們還有一個朋友和金光一前一後出國打工，走的也是同一條航線，回來給我們講述的卻是一路遇到無數讓人無法想像的壞人的經歷。

我和羅永浩都驚呆了。我們的結論是一致的：

也許應該是——你是什麼樣的人，就會生活在什麼樣的世界。

若你是個好人，這世界就會對你好一點；若你是個壞人，這世界就會對你壞一點。可是，這怎麼可能呢？過了許多年，當我習得了「自證預言」（self-fulfilling prophecy）這個概念之後，終於能徹底理解這種現象了。「自證預言」是個重要的概念，但由於在這裡沒有足夠的篇幅講解，所以只能請你自己去查，去探索，去理解，去應用（在《把時間當作朋友》這本書裡，我就用很大的篇幅論述了這個概念）。

有的時候，你會遇到這種情況（事實上，你在一生中會無數次遇到這種情況）：

> 某個人作了一個決定，結果讓你的利益受到了損失。

然後，你會不由自主地想：

他就是故意的！他就是在跟我作對！他就是……

不只是你，幾乎所有的人都會「自然而然地這麼想」。但是，事實可能並非如此。道理很簡單——對自己誠實一點，想想看：難道你就沒有不小心作出過傷害他人利益的決定嗎？肯定有過啊！（可你的確不是故意的。）當你發現自己的決定傷害了他人利益的時候，你的確會感到內疚，不是嗎？那麼，這一次他是不是也有可能跟你的某一次一樣呢？（這確實是有可能的吧！）

如果能想到這一層，你就會自然而然地作出合理的反應：

▽告訴對方，你的利益受到了怎樣的損失（不誇大，不隱瞞）。

▽告訴對方，你也有不小心傷害了他人利益的時候。

如果下一次對方還是如此，那你可以確定對方就是那樣的人了。不過，我幾乎可以向你保證，對方下次不會這樣了，他會想辦法調整的。萬一下次對方還是考慮不周，又一次並非故意但影響了你的利益，當他發現自己的問題時，一定會主動向你道歉——除非你是個不值一提的人。

在懂得這個道理之前，你是甲；在懂得這個道理之後，你是乙。於是，你能明白：甲根本看不到乙的世界，乙卻可以感知甲乙二人之間的微妙差異，以及甲乙二人分別生活在怎樣一個有著天壤之別的世界裡——還記得「兩個完全不同的物種」的說法嗎？

現在你能明白那些相信「人之初，性本善」與相信「人之初，性本惡」的人群之間的巨大差異了吧？這個世界不僅是由沒有靈魂的物質構成的，還有一個主要構成部分是無數有生命、有靈魂的人。於是，這個世界也是有生命、有靈魂的，它能感知到你，你也應該能感知到它。

我不相信「人之初」有善惡之分。我相信，每個剛剛降臨這個世界的生命都是一樣的，都有一個「非善非惡」（或者說「不知善惡」）的靈魂，而「善」與「惡」最終都是習得的。每一次對善與惡的選擇，既塑造了自己，又塑造了那個自己存在於其中的世界。於是，那個有生命的世界開始有了自己的靈魂，它的善與惡，其實是那個人自我選擇的鏡像而已。

我並不是這個「感悟」的原創者，或者準確地說，即便我覺得它確實是我的原創，可隨著讀過的書越來越多，我最終會和所有人一樣，「發現」另外一個事實：大多數重要的感悟，早就傳遍這世界的各個角落了。尼采就說過：

> 當你凝視深淵的時候，深淵也在凝視著你。

許多年後，當我想起魯迅先生說的「我向來是不憚以最壞的惡意來揣測中國人的」時，多少有點可憐他。他一定生活在一個萬惡的社會裡吧？可那是真的嗎？又，那真的是那個時代裡唯一的世界嗎？我覺得不是。（請不要過分解讀這段話。閱讀的一個核心能力是：把理解限定在一個合理、恰當的範圍之內。）

我想，當我把這個道理講清楚之後，你就能理解為什麼我最終可以放棄爭論，向來都是「不到萬不得已絕對不與任何人『開撕』」了。我能放心大膽地接受自己是個「殘疾人」（身堅志殘）的核心理由也在這裡：

我只是淡定地相信「一個殘缺的世界總是可以至少容納一個殘缺的人」而已。

我的很多學生經常向我抱怨：他們的研究生導師「剝削」他們，讓他們幫自己寫書，卻不給學分或者稿費……我聽了就想樂。我說：「你自己想想唄——幹這個活兒，自己能不能成長？若能，即便沒有錢拿，沒有學分，又有什麼了不起呢？跟成長比，那些算什麼啊！你生活在這樣的世界裡，你的導師生活在那樣的世界裡，你們根本就不在同一個世界裡啊。他們那樣的人不善待自己的世界，你可不一樣，你要學會善待自己的世界，不是嗎？」

若你能善待你的世界，你的世界大抵可以給你足夠的善待；若你能寬容你的世界，你的世界大抵能夠給你足夠的寬容；若你是個認真生活的人，你的世界也大抵會認真地對待你。這麼多年來，我就是這麼想、這麼做的，貌似我的世界也是如此對待我的。

讀到這裡，讓我們一起思考另外一個預測：

最終，活在未來的人一定比活在當下的人擁有更多的財富。

道理很簡單：

所謂「投資」，無非是用現在的資源換取未來的資源。

從另外一個角度看，我覺得，**真正的安全感其實來自對未來的清楚思考**，而不是來自像房子、車子、證書、存款這種在別人眼裡「實實在在」的東西。

18. 你為什麼看不到別人的好？

對我來說最重要的三本書是：

▽錢鍾書的《圍城》

▽喬治．歐威爾（George Owell）的 *Animal Farm*（中譯為《動物農莊》）

▽文森特．魯吉羅（Vincent Ruggiero）的 *Beyond Feelings: A Guide to Critical Thinking*（中譯為《超越感覺》）

《圍城》我不知道讀了多少遍，它是我的「中文語文課本」和「修辭啟蒙書籍」，讀過之後我就徹底迷上了「類比」。《動物農莊》是我讀的第二本原版書（第一本是大學本科時為了通過英語四級考試才去讀的《教父》），後來它成了我的「英文寫作啟蒙課本」，讓我瞭解了「plain English」的精髓。《超越感覺》是我的「邏輯啟蒙教程」，隔一段時間就拿出來複習一下，偶爾想起當年未被啟蒙的我是什麼樣子、會怎樣思考問題，在恍若隔世中，既極度慶幸，又極度後怕——若我當年沒有被這本書啟蒙，現在會是什麼樣子呢？

> 多說一句：好書這東西，能讀原版的話就一定要直接讀原版，而不要讀譯本——被坑了都不知道自己是怎麼被坑的，更不知道自己會被坑成什麼樣子，原因這裡就不詳細說了。

二十六歲那年，我把《超越感覺》這本書讀了不下十遍。起因是這樣的：

> 某天上午，聽一個人給我講了一番道理，我覺得：「哇，好厲害！」
>
> 當天下午，聽另外一個人給我講了另外一番道理，我又覺得：「哇，好厲害！」

晚上躺在床上回想，突然發現這兩個人所說的道理背後的根本原因竟然是矛盾的！我當場崩潰了——原來我是一個完全沒有判斷力的人！

哪裡出錯了呢？這兩個人講的明明是相反的東西，只能有一個人是對的，為什麼我在當時都覺得有道理呢？而且，最要命的是，為什麼我在當時根本沒有判斷出這兩個人所講的道理是相反的呢？

我害怕了。我發現自己過往的自信都是錯的——不是自信，而是自以為是。怎麼辦？

還好，我有個做圖書館館長的母親。這件事帶來的好處是讓我從小就知道一個道理：

> 答案一定在某本書裡。

於是，我鑽進了圖書館（在一九九七年的時候，已經可以用電腦檢索圖書館裡的書籍了）。我從「thinking」這個詞開始查找，不一會兒就發現了一個從來沒有見過的片語：「critical thinking」。翻了一會兒詞典，我覺得「批判性思維」這個翻譯很差，翻譯成「獨立思考」可能更好一點。順著「critical thinking」查找，我找到了一本當時已經出版到第五版的書：Beyond Feelings: A Guide to Critical Thinking——就是它了！當時我想，以後這本書只要出版新版本，我就要買下來。許多年過去，現在亞馬遜上銷售的是這本書的第十一版。

> 再多說一句：現在購買電子書實在是太方便了，所以，能讀原版書的直接在亞馬遜上下單就好——即刻開始閱讀！

這本書裡講到，人的出發點（視角，perspective）會影響思考與判斷，然後引用了另外一本書裡的內容（*I'm OK ——You're OK: A Practical Guide to Transactional Analysis*，*Thomas A. Harris*），說人大抵要經歷以下四個階段：

▷ I'm not OK, and you're not OK.

▷ I'm not OK, and you're OK.

▷ I'm OK, and you're not OK.

▷ I'm OK, and you're OK.

	I'm OK	I'm not OK
You're OK		
You're not OK		

發現沒有，這又是一個兩次二分法（類似的表格你之前見過）：

想想看，就是這樣的。在我們年紀還很小的時候，面對這個被大人們占領和主導的世界，再看幼稚園的小朋友們，當然就是第一種情況：「I'm not OK, and you're not OK.」而當面對家長和老師的時候，我們經常面臨的窘境是：「我錯了，你們都對。」

這種早期的狀態，常常會影響絕大多數人以後的狀態。早期的「被壓抑」最終可能形成日後的「報復式反應」。於是，絕大多數人稍不注意，就終生在第二個狀態與第三個狀態之間穿梭：

▽I'm not OK, and you're OK.

▽I'm OK, and you're not OK.

大多數人永遠無法進入最後一個狀態：

▽I'm OK, and you're OK.

根源就是：處於第二種狀態和第三種狀態的人，著實見不得別人「的」好——加上一個「的」字，我們就更容易看清根源。

「見不得別人好」，這裡的「好」是指整個狀態，包括「變得更好」。「見不得別人的好」，則是指「見不得別人的好處或好的地方」。雖然對方有不好的地方，但他同時也有好的地方。因為存在不好的地方，所以好的地方完全被否定、被掩蓋，就是我們說的「見不得別人的好」。

加上一個「的」字，我們的注意力所處的地方就不同了。我的意思是：別人不好的地方就不好吧，但我們應該有能力看到「別人的好」的地方。很多時候你會發現，那些優點和好處，只不過是被我們的「有色眼鏡」掩蓋了而已，無論我們是否看到，它們就存在於那裡，發揮著作用。

因為要比出勝負、分清好壞，所以，處於第二種狀態和第三種狀態的人，總是不由自主地把注意力放在對方的「不好」而不是對方的「好」上，放在對方的「錯」而不是對方的「對」上。久而久之，他們變成了「盲人」卻不自知，這方面的元認知能力徹底被閹割，結果是：永遠把自己的注意力放在別人的「不好」上。說實話，對他們來說，也只有這樣才能讓自己舒服。

所謂「雙重標準」就是這樣形成的：

▽看別人的時候，注意的是「錯」與「不好」。

▽看自己的時候，注意的是「對」、「好」或者「更好」。

於是，大多數人自斷「後路」，停留在第二個或者第三個階段，在其間穿梭卻無法突破，永遠不可能進入最後一個狀態。

道理說清楚了，我當時也看明白了。結果呢？直到二〇〇七年，在我三十五歲的時候，有一天才反應過來：

> 將近十年過去，我才確定自己多多少少進入了第四個階段。

更可怕的在後面。到二〇一四年年初，又過了「一輩子」之後，我都快四十二週歲了，有一天才反應過來：

> 其實，我最近才徹底開始覺得「誰都挺好的」。

我一直在反思：

> 這事怎麼就這麼難呢？竟然難到需要「兩輩子」才能突破？

可能的解釋是這樣的：

> 你在某個或某些方面必須得到一定程度的普遍承認，才可能真正做到心態平和。

因為在這種情況下，你不必再主動費心去比較了。否則，你就像絕大部分人一樣，不斷把注意力放到「證明自己」上，並且常常「用力過度」，以致「姿勢走形」，動不動就「演砸了」，還要花時間和精力躲到角落裡「舔傷口」，或者「硬著頭皮死撐」——都不是有利於成長的事。

關鍵就在這裡：

> 無論如何，要把一切可能的注意力都放到自己的成長上去。

這是我們的財富自由之路，事實上是通往任何「自由之路」的根本。

回顧我的經歷，有兩次突破其實都是在獲得一定程度的財富自由之後發生的——可能是因為經濟壓力的確是人在生活中能體會到的最大壓力了吧；也可能是因為，如果在這方面不用跟別人比的話，那在其他方面更不用跟別人比了吧。

然而，只有到了第四個階段，才能知道這個階段的驚人之好：

> 你竟然可以從那些「原本你可能討厭的人」的身上學到大量的好東西。

更為驚人的是，由於你能更多地、不斷地看到別人的好，所以你所處的世界的的確確比原來要美好太多了。我總是不由自主地去想，也多少感到好奇：在過去那麼多年裡，我錯過了多少實際存在的美好？而且，如果錯過了，肯定只能怪自己。

我覺得，關於「境界」的說教，你早就聽了無數遍。我也覺得，你很可能和我一樣，明白了道理，但就是做不到（其實是「並不總是能做到」，這兩個措辭之間還是有很大差別的）。

在這裡，我說的是另外一個路徑：

▽首先，盡量用我的經歷來向你說明第四個階段的美好，也告訴你，進入第四個階段確實難上加難。

▽其次，我早就和你聊過元認知能力的重要性及鍛鍊方法。

▽最後，請你在這件事情上主動應用元認知能力，並養成習慣。

每當你發現自己正處於第二個階段或第三個階段，或者在這兩個階段穿梭的時候，啟動你的元認知能力，告訴自己：

不對。

▽我應該把注意力放在自己的成長之上。

▽我不應該把注意力放在別人的「錯」和「不好」之上。

▽若我有空閒的注意力，可以去看看那些人哪裡做對了，哪裡做得很好，以便我吸收經驗，獲得成長。

總有些時候，我們會不由自主地與他人比較，最終發現當下的自己就是不夠「ＯＫ」。在這樣的時候，就要啟動自己的元認知能力，告訴自己：

> 我們是「活在未來」的人，所以，即便要比較，也應該比較未來，而不是當下。

當下的任務只有一個：成長。若果真如此，我們其實是無論如何都不怕比較未來的。

對絕大多數普通人來說，這幾乎是唯一靠譜的方法論。而由於絕大多數人都還處在「未被這個世界認可」的狀態，所以，僅憑「心態」是不可能調整好的——「修養」這東西，不是想想就能有的。因此，若真的有工具，也只能是我們自己的，「我們原本都不知道它存在」的，靠我們自己「不斷刻意訓練」才逐步加強的——元認知能力。

最後，再叮囑一句：證明自己根本不重要，成長才重要，因為成長如果成真，證明就自動完成了。

19. 你知道自己有個所有人都有的惡習必須戒掉嗎？

最應該徹底戒掉的惡習是：

抱怨

這一課又是金光給我上的——對，又是他（你可以回頭翻翻第十七節的內容）。

金光回國之後沒多久，我第一次高考落榜了。很快我就後悔自己沒有好好準備，於是就報了補習班，折騰了一年，結果考上了一所很「不咋地」的大學：長春大學（別告訴我「你應該對母校有感情」，事實上我就是沒辦法喜歡上那裡，當我終於大學畢業的時候，我感覺自己好像「出獄」了）。

又一年過去，金光已經是個「包工頭」了。他個子不高，理了個小平頭，穿著牛仔褲，屁股口袋裡插著一部「大哥大」——早年香港電影裡成奎安用的那種摩托羅拉「大哥大」，儘管現在看起來蠢笨蠢笨的，但在當年可是個昂貴的物件呢。

大一暑假，我回到家。在一個陽光耀眼的午後，我在街邊遇到金光，他當時正好沒事做，於是，我們倆就溜達到江邊，坐在堤壩上扯了一下午的閒篇兒。

其實，我知道金光當時的境遇並不好。那是一九九二年，全中國上下正在經歷經濟轉型，大量

「先知先覺」的人用各式各樣的方法從銀行裡弄到貸款，去做各種各樣的生意，其中最酷最猛的就是做房地產的「包工頭」。金光不知道用什麼辦法弄到了一大筆貸款，也成了「包工頭」。可是他年紀太小，江湖經驗太少，所以，早就被一幫人圍住，手裡大量的錢也被套住，經歷了各種不順，踩到了各種陷阱……

可整整一下午，金光和我聊的都是趣事，對自己的麻煩隻字不提。本來我還想表示一下關心，但我很快意識到，這種關心只是說說而已——我沒有任何能力幫他擺脫困境，所以，說出來根本沒用。從另外一個角度，我想：金光是個頗為驕傲的人，這也是他對自己的困境隻字不提的原因吧！

無論如何，對自己的困境隻字不提，沒有一絲抱怨，至少全無表露——金光在這件事情上給我留下了不可磨滅的印象。

一轉眼，過了若干年。我大學畢業，工作了兩年，決定出國留學。在往瀋陽的火車上，我竟然在同一個臥鋪車廂遇到了金光。其實在那些年裡，我從其他朋友口中大致瞭解了金光的情況：「包工頭」終究沒有做成，還欠了很多債，這些年就是在各種麻煩之中度過的。後來聊過才知道，他正在去俄羅斯「撈世界」的路上。

可金光就是金光，那感覺就像我倆昨天還一起坐在河壩上扯閒篇兒，晚上各自回家睡了一覺，今天在火車上又見面了一樣。他還是笑嘻嘻的，一臉燦爛，還是留著小平頭，穿著牛仔褲，只不過把摩托羅拉「大哥大」換成了薄一點的諾基亞手機，其他一點兒沒變——反正我看不出來。本來我上了火車就要睡覺，這下可好，一路都沒睡，一直在聊天……至於聊天的內容，現在我已全無印象，只記得金光還是那樣：沒有一句抱怨，沒有說過一絲不好的事兒。

下了火車，他對我揮揮手，說：「走啦！」我站在那裡，看著他消失在人群之中。

從此我再也沒有見過他，也從來不去打聽他的情況。我總覺得，他一直就是那個樣子——笑嘻嘻的，一臉燦爛。

許多年後，在偶爾提到我是如何成為一個「堅決不抱怨的人」時，我會說，那是金光教我的——我知道，他其實不知道自己教過我什麼。

從那列火車上下來，我在瀋陽住了兩天，辦好簽證之後，就飛到了韓國，到全南大學報導。那時，我全然不知自己將在那裡度過生命中最灰暗的十四個月。

為什麼現在我會覺得那是我「生命中最灰暗的十四個月」呢？——儘管那十四個月很可能是我這一生讀書密度最高的時段，我一生讀過的最重要的三本書裡有兩本是在那段時間讀的。

現在我之所以覺得那十四個月是我人生中最為灰暗的一段時間，是因為在那段時間裡，我身邊的每一個人都是不斷抱怨的人，而當時我並不知道那灰暗是由此造成的。

可能和當時的大環境有關係吧——我到韓國的時候，正趕上亞洲金融危機，韓國是「重災區」，電視裡報導的新聞，不是有人跳河自殺，就是夫婦二人帶著兩個孩子一起跳樓，結果丈夫生還卻殘疾，妻子和孩子當場死亡——好像每個人都活得惴惴不安。

那時，全南大學的中國留學生不多，只有幾個人。這些人只要坐在一起，兩分鐘不到，就開始抱怨——從韓國的經濟，到中國的前途，要說上十來分鐘——裡裡外外都是「車軲轆話」，但好像誰都說不煩、聽不膩一樣。若圈子裡某個人不在場，他就註定成為接下來所有在場者的抱怨對象，每個人都像生怕輪不到自己一樣爭著吐苦水，直到散場。於是，每次聚會對我來說都是一場漫長的煎熬。好在當時我在幾個人中年紀最小，按常理是可以不說話的，倒也算是部分解脫。

過了幾年，我已經回國。有一次，一個當時的同學來找我，我請他吃飯。坐下來沒多久，他又開始抱怨，用今天的話講就是感覺「全世界的負能量都凝聚在他身上了」。可我驚訝地發現，我也「自然而然」地發出了一些抱怨——我被自己「被同化」的事實嚇到了，趕緊起身結帳，客客氣氣地送走了那位同學，決心再也不跟他們打任何交道了。

那天晚上，我突然想起金光的表情——笑嘻嘻的，一臉燦爛。

我決心，從此以後，再也不向任何人抱怨任何事情了。這個決定很重要，重要到我認為這個決定在之後的日子裡確定無疑地重塑了我的大腦。

抱怨，只是無能和無奈的表現而已。

這是多麼簡單明瞭的事實啊，可我卻在身邊有一個好榜樣的情況下無視這個事實那麼久！

當遇到麻煩和不順利的事情時，能解決就解決，解決不了就承受——這才是正確的態度。抱怨有什麼用？沒有用，因為它只能用來向別人展示自己的無能和無奈而已。

我想，之前我理解錯了。不向別人抱怨，並不是基於自己內心的驕傲，害怕別人瞧不起自己，而是基於自己的能力與堅韌：

▽能解決就去解決（能力）。

▽不能解決就去承受（堅韌）。

再觀察一下就能發現：其實絕大多數人在第一個層面（能力）上就已經輸了，而在第二個層面（堅韌）上從來沒有一絲一毫的進步。我告訴自己：我不能、不該也不允許自己成為那樣的人，否則，連我自己都會受不了自己。

在之後的許多年裡，這個原則甚至成了我選擇朋友的最重要原則（沒有「之一」）：

只要我發現誰在抱怨，就說明過去我選錯了。

後來，我進了新東方。雖然在那裡「封閉」了七年，但是我結交了不少好朋友——在二十八歲之後還能交上三五個朋友，就算是很多了，不是嗎？這些在若干年之後依然和我是好朋友的人，無一例外，都是「自然而然地從不抱怨的人」。

許多年後，「正能量」這個詞流行起來。說實話，我剛開始不太清楚他們說的「正能量」的確切定義，但我確實知道「負能量」是什麼——抱怨，在我看來，就是在這個世界裡最強的負能量：

▽它會讓一個人變得令人討厭和厭倦。

▽它會讓一個人失去掙扎的能力和承受的堅韌。

▽它的害處不僅在於浪費時間和暴露自己的無能，最大的害處在於會讓你不由自主地放棄掙扎。

偶爾氣餒是正常的，畢竟誰都不是「鐵人」。可是，在逆境中，或者在一些特定的關鍵時刻，「放棄」是致命的。心理學家早就知道這件事，並且詳細地論述過：

> 說話，對每個人來說，其實都是「大腦重塑」的過程。我們每個人都傾向於不由自主地「扮演」我們向別人描繪的那個樣子，直至成為那個樣子。

觀察一下就會知道，那些向你抱怨的人，說著說著就開始進入「表演」狀態。他們很投入，他們需要你的同情，他們需要全世界的同情和「理解」。為了讓你同情，也為了讓全世界同情，他們會不由自主地扮演「一個其實更慘的角色」，演著演著，別人還沒怎麼樣，他們自己先相信了，而且不由自主地讓自己變成那個「更慘的角色」。你想成為一個「更慘的人」嗎？只要開始抱怨就可以了——多簡單！

珍愛生命，遠離抱怨和抱怨之人。

20. 究竟是什麼在決定你的命運？

我的好朋友鐵嶺是 CoBuild 創投基金的創始合夥人，他對創業這件事有一個精彩的總結：

> 所謂「創業成功」，無非就是問答題高手做對了選擇題。

他無論說什麼話，都是一副淡淡的樣子，可往往就是那些他不經意說出來的話，才更值得反覆思考。在我看來，甚至可以把「創業」兩個字去掉：

> 所謂「成功」，無非就是問答題高手做對了選擇題。

首先，成功是高手的事情，起碼是發生在那些「最終成了高手的人」身上的事情。

其次，很多高手，做問答題的水準一流，也就是說，若讓他們解決問題，他們水準更高、效率更佳、速度更快、結果更優……但是，他們之中的大多數不見得能夠成功，因為他們選擇去做的事情通常不是能夠大獲成功的事情，也就是說，他們做選擇題的能力很差。

最後，所謂成功，還有一個解釋，之前多次提到：

創業者／投資人	解答題高手	選擇題高手
解答題高手	?	
選擇題高手		X

> 用正確的方式去做正確的事情。

你看，選擇這東西，常常發生在行動之前。於是，在事情做得不對，或者作出了錯誤的選擇之後，水準再高也於事無補，效率再佳也是越做越錯，速度再快也只能「早死早超生」。至於結果，回頭看看就知道：貌似最初在選擇時就已經「確定」下來，是為「宿命」（人們在面對不好的結果時常用「宿命」這個詞來描述「命運」或者「運氣」）。

把「創業」兩個字補回去，有什麼意義呢？因為創業成功，常常是大家相互配合「打群架」的勝利，於是，這個判斷應該是創業者與投資人共同擁有的思考能力。

創業者是問答題高手，投資人也是問答題高手，但他們都不是選擇題高手——大勝的機率其實並不大。

創業者和投資人都既是問答題高手，又都是選擇題高手——這是最好的組合，勝算很大。

而最差的組合恐怕是這樣的：創業者是選擇題高手，但不是問答題高手；投資人是問答題高手，但不是選擇題高手。這就是很荒謬的組合了，荒謬到甚至難以存在的地步。

現在我們可以把注意力拿回來，去考慮核心問題了：

——為什麼那麼多問答題高手做不對選擇題呢？

因為他們沒有養成正確、有效的價值觀。

價值觀是什麼？所謂「價值觀」，最通俗、最有效的定義無非是：

▽知道什麼好，什麼更好，什麼最好。

▽或者，知道什麼重要，什麼更重要，什麼最重要。

若知道什麼是好的，就知道什麼是差的；若知道什麼是更好的，就知道什麼是更差的；若知道什麼是最好的，就知道什麼是最差的——是這樣吧？

從這個角度來看，你就能明白我為什麼根本就不相信智商是能夠遺傳的了（甚至，「智商」這個概念本身也不是必要的），以及我為什麼篤信「所有人其實都可以透過訓練與自我訓練變得更聰明」了。聰明顯然是習得的，而不是天生的。就算個體之間天生有一定的差異，但那差異與後天的訓練習得相比，實在是微不足道。

若你能想明白這個基本道理，那你在「正確對待自己的聰明程度」這個方面就會變成「進取型人格」（Be-Better Type）。

再想想，當你面臨所謂「選擇」的時候，之所以會猶豫或者糾結，無非是因為你突然無法確定哪個選項更好，哪個選項更糟罷了。若你知道哪個選項更好，直接選擇那個選項就是了——不是嗎？所以，選擇並不困難，甚至可能並不存在。所謂「選擇」，只是價值觀確定之後的自然結果。

於是，更深入的結論是：

價值觀決定命運。

很多人沒想到竟然是這樣的吧——決定你命運的，其實是價值觀。那些動不動「三觀碎了一地」的人，其命運也很脆弱。更別說那些有著一顆「玻璃心」的人了，他們的命運也比玻璃更脆弱，隨時可能「散落在風中」。

當我們討論方法論的時候，本質上研究的是「如何甄別好壞和優劣」。說來真的好奇怪，落實到這個層面之後，不就是「問答題」了嗎？為什麼那麼多問答題高手在遇到這樣的情況時就好像突然完全失去了自己的解答能力一樣呢？

答案很簡單，也很詭異：

> 絕大多數人被自己所局限，無法從自己的世界裡跳出來，去觀察整個世界，或者說，起碼跳出自己的世界，去觀察一個更大的世界（哪怕不是整個世界），去觀察一個更真實的世界（哪怕

尚未完全接近真實）。於是，不可能選對，只能選錯。

有一個大家都聽說過，但幾乎都不知道它從始至終依附在自己身上，影響著自己人生中的一切的詞：

以偏概全

人們常常把自己的感受當成全世界的感受，把自己的觀察當成全世界的觀察，把自己的看法當成全世界的看法，一切都從自己出發，全然不知別人和別人所處的世界有可能與自己和自己所處的世界不同——方方面面都可能有很大的不同。

作為「以偏概全」的第一個例子，我來展示一種常見的創業者思路：

▽我發現一個需求需要被滿足可尚未被滿足。
▽基於以上發現，我自己的這個需求就變得很強烈。
▽我問了身邊的人，他們也都說自己有這個需求。
▽市場上沒有能夠滿足這個需求的產品。
▽如果我能第一個做出滿足這個需求的產品，我的產品就一定很有優勢，很有前景。

這是一種常見的思路，也是最難以說服的想法——每句話看起來都是對的，連起來看更像是對的。可是，真的是這樣嗎？

> 「我有一個強烈的需求」和「整個世界都有這個強烈的需求」差別甚大。

例如，我就有個強烈的需求：電子書應該能進行跨書全文檢索，否則電子書還有什麼意義呢？Kindle 這麼多年都不滿足我這個需求（這讓我多少有點討厭 Kindle），但與此同時，Kindle 的銷量依然很好！為什麼呢？因為大多數人是用 Kindle 讀小說的，他們根本就沒有跨書全文檢索的需求，甚至連在單本書裡檢索的需求都很少。也就是說，我的那個需求，儘管是真實的需求，卻是極為小眾的需求，就算做出來，市場也不會有巨大的反應。

「我問了身邊的人」——樣本數量足夠嗎？超過三十個了嗎？三十是一個用拓樸學計算出來的數字，而不是隨口一說的數字。若統計樣本數量低於三十，那麼基本上不可能得到有意義的統計結果。在資料的獲得變得容易的今天，也許需要三百個甚至三千個樣本才更放心。此外，我們身邊的人常常會為了保持「和諧」而不說實話。甚至，每個人都有一些「腦殘粉」，他們的話是不算數的——無論你說什麼，他們都會說：「哇，真不錯！」

最關鍵的是，「市場上沒有能夠滿足這個需求的產品」不一定是「還沒有人想到要做」的結果，更可能是「已經有人想到並做過了，可是那產品最終『死掉了』」的結果——太可怕了！其實，市場可能已經驗證過這主意行不通，但因為做過的人已經失敗了，所以你並不知道這個事實。當你再次「以身試法」的時候，你竟然完全不知道那就是「飛蛾撲火」——那主意就好像一團燃燒的烈火，而你就好像一隻飛蛾，非要撲過去不可。

還記得第七節提到的「消費者以為的剛需」嗎？不妨回去翻一翻。

另外一批例子，在大陸的「知乎」平台上隨處可見。「知乎」上有個著名的問題公式：「某某某，你怎麼看？」於是，在那裡我們可以看到形形色色的人的各式各樣的「看法」（基本上都不是客觀事實）。你可以花一些時間去研究那些人為什麼會那麼想。在那裡，少數人會有相對客觀的看法，而更多的人只有「自己的看法」，即，「被自己局限的看法」。（其實在哪裡都一樣，只不過「知乎」恰好是人數比較多且更鼓勵人們發表「看法」的平台而已。）

等你琢磨清楚那些人的局限來自哪裡，又是如何被「以為自己的世界就是整個世界」這種「以偏概全」的思維模式所局限的時候，你就有了足夠的「反省機制」——你不願意成為那樣的人，不是嗎？既然不願意，就要想辦法，不是嗎？

辦法這東西，不是天生就有的，都是想出來的。之所以過去不「拚命想」，是因為沒有被「嚇到」。一旦看到那些可怕的人所處的可怕世界，你就會害怕，就會想逃出去，於是你就有了「拚命想」的動力——誰說恐懼總是壞事？

最近的一個例子是二〇一六年美國總統競選，希拉蕊落敗。一個我相對比較信服的說法是：希拉蕊敗在不瞭解身處中低層的美國白人選民的想法，也從來沒有真正「放下身段」去美國中部體察民情，於是「以偏概全」、「一廂情願」地把很多「看法」當成「事實」，進而作出了在很多時候實際上是「低級錯誤」的決策。按照這種說法，希拉蕊的失敗，其實是精英階層自以為是的失敗。

總結一下：

選擇決定命運，決定選擇的是價值觀。因此，真正決定一個人命運的是一個人的價值觀。在價值觀養成過程中，最應該小心迴避的陷阱只有一個：以偏概全。

21. 究竟是什麼在決定你的自驅動力？

前面提到過大多數「受過教育」的中國人所面臨的共同尷尬：

> 都說「英語很重要」，但小學六年、初中三年、高中三年、大學本科四年——前前後後折騰了十六年（還不算一些人在幼稚園就已經開始學了），竟然就是搞不定，而且通常是「全方位搞不定」（聽、說、讀、寫全都不行）。這是為什麼呢？

可以肯定的是，習得一門外語，不需要很高的智商，甚至可能不需要智商。

我是朝鮮族，有十多年生活在吉林省延邊朝鮮族自治州。在我的老家，很多人都是「天生」的雙語使用者——很容易想像，其中當然包括一些智障的人，他們也是雙語使用者（貌似很自然）。

更誇張的是（細想的話其實一點都不誇張），在我的老家，如果你在街上看到一隻狗，對牠說：「오라！오라！」牠就搖著尾巴過來了——明顯是「朝族狗」嘛！牠要是不理你，你就對牠說：「過來！過來！」於是，牠就搖著尾巴過來了——明顯是「漢族狗」嘛。無論你是說「오라！오라！」還是說「過來！過來！」都會跑過來衝你搖尾巴的——那明顯是「雙語狗」嘛！

那麼，問題來了，非常嚴肅的問題：

> 學好英語明明是所有人都可以做到的，明顯並不（過分）受限於智商，為什麼難住了那麼多人，還難住了那麼大比例的人？

我當過一段時間的英語老師，對這個問題當然想得更為深入。不過，說實話，它也困擾了我很多年——我總想找到最合理的解釋。

二〇一一年，我在上海的一個 TEDx 會場做過一場演講，當時我有一個兩年前的解釋：「很多人其實是被自己教傻的。」二〇一六年十一月十九日，我在網上做了講座——《人人都能用英語》，有五萬兩千人線上收聽。在這個講座裡，我給出了我七年後琢磨出來的另外一個更為合理、更為本質的解釋：

> 「用英語」對絕大多數人來說，根本就不是剛需。

既然不是剛需，那就是「不必需」，於是，事實上「不用也可以」、「沒有也行」。雖然「有也挺好」，可「沒有的話頂多是有點怨念而已」。

為什麼另外一些人（雖然是少數）最終「學」會了呢？因為對他們來說，那是剛需——「需求」越強，學得就越快、越好，甚至在沒有學會、學好的時候，也要「湊合著用」，然後「用著用著就真的熟練了」。想想看，這是不是最重要、最本質的根源？

在學外語方面，我的天生條件真的不是很好，甚至很差。在很久以前，我唱歌是走調的（拿著吉他糾正了許多年，到現在才勉強算是湊合），所以我在辨音方面一直是很差的，而且，我的短期語音記憶力很差，人家聽一遍就能順下來的曲調，我得一個音符再一個音符、一個節拍再一個節拍地反覆記憶才行——這在學外語的時候得有多吃虧啊！事實上，許多年過去，我的發音依然不標準。

但就是我這麼個天生條件差的人，在「用」英語方面卻毫不含糊。為什麼呢？因為閱讀對我來說就是剛需，我就是癡迷於閱讀，讀書幾乎是我個人最大的「娛樂項目」，連看影視劇都要排在其後。若問我「身上哪個部位殘疾了最痛苦」，我一定會回答「眼睛瞎了最痛苦」，因為那樣我就無法閱讀了。

在很多年前的一天，我決定：以後對虛構類的作品，直接看影視劇就夠了（閱讀上就不再選擇小說之類的了），而對非虛構類的作品，無論多貴、多難找，我都要直接閱讀原版，而不是翻譯版。這樣，「用英語閱讀」就成了我的剛需——不讀不行啊！腦子會「餓」，心會慌。於是，這麼多年我就一直「用」過來了。儘管剛開始也挺費勁的，可那一點「麻煩」擋不住我，因為「讀完」對我來說是剛需——有人喊我去吃飯我都嫌耽誤事。英語這東西，我說得真的不好，可對我來說，「用英語說話」真的不是剛需——與「用英語閱讀」的剛需相比，實在差得太遠了。

你看，「剛需」多麼重要！

再看看身邊，絕大多數人其實是不善於分析，也不善於思考的，他們不會去琢磨一件事直到水落石出。可你身邊也一定有至少一個這樣的人：

> 他們善於分析（也因此常常能作出更優的決策），善於琢磨（也因此常常有特立獨行且正確的見解），也善於說服別人（也因此必然有更強的影響力）。

這是為什麼呢？是什麼驅動他們不屈不撓地成長成那個樣子呢？這個解釋在這裡依然合理，不信你可以問問他們：

> 「尋求真相」對他們來說就是剛需，若不弄個水落石出，他們就難受得很，若看到一點希望，他們就欣喜若狂。遇到一點挫折根本不算什麼，因為真相就像火，他們就像飛蛾——還有什麼比「飛蛾撲火」更自然呢？

分析能力簡直就是「一切能力之王」，可整個教育制度好像在這個能力的培養上徹底失靈。而偏偏有少數人最終「無師自通」，習得了這個能力。為什麼？為什麼？為什麼！因為對那些「少數人」來說，「分析」是剛需，弄不明白就難受得要死。

既然「分析」對他們來說是剛需，那麼為了滿足這個剛需，接下來需要學什麼他們就去學什麼，需要用什麼他們就去用什麼，需要克服什麼障礙他們就去克服什麼障礙……因為那是剛需，所以誰也攔不住他們。

上文裡就有明證，「分析」對我來說就是剛需。若我認定某個問題需要一個解釋，那我就會不斷地思考、觀察、分析、總結、補充，再思考、再觀察、再分析、再總結、再補充……這個過程很可能長達好幾個月或者好幾年，甚至「一輩子」。你看，七年後我的結論相對於七年前，不僅進步了一大截，還精準了一個層次。

我的前老闆俞敏洪有一句著名的話：

> 優秀是一種習慣。

這話肯定是對的，因為所有的剛需，都必然顯現為「習慣」，就好像你從一開始就習慣了「到點兒吃飯」一樣。甚至，「習慣」很可能只不過是「剛需」的另外一種說法。

當年我還在新東方工作的時候，見到很多同事把這句話當成俞敏洪給員工和學生「洗腦」的工具。很多人不明白，他們眼裡的所謂「雞湯」，其實常常是另外一個物種所篤信的、很樸素的、很鋒利的方法論。只不過，因為「優秀」並不是他們的剛需，所以他們不可能到達「優秀」，也就無法體會到那「雞湯」的樸素與鋒利，反而到達一種「自證預言」必然自證的境界。

對一些人來說，「優秀」真的是剛需。觀察那些優秀的人，若有機會與他們溝通，你就會發現，他們在這方面幾乎是一模一樣的態度：

要做，就要做到最好——起碼是自己能做到的最好（注意：是「最好」，而不是「好」或者「很好」）。

否則，他們會很難受。雖然那種難受不能言傳，只能意會，但反正就是很難受。

我在面試的時候，總是會問一個簡單的問題：

你在哪方面做到過第一，或者做到過最好？哪怕是局部，哪怕是小範圍。

什麼是牛人？一般用三句話就能描述清楚了：

▽有「做第一」的執念。

▽有過「做第一」的經驗。

▽有過多次「做第一」的經驗並能將其總結出來。

大多數人從未有過做到第一、做到最好的經驗，於是，即便做不到第一、做不到最好，他們也不會因此難受，更不會因此格外難受。也許他們曾經難受過，但這麼多年過去，他們早就習慣了。

有這樣一個段子：

> 某人四十多歲了還碌碌無為，於是跑去找算命先生。算命先生掐指一算，然後問：「一個好消息，一個壞消息，你先聽哪個？」那人說：「那就先聽壞的吧。」算命先生說：「壞消息是，你在四十歲之前會窮困潦倒。」那人眉頭一挑，問：「那好消息呢？」算命先生幽幽地說：「四十歲之後，你就習慣了。」

所以，正確的剛需是一切驅動力的源頭。

為什麼又加了個定語「正確的」呢？因為有些剛需不會令人進步。例如，我們身邊的很多人都有「吐槽」的剛需，若不抱怨，他們就難受，「不吐不快」，不吐出來或者吐不出來就「感覺要爆炸」，而吐出來之後又「感覺被掏空」。再如，我們身邊有很多人把「活在過去」當成剛需（甚至不是「活在當下」），他們「好漢只提當年勇」，總是慨嘆「世風日下」，無法樂觀地對待未來，當然也不可能「活在未來」了。

在過去的二十年裡，科學家對大腦的認識突飛猛進，其中一個最重要的結論是這樣的：

> 大腦是可塑的。

換言之，一個人的大腦，從宏觀上看可能終生沒有多大變化（畢竟腦殼的大小、形狀貌似是一成不變的），但從微觀上看肯定不是「一成不變」的。之前我們提到過，就連大腦灰質的厚度都是可以透過練習增加的。也就是說，大腦一直在「被塑造」——被環境塑造——更重要的是，它竟然可能被自我塑造。

在我看來，這是顯而易見的運作原理：

> 剛需塑造大腦。

不斷重塑大腦的其實就是一個人的自我驅動力，也就是說，其實就是對剛需的認知與選擇。

那麼，問題又來了：

> 如何認知、選擇、培養正確的剛需呢？

若你仔細想想，就會知道：「剛需」這個東西，從本質上來看，是根植在價值觀上的。價值觀幾乎決定了一個人的一切——我們早就知道了。

那些「表現型人格」（Be-Good Type）的人，因為更在乎自己在別人面前的表現，所以「成功」這個狀態是他們的「選擇」，也是他們的「剛需」。他們時時刻刻希望自己在別人面前表現得足夠好，「成功」這個狀態當然是最令他們嚮往的。

與之相對，少數「進取型人格」（Be-Better Type）的人，因為更在乎自己的變化和進步，所以並不在乎（或者說「沒那麼在乎」）自己當前的表現。他們知道，任何學習、改變、進步都需要一個過程，在早期步履蹣跚、跌跌撞撞都是很正常的，只要持續刻意練習，就一定會有進步和變化，而且最終都會好起來的。

所以，進取型人格的人，很容易理解、接受並直接開始踐行這樣一個觀念：

成功只不過是某一時刻的狀態。成長才更重要，成長才是真正的剛需。

你看，「你的價值觀決定你的命運」，這話一點兒都不過分。經過這麼久，你早就知道了，大多數人的價值觀是這樣的：

▽金錢＞時間＞注意力

▽成功＞成長

▽現在＞過去＞未來

而如果你的價值觀竟然是這樣的：

▽注意力＞時間＞金錢

▽成長＞成功

▽未來＞現在＞過去

那麼，你的選擇就會自然而然地發生變化，你的「剛需」就會自然而然地與其他人不同。

不妨來看一個也許會讓你感到震驚的例子。對「為什麼絕大多數人最終賺不到很多錢」這個「終極問題」，我有這樣的解釋：

> 因為賺錢對他們來說其實不是剛需。

大多數人的剛需是什麼呢？

> 大多數人的實際剛需是花錢，而不是賺錢。

仔細觀察一下就能知道，「發財」幾乎是所有人的夢想，他們以為「發財是剛需」，可他們的想法暴露了真相：

> 等我發了財，我就＿＿＿＿＿＿！（請填空，反正你早就聽過一大堆答案。）

你看，「發了財之後最想做的事情」才是他們真正的剛需。對他們來說，發財只是手段，花錢才是目的。

這世上只有少數人「花錢是為了賺錢（投資）」，而絕大多數人「賺錢是為了花錢（消費）」。這不是繞口令，而是樸素的邏輯分析。也正是這個差別，最終造成了人群之中財富分配上的巨大差異。

首先，我們要達成一個共識：

> 剛需是可以主動選擇的，而不一定是天然的、一成不變的。更進一步，剛需這東西通常不應該被被動接受。

若順著天性，懶惰是剛需，貪婪是剛需，嫉妒是剛需……「七宗罪」裡有一個算一個，全都是剛需。甚至可以不誇張地講：一切進步與成長，都是「重新選擇剛需的過程」。

「知道我可以選擇」這個「元認知」極度重要。人們總是以為「人在江湖，身不由己」，殊不知「身不由己」在更多的時候只不過是假象——就連自殺都得選個死法不是？

我在《把時間當作朋友》裡就提到過這個觀點：

> 奧地利神經學家、精神病學家維克多．弗蘭克，他的父母、妻子、兄弟都死於納粹的魔掌，而他本人則在納粹集中營裡受到殘酷的虐待。在經歷了無數的波折與思考後，他明白了一件事：「人所擁有的任何東西，都可以被剝奪，唯獨人性最後的自由——也就是在任何境遇中選擇一己態度和生活方式的自由——不能被剝奪。」……在最為艱苦的歲月裡，他選擇了積極向上的態度……讓自己的心靈越過牢籠的禁錮，在自由的天地裡任意翱翔。

一定要把這句話刻在腦子裡，隻字不差地背下來，不時拿出來把玩、掂量：

> 人所擁有的任何東西，都可以被剝奪，唯獨人性最後的自由——也就是在任何境遇中選擇一己態度和生活方式的自由——不能被剝奪。

只要這句話刻在你的腦子裡，你就「幹掉」了百分之九十九的人。他們在人生的每一個關鍵時刻所展現的懦弱、糾結、遲疑、愚蠢，以及事後的懊惱與追悔莫及，首先可能是因為選擇錯誤，然後可能是因為「甚至不知道自己還有選擇的自由」——更別提什麼「選擇的勇氣」了。

在眾多「正確的剛需」中，最關鍵、最核心的是什麼？

耐心

耐心是一切成長的剛需。心理學家建議家長們：教小孩子養植物比教小孩子養動物好。為什麼？因為養植物更需要耐心。植物的生長速度往往不是那麼快，而且很少給出「直接反應」。人在一生中要活「很多輩子」（七年就是一輩子），也就是很多年——七八十年總有吧？在這個過程中的任何一個節點上，你都會覺得「這在總體上是一段很長的時間」。如果沒有耐心，怎麼能走好這麼長的一條路？（有一點倒是可以徹底放心：無論有沒有耐心，人生的道路都可以走完。）

為什麼一個標題是《通往財富自由之路》的專欄很少提到錢？就算提到，也是在文章開始發布後很久？道理很簡單，也很明顯（當然，最終只有少數人這麼認為）：

▽「財商」的培養顯然是最需要耐心的。

▽與財富相關的一切重要技能都「看起來」縹緲甚至虛無。

也正因為「看起來」與財富關係不大，才導致絕大多數人不重視，甚至乾脆不知道自己可以學、應該學，可以練、應該練。

進而，若一個人沒有耐心，就不大可能從一大堆「看起來並不相關」的技能中剔除那些「果然不相關的東西」，找到「看起來不相關可實際上至關重要的技能」，然後進行刻意訓練。甚至，即便有人幫他們指出那些「實際上至關重要、不可或缺的技能」，他們也會因為缺乏耐心而無法體會到那些技能的重要或不可或缺，於是隨時都可能放棄磨鍊，而後「印證」自己的感覺：「看，果然沒用吧？」

沒有耐心的人什麼事都幹不成，怕麻煩的人會被麻煩一輩子。為什麼有的人更有耐心？為什麼有的人更不怕麻煩？我們早就講過了：有的人是「活在未來」的。

只有「活在未來」的人才有真正的耐心，換言之，衡量一個人的耐心有多大，只要看他活在多久之後的未來就可以了。

更多的人是短視的。短視的人，無論做什麼都想「馬上生效」，甚至「馬上生效」對他們來講是「絕對的剛需」。如果不能「馬上生效」，甚至哪怕是「感覺不能馬上生效」，他們都會立刻放棄。

弄明白「選擇意識」與「耐心」的重要性之後，還需要深入思考另外一個重要的概念：

現狀

我們反覆強調「活在未來」。可是經過這段時間的學習與思考，你有沒有發現，做到「活在未來」其實真的非常困難。當然，若那麼容易做到，豈不是每個人都活得很好？不知你是否記得，在第一次讀到「每天都要深入思考未來」這句話的時候，你是怎樣震驚於「這麼顯而易見的正確道理怎麼還需要別人來提醒我」的？（而事實總是如此。）最初幾天，你精神抖擻，好像已經重生了一樣，可沒過多久（若干星期而已），你就變得和很多人一樣，正在被一個念頭折磨著：「天啊，這事兒我都忘了好多天了！」

對很多人來說，「現狀」就像「地心引力」，時時刻刻拖著你，讓你根本飛不起來，更別提「飛出去」了。

「現狀」究竟是什麼？為什麼「現狀」這個東西會讓那麼多人無法思考未來，無法成為「長期成功投資者」，而最終淪為「短期投機失敗者」？為什麼「現狀」這個東西會讓那麼多人變得目光短淺，而不是高瞻遠矚？

所謂「現狀」，從本質上來看，無非是「過往的積累」。

如果這樣理解所謂「現狀」，你就會明白：若「現狀」不能令人滿意，那肯定是因為「過往的積累」不夠。

「目光短淺」的根源總是一樣的：

急切地想要改變現狀。

現狀越差，越沒有積累，就越急切。積累這個東西，誰都沒有辦法像變戲法一樣實現它。於是，在面臨「要麼認了，要麼從現在開始積累」這種極為難受的選擇時，有相當數量的人會選擇「鋌而走險」。

有些人會抱怨自己的父母，哀嘆自己的命運，恨自己沒有「含著金鑰匙出生」。其實換個角度去想就能明白：如果一個人最終是個有足夠積累的人，那麼起碼他的下一代不用再抱怨自己的父母，也不用再哀嘆自己的命運了。就算不是「含著金鑰匙出生」——管它是金是銀，是銅是鐵——起碼也含著鑰匙呢！

若把「現狀」清楚地定義為「過往的積累」，我們就會明白「馬上改變現狀」的難度——難到實際上根本不可能實現的地步——因為我們最多只能做到這麼一件事：

把當下作為新的起點，開始積累，著眼未來，活在未來。

還記得嗎，我們早就「戒掉了抱怨」。而現在，你更加深刻地理解了「為什麼對現狀不滿其實是完全沒有意義的」——「不滿」本身不會增加任何積累！

最後，就是把這幾樣東西結合起來應用了：

▽你從來都知道自己最終還是擁有選擇的自由。

▽你知道要靠耐心「活在未來」。

▽你知道現狀是積累，你知道對現狀不滿是沒有意義的，你知道所有的解脫最終都只能靠積累實現。

好了，基於這樣的認識和價值觀，你就能運用另外一個「終極武器」了：

選擇正確的「難受」。

在追求財富這件事上，起步時「沒錢花」和「賺不到錢」都是讓人很難受的。但你仔細想想就能知道，解決前者會讓你「不管賺到多少錢都留不下什麼」，所以，解決後者應該更重要。

把注意力放到解決後者上，養成「賺不到錢就很難受」的習慣，再加上你其他的正確價值觀的自然選擇，你就會得到很多「自然而然的正確結論」，進而產生很多「必然生成好結果（甚至是驚喜）的行動」：

▽賺不到錢是因為能力還不夠。

▽只要有足夠的耐心，一切能力都是可習得的。

▽假以時日，我的收穫會越來越大。

你也經常聽到（肯定是更多地聽到）這樣的說法：

▽賺不到錢是因為這個社會不公平。（不從自己身上找問題，而從其他地方找問題。）

▽幹什麼都白搭，因為這個世界根本就不會變。

▽於是，或者「就這樣吧」，或者「鋌而走險」。

在習得任何技能的過程中都會有「難受」的地方，因此，選擇正確的「難受」常常是關鍵。

例如，在學習英語的時候，如果你的發音很差，那你就要作出選擇了：

▽因為自己沒有進步而難受（再多說一點，再多練一點）。

▽因為害怕別人嘲笑自己而難受（乾脆不說了，乾脆不練了）。

現在，你可以認真思考一下：

為什麼在很多時候，人們選擇舒服的、容易的，而不選擇正確的？

想想看，用這一節提到的方法論，你應該作出哪些選擇和改變？

22. 你有沒有想過究竟什麼是落後？

過去，我們通常憑感覺，覺得在平均水準以上就是不落後了。

這個感覺肯定是有偏差的——為什麼呢？

首先，人們的感覺永遠是有偏差的。經常被用來證明這一點的是這樣一個現象：

接近九〇%的人認為自己的駕駛水準處於平均水準以上。

從宏觀來看，這明顯是不可能的，可落到自己頭上的時候——「感覺自己就是在平均水準以上啊」。關於「幾乎每個人都自認為高於平均水準」這件事，還有個專門的詞，叫作**「烏比岡湖效應」**（Lake Wobegon Effect），有空的時候你可以搜尋一下，好玩得很。

更深層次的原因是這樣的：

我們並不能感知整個世界。我們只能透過感知自己的周遭來判斷自己是否處於平均水準以上。

也就是說，用來支援我們的「結論」的，其實是一個非常局限的、遠非全部的、只不過是我們所能感知的周遭而已——井底之蛙在牠的世界裡確實處於平均水準以上又如何呢？

在教育體制裡，人們把「及格線」設置為六十分而不是五十分也是有道理的，那「多出來的十分」可以算是一種「修正參數」。這其實多少有點殘酷，因為那條及格線明確無誤地聲稱：四〇%以後的都是落後——好在大多數人的考試成績都能超過及格線。但從另外一個角度來看，這種「虛情假意」的「寬容」相當於「溫水煮青蛙」。這也是當今全球所有的所謂「正規教育體系」本質上都很糟糕、很失敗的根本原因：相當於營造了一個虛假的世界，妨礙了大多數人「免疫能力」的正常發育。

在步入社會之後，有些相對敏感的人可能早就發現了：「及格」這東西幾乎是沒用的。實際上二〇%之後的都是落後。二〇%的人占有了這世界上有限資源中的八〇%——「八十／二十定律」貌似無所不在。「八十／二十定律」是義大利經濟學家帕列托（Vilfredo Pareto）在一八九七年研究十九世紀英國人的財富和收益模式時發現的，一轉眼，一百多年過去了。

進入二十一世紀，有一個重大的變化正在揭示更為殘酷的事實：

弄不好，一%之後的都是落後。

二〇一一年年中，小米公司成立。二〇一二年小米賣出了七百一十九萬部手機，二〇一三年賣出了一千八百七十萬部，二〇一四年賣出了六千一百一十二萬部，二〇一五年賣出了七千萬部，二〇一六年上半年賣出了兩千三百六十五萬部[1]。也就是說，在不到五年的時間裡，僅小米就賣出了超過一億部手機。而除了小米，還有很多大廠商，如三星、OPPO、華為、VIVO、蘋果等。二〇一六年第二季度，騰訊微信月活用戶大約八億，支付寶月活用戶超過三億。

不誇張地講，行動上網相當於連接了所有人，行動設備已經成了每個人身上的一個必不可少的「器官」。你可以試試看，你能堅持幾天不用手機？如果是「戒飯」，估計三天問題不大……

所有人都被連接起來的直接結果就是：我們所能感知的世界，不再局限於我們的周遭。**「我們每個人都已經可以盡量感知到這個世界的全部」**——無論那感知是膚淺還是深刻。

許多年前，有個小夥子從一個很小的地方考進了清華大學。在那個時候，小夥子離開老家去北京，意味著什麼？意味著這個小夥子從他原本的世界裡「消失」了，他原本所在的那個世界裡的人再也看不到他了，此後，他最多「只是個傳說」。後來，這個小夥子離開清華大學，去美國的耶魯大學讀書，這意味著這個小夥子從他在清華大學讀書時所處的那個世界裡「消失」了。再後來，他從耶魯大學畢業，掌管了耶魯大學的基金。他在大陸所處的那個世界裡的人不知道他的變化，也根本看不到他透過駕馭知識改變自己命運的過程。這不是杜撰的故事，此人姓張。

可現在不一樣了，而且這個過程可能每個人都看得到。

在二〇〇八年的時候，我開始大量輔導大陸的學生申請美國的大學。他們中的絕大多數後來考入了哈佛大學、耶魯大學、麻省理工學院、史丹佛大學、卡內基－梅隆大學、約翰－霍普金斯大學等名校。他們離開之後，就基本上相當於從他們在大陸讀大學的同學所處的世界裡「消失」了——一兩年出現一次，僅此而已。此後的他們，基本上都是名校研究生、博士畢業，在矽谷或者紐約工作，年紀輕輕，動輒年薪十五萬美元（還沒算獎金），每週工作五天，每天工作八小時，此外的時間就是用來學習新知識和四處遊歷。

在過去，他們只是已經生活在另外一個世界，用知識改變命運，而在他們原來所處的那個世界裡，他們已經「消失」了——在他們「消失」了的那個世界裡，「知識無用」是一個必然實現的自證預言。可到了二〇一三年，他們開始發朋友圈。他們的朋友圈就在那裡，他們的整個世界別人都看得到，他們不會「消失」，他們的生活也在清楚地告訴別人：知識就是有用的，知識就是可以改變命運的——至少可以迅速變現。

最近一兩年，各種各樣的知識販賣社群層出不窮，而且都做得很好。為什麼？因為現在人們知道：**原來那些成功的人（或者簡單粗暴一點，「賺到很多錢的人」）真的知道很多別人不知道的事情和方法**——怪不得自己做得不如人家。從另外一個角度來看，傳統的所謂「正規體系教育」已經不夠用了。例如，「產品經理」是近幾年大熱的職位，可人們發現學校裡竟然沒有教過，即便有些大學開設了相關的課程，也沒有這個方面的專家去授課。那該怎麼辦？趕緊購買知識社群裡相關專家開設的課程啊！

再舉一個大家都看得見、摸得著的例子。「得到」專欄《李翔商業內參》有近十萬人訂閱，售價一九九元／年，而且這個數字還有可能增長。也許兩千萬元人民幣並不多，但這個數字已經是一些「新三板」上市公司（編按：新三板指大陸允許合格的中小企業掛牌交易的全國股份轉讓系統，即

「北京證券交易所」）年利潤的二〇%到五〇%（甚至更多）了，而這些公司可不是只由一個人構成的，通常要好幾十個人才能創造李翔一個人創造的利潤。

當行動互聯網把所有人連接在一起的時候，人們對知識的渴求是異常強烈的，因為差異明顯可見——就是這樣。

甚至，這種渴求已經成為一種恐懼：害怕落後的恐懼。

事實上，確實應該恐懼。因為有個恐怖的事實早就放在那裡，只不過大多數人沒有反應過來而已：

▽過去，四〇%之後是落後。

▽現在，你以為二〇%之後是落後。

▽現在，實際上很可能一%之後都是落後。

▽將來，有可能千分之一、萬分之一之後都是落後。

還有一個更為恐怖的趨勢：機器人和人工智慧正在崛起，大多數人正走在越來越「沒用」的路上。想想看，你身邊有多少人真正懂得「大數據」這三個字是什麼意思？再用常理推測一下，整個人群中有多少人真正理解機率統計？——這可是理解大數據最基礎的知識啊！

我給你算算。

二〇一五年，大陸在校大學生人數約為三千兩百萬，其實這只占適齡人群的一〇%左右。你再想想看：在校大學生裡，有多少人真正認真學習了統計機率，而且有能力把這些基礎知識應用在自己的生活中？不到一〇%——不誇張地講，可能連一%都不到。這就意味著：最多只有一%的適齡年輕人有基礎、有可能去學習和理解大數據的意義。大數據的理論真的不算難，但也確實不是每個人都有機會學習的，因為「獲取大量數據」這件事本身，門檻就特別高——再乘以一%吧。到最後，人群中僅有不到萬分之一的人，甚至不到十萬分之一的人，有能力、有機會掌握大數據技能，並利用這個巨大的優勢獲取更為巨大的回報。

在大數據面前，萬分之九千九百九十九的人都是沒用的，萬分之一之後都是落後的，都是被研究、被引導、被賺取的對象——這很殘酷。不過，知道總比不知道好——雖然痛苦，而且你會因那痛苦而掙扎，但還有希望；不知道很慘——雖然沒有痛苦，卻沒有希望，幾乎等於「死去」。

這個局面也許會令你焦慮，但若這種焦慮使用得當，就是有價值的。恰當且劑量足夠的焦慮有個很好的替代詞彙，叫作「危機感」。沒有危機感的人就是那種將來註定會變成無用之人的行屍走肉。不過請放心：我們一定有辦法解決「危機感」帶來的焦慮。

不知不覺，你已經至少有了兩個屬於未來的目標：

▽早晚有一天，你要做到不再為了生活而出賣自己的時間。

▽早晚有一天，你要做到不落後，成為前二〇%，甚至前一%。

【注釋】

[1] 資料來源：http://tech.huanqiu.com/it/2016-08/9357613.html。

23. 從平庸走向卓越的最佳策略是什麼？

絕大多數人的幸福感是建立在比較的基礎上的。有個玩笑說：

> 所謂幸福就是自己的收入總比妹夫的收入多二〇%……

關於「比較」，我在《把時間當作朋友》裡專門討論過：

> 比較是相對的，相對是永遠沒有盡頭的。

由此，我們可以輕鬆地想像：對那些把自己的幸福建立在與他人的比較結果之上的人來說，幸福和快樂永生永世難以獲得，就算偶爾產生了幸福和快樂的感覺，也必然曇花一現，因為總有人會比他們更加年輕貌美、英俊瀟灑，收入更高、權力更大，地位更尊貴、財富更雄厚。

在很多時候，比較是一個坑——大坑。說得再乾脆一點：比較就是陷阱。所以，我們要想辦法選擇無須比較即可獲得的快樂與幸福（這裡對《把時間當作朋友》的原文做了修訂）。

然而，比較就是很現實，也很殘酷的，最要命的是——比較往往是不可避免的，不由自主的。也就是說，有些時候，有些陷阱是我們無法躲開的——掉進去之後還能爬出來，才是真的猛士。

這是事實。

例如，為了衡量自己的實力或者競爭力，就要對自己所掌握的技能有充分、深入、真實、客觀的判斷。雖然大多數人總是會過高地估計自己的能力，但很少有人會對自己銀行帳戶的餘額產生哪怕一絲絲的幻覺。同樣的道理，對確實能被量化的能力，人們通常不會錯誤估計，甚至不需要估計。

有一個很不幸的事實：

> 所謂「成長」，從另外一個角度來看，就是不斷把別人比下去的過程。

如願把別人比下去了還好，若比不過，那就很痛苦了——「自己被比下去了」是很多人真切感受過的「不幸」。體育賽事裡經常出現銀牌得主苦拚多年依然沒有鬥過金牌得主的情況。你不妨把自己當成那個銀牌得主，想像一下：如果你在屢敗屢戰的道路上不斷聽到來自好心人的安慰，會不會覺得那簡直是千刀萬剮般的緩慢折磨？

在某個技能（或者說「某個維度」）上死磕，確實是一個策略，而且不一定是一個不好的策略。不過，有沒有別的策略呢？

借用幾何術語，其實很容易理解：

▽在單個維度上，比的是長度；

▽在兩個維度上，比的是面積；

▽在三個維度上，比的是體積。

實際上，生活有很多個維度，每個人也都是立體的——不是平面的，更不是一條線。生活中有很多特別精準卻沒有被大多數人刻意理解的比喻，例如「一根筋」就是個「細思恐極」的精準比喻。

在任何單一維度上，都只能有一個人是「第一」，也只能有少數人「名列前茅」，而剩下的絕大多數人都是「落後」的。想明白這一點之後，你就不會覺得這個事實有什麼殘忍的了，因為還有更殘忍的：在很多時候，即便當了第一又怎樣？

我們給自己開拓另外一個維度。從一九八四年洛杉磯奧運會開始到今天，國人關注奧運會已經超過三十年了，全球的奧運冠軍其實給我們提供了一個觀察和研究頂級運動員處境的機會。

一九八四年洛杉磯奧運會中國的金牌得主，今天的人們還能記得幾位？

李寧，郎平，李玉偉，吳小旋，曾國強，吳數德，陳偉強，姚景遠，周繼紅，欒菊傑，許海峰……

當然，絕大多數人都知道李寧和郎平，可剩下的呢？

雖然這麼說並不「公平」，但請注意：

▽我們只是為了從一個層面深入研究問題。

▽從多個角度來看，會得到另外一個結論。

▽「公平」是另外一個我們未來會深入研究的概念。

為什麼李寧和郎平最終看起來（事實上也可能是）更為成功呢？——不僅從商業角度來看。也許有很多種解釋，但結合我們在這裡討論的內容，以下的解釋應該能站得住腳：

他們都是在自己曾經做到最好的維度之外，開拓了一個甚至多個維度。

假設在單個維度上做到最好的取值是一〇〇。在一個維度上，最高值是一〇〇；在兩個維度上，哪怕分別只取值五〇，「面積」也已經是二五〇〇了；若在三個維度上分別取值五〇，那「體積」是多少？一二五〇〇〇。（請注意：這些數字只是「意象」，並不代表事實，但已經足夠說明事實了。）

這就解釋了為什麼中學老師經常在學生們畢業許多年之後慨嘆：

「最終真正有出息的，大都是當年成績一般的……」

他們之所以這樣慨嘆，就是因為「沒想到」；而他們之所以「沒想到」，就是因為當初竟然不知道人生除了在校考試成績之外，還有很多其他的維度。

因為有過被曲解的經歷，所以我很少接受採訪。如果我接受採訪，就一定會認真說清楚：

千萬不要把我寫成各方面都很優秀的人——因為我真的不是。

年紀越大就越明白，小時候參加個競賽、獲個大獎之類的事情根本沒用——絕大部分人不還是「小時了了，大未必佳」嗎？

不過，**「多維度打造競爭力」**這個策略，我確實使用了很多年，而且越來越擅長這麼做。

當年在新東方的時候，發音比我好的老師多了去了，我也就能打二十分吧；詞彙量比我大的老師多了去了，我也就能打二十分吧；我是長春大學會計專業畢業的，學歷比我漂亮的老師多了去了，我也就能打二十分吧；甚至，我的長相都比他們中的大部分醜，我也就能打二十分吧……

不過，我知道自己應該怎麼辦。他們都是單維度競爭的——比英語專業。而我呢？專業上比他們差一點，只能從多個維度展現我的價值：

▽考試成績（考試成績其實不一定代表水準）。

▽用大量的統籌方法論幫助學生提高效率。

▽用各種心理學研究成果幫助學生克服心理障礙。

別的老師可能專業上能打九十分，可是我「三線作戰」，每個維度二十分，也拚出個八千分（這個數字也只是「意象」）……最終，我得到的是學生評價常年第一。當然，我肯定有得分很高的維度。例如，我知道如何有效地向所有人清楚地傳遞任何一個重要的道理，在這個維度上，我給自己至少九十五分。

我寫單詞書的時候也一樣。別人只是羅列詞彙，然後從詞典裡複製／黏貼釋義。而我呢？用統計數據支援選詞，用程式幫助選擇選詞重複的例句——又是三個維度。於是，這麼多年在同品類裡，我的單詞書累計銷售量第一。

二〇一一年，我看到了比特幣。對我來說，那機會從某種意義上也是多維度低分相乘得到高分的結果。我懂一點英語，懂一點互聯網，懂一點程式設計，懂一點數學，懂一點金融，懂一點心理學，有專業的研究方法論……雖然無論在哪個維度上我都絕對達不到「傑出」的級別，可偏偏我在這些維度上的水準都還湊合，於是，硬生生地搞出了個「詭異的競爭力」。

這種策略是屢試不爽的，我再舉個例子。在我的腦子裡，《通往財富自由之路》不可能只是一個收年費的專欄，我不可能只是一個「寫手」。我知道自己不是最好的作家，我也知道自己沒有最好的文筆，我之所以開始寫作，肯定是因為我已經想出了很多個維度——有哪些維度？你不妨猜一猜（請注意：是我能做好，或者起碼能做得比較好的維度）。當然，猜不出來也沒關係，反正你早晚都會知道的。

其實這不是什麼祕密或者祕訣，但它確實因為太公開了以致大多數人不把它當回事兒。人們之所以喜歡祕訣，是因為大多數人認為「大的成功必然要有大的祕訣才能匹配」——正如大多數人相信「大的事件必然匹配大的陰謀」一樣（例如，人們認為甘迺迪被刺殺的背後一定有驚天的陰謀）。

史蒂夫．賈伯斯的成功也是這種策略的好實例。當早期的極客們癡迷於各種技術參數時，史蒂夫．賈伯斯憑直覺給個人電腦加上了一個別人沒有甚至也不可能有的維度：藝術設計。時間越久，這個維度帶來的合成競爭力就越大。

「跨界」是這幾年才流行的詞彙。事實上，所有的跨界者最終都會不由自主地深諳此中道理：

每次跨界，都是給自己拓展一個新的維度。

一旦跨界積累成功，實力或者競爭力的提升只可能是幾何級數級別的，而絕對不可能是「每天進步一點點」那麼簡單。這種策略，若知道就很簡單、很自然，若不知道就「百思不得其解」——每天苦惱：「問題在哪兒呢？差距怎麼就這麼大呢？」（之前有過其他解釋，你還記得嗎？）

對一些流行的概念，我個人並不把它們當回事兒，例如「跨出舒適區」這個說法。這種東西在我眼裡都是隔靴搔癢的、沒有足夠實際指導意義的理論。仔細想想就能明白：大多數人之所以不肯跨出所謂「舒適區」，只不過是因為不知道還有「多維度打造競爭力」這樣的策略——如果根本不知道這個策略，當然就不會知道它的好處，所以才那樣待著。如果真的有什麼「舒適區」存在，對我這種善用此類策略的人來說，不跨出去才不舒服呢！誰攔著我不讓我跨，我跟誰急……

所以，我這種人，**看到跨界的機會絕對要一把抓住**，不能錯過。至於那些冷嘲熱諷嘛，就像颳風、下雨一樣，只不過是一種「自然現象」，不必掛懷。

不過，在這個簡單的方法論裡，有一個很重要的竅門：

你要在至少一個維度上足夠突出。

你可以這樣理解：

凡事都有成本。

這就好像你在賺錢的時候，「生活必需開支」就是你的成本，如果你賺到的錢低於這個數值，那麼你在賺錢技能上的得分就是負分，可以「滾粗」了（開個玩笑。）（編按：「滾粗」是網路用語，「滾出去」的意思）。

因此，處處平庸肯定是不行的——不求處處突出，但起碼要在一個甚至多個維度上處於相當優異的位置，在這樣的時候，多維度的意義就開始以幾何級數增長了。

在多維度競爭的過程中，如果你在每個維度上的水準都超過了及格線（超過了這個維度裡六〇%的人），那就很了不起了。知識改變命運，思考當然也會改變命運——這絕對不是空話。

24. 究竟是什麼在決定你的價格（估值）？

雖然我們已經討論過，相對「估值」來看，「價值」才更重要，但在提升自我價值的過程中，我們也要弄明白：究竟是什麼在決定我們的價格（估值）？

最重要因素究竟是什麼呢？我知道你想到的可能是「你的價值」——只有成長才能不斷增值。不過，今天我們要討論的還真的不是它。再想想？實際上，有更重要的因素存在。等我揭曉答案之後，你很可能會覺得：「啊，這個我早就知道了呀！」可問題在於，只是知道沒有用，因為你和我們所有人一樣，「一不小心就會忘掉」……

先說點別的吧。

我相信，每個人在長大的過程中都遇到過各種各樣的風潮，每一代人都有「屬於」那一代人的流行愛好。例如，在我長大的過程中，就遇到過「無線電發燒友」、「航空模型發燒友」、「電腦發燒友」、「音響發燒友」、「單眼相機發燒友」等——人生中，總得有能讓你「發燒」的事物才算正常吧。

其實說來好笑，「發燒」這件事和真的發燒一樣，會讓人的腦子亂掉——無論在哪個領域都一樣。

我身邊有不少音響發燒友，他們熱中於測試各種各樣的設備。「發燒」這件事其實是很「燒錢」

的，如果沒有殷實的家底，想要「燒」到一定程度還真挺困難。在我們那個年代，不乏因為「發燒」而導致家庭破裂的例子。最好玩兒的事情，並不是他們「燒錢」，而是他們「燒腦」——能把腦子真的「燒壞」的「燒腦」。

你知道音響發燒友最熱中的事情是什麼嗎？他們最熱中於在自己的工作室（通常要配置一個隔音很好的地下室，否則會被鄰居投訴）裡，打開自己的音響，聽震耳欲聾的玻璃打碎、飛機爆炸、AK-47步槍掃射之類的聲音，並為之興奮——他們中的絕大多數其實很少聽音樂！

這是個很好玩、很普遍、少有人認真思考卻值得注意的現象：

> 我們每個人都一樣，都會一不小心就忘了「最重要的是什麼」。

買來那麼貴的音響設備，用它更好地欣賞音樂可能是更重要的吧？買來那麼貴的單眼相機，用它拍出更美的照片可能是更重要的吧？買來那麼貴的電腦，用它更高效地工作或者娛樂可能是更重要的吧？買來那麼貴的汽車，用它更方便地出行可能是更重要的吧？

再說一個正在發生的例子。一個人給自己買手機，用它與這世界產生更多、更好的聯繫可能是更重要的吧？其實，與這世界產生強聯繫，是增強生活幸福感的最根本方式。可是你看看周圍就知道了，絕大多數人正在用手機全方位切斷自己與這個世界的真正聯繫——真可怕。

人們在各個領域都有這樣的傾向：動不動就忘了最重要的究竟是什麼。

現在，回到原本你就應該知道的答案上：

> 在市場上，決定價格的最重要因素是需求。

我猜，你其實早就知道（或者「知道過」）這個答案，只不過活著活著就一不小心把它忘得一乾二淨了（關於「剛需」，我們至少提到兩次了）。

千萬不要以為價格和成本直接完整相關，其實它們只是間接部分相關。人們出錢購買一個產品，是因為他們真的需要，而不是因為那個產品的製作成本有多高。假設你有一個產品，在我購買它之前，你的一切成本都和我無關，你的情懷也和我完全無關；我不會用你的成本來衡量我應該用多少錢購買，衡量我該用多少錢購買的主要標準實際上是我的支付能力——依然與成本無關。另外，如果我是為了情懷而掏腰包，那麼我的支付行為應該稱為「捐贈」，而不是「購買」。

從這個角度來看，很多人的絕望其實都有一致且清楚的解釋了。

> ——天哪，我這麼努力，我這麼勤奮，可為什麼這麼慘?!
>
> 也許很無情，卻是事實：這世界不需要你。

做人，就要做真正有用的人；做事，就要做真正有用的事；做產品，就要做真正有用的產品……這是很樸素的道理，也常常是「一不小心就被忘掉的最重要原則」。

在幫《通往財富自由之路》專欄開場的時候，羅振宇措辭的大意是：「老司機」教你怎樣變得更值錢。現在，我這個「老司機」真的要履行承諾了……

> 你如何才能變得更值錢呢？
> 答案很簡單啊——成為一個真正有用的人！

剛才提到這麼一句話，你可能沒太注意……

> 與這世界產生**強聯繫**，是增強生活幸福感的最根本方式。

現在你反應過來了嗎，為什麼少數人明顯比大多數人更幸福，而且幸福程度高出很多？解釋很簡單：

> 他們與這個世界有更強的聯繫。

更為清楚且深刻的解釋是：

> 他們身處的世界真的很需要他們。

那個世界更需要他們，於是，那個世界會自然而然地更重視他們，甚至不惜高估他們——就這麼簡單。

被真正需要是很難的事情，否則為什麼絕大多數人都做不到呢？只要做到被真正需要，生活中的大多數煩惱都可能因此煙消雲散。

你給老闆打工，如果對你的老闆來說，你在給他打工的人裡是最有用的那個，那麼你的收入、待遇最終一定是最高的——跑不了。你談戀愛，如果對你的戀人來說，你是最有用的那個（而不是膚淺地「覺得最重要」），那麼他就不僅是「愛你」那麼簡單了，他最終一定會「離不開你」——跑不了。你做產品，如果對使用者來說，你的產品是最有用的那個，那麼你的產品最終一定是最受歡迎的——跑不了。看看QQ、微信、支付寶就知道了。為什麼它們在行動端用戶數量最多？因為對那些用戶來說，**它們最有用**——就這麼簡單。

如果你覺得「成本決定價格」，那你就會不由自主地「不惜一切代價」去做事——當然，你也更可能成為「對你付出了這麼多，你卻沒有感動過」那種類型的憂男怨女。

如果你反應過來了，明白原來真正決定價格的是需求，那麼你很快就會發現，你需要為之努力的完全是另外一個方向。

在我個人的世界裡，我對這一點有極為清晰（也可能是更為清晰）的感受。前面提到過，我天天琢磨自己寫的東西對別人是否真的有用，其實就是「需求決定價格」這個價值觀的徹底實踐。

由於「對別人有用」對我來說是最重要的，所以，我在寫作過程中甚至放棄了絕大多數的修辭，只留下不可或缺的兩種——類比和排比。「文筆」對我來說根本不重要，因為它對我的讀者來說根本不重要。對我的讀者來說，最重要的是：我花時間、花精力甚至花錢讀到的東西，最好能給我帶來真正的變化（這是「有用」的另外一個說法）。別說修辭了，有時為了達到「真正對讀者有用」這個目的，我連傳說中必須要有的「簡單清楚的結構」都放棄了，且不惜付出被認為「囉唆」、「重複」的代價——因為有些重要的內容，就是需要透過反覆陳述才能說清楚，從而讓讀者弄明白、做得好。

這麼多年來，我很清楚地知道我的這個價值觀給我帶來了多大的收益和幸福。

讓我們稍微聚焦一下。先聚焦到自己的生活上。我們身處的世界，其實主要是由人構成的。當我們希望自己被身處的世界真正需要的時候，只不過是希望自己被身邊的人（準確地講，是那些對我們來說重要的人）真正需要。

那麼，你就要花時間琢磨一下：

▽他（他們）真正的需求是什麼，最需要的又是什麼？

▽我是那個能夠滿足他（他們）的需求的人嗎？

▽如果我能，我有沒有可能成為必需？

▽如果我不能，我怎樣才能？

……

▽有必要一定由我去滿足他（他們）的需求嗎？

你有沒有真正深入思考過這些看似簡單甚至很多人乾脆認為「沒必要」的問題呢？事實上，很多人（其實是絕大多數人）從未認真思考過。他們只會在被告知自己不被需要的時候惱羞成怒，卻從來不知道癥結究竟在哪裡。

最後一個問題，其實挺深刻的。很早我就知道所有「有趣的人」都是被需要的，可是當我認真問自己：「有必要一定由我去滿足這個需求嗎？」我得到的答案是：「真的未必。」轉念想想，「做一個被認為有趣的人」和「自己活得有趣」真的是完全不相干的兩件事。不僅如此，為了做到前者，後者還常常要受到損害。對我來講，這多少有些得不償失，所以我早早放棄了這個方向，然後「瞬間」發現，原來有很多人特別擅長「被認為有趣」。如果這世界真的需要他們，那麼已經存在的「他們」也足夠多了，多我一個或少我一個根本無所謂。於是，我更覺得自己的選擇比較合理了。

還有一點就是：從「需求」出發，不管是「真的需要」，還是「覺得需要」，我們都能看到這個世界的更多真相。

例如，星座這東西在我的世界裡是「沒用」的，甚至是「沒必要存在的」。但睜開雙眼，看看大千世界，有那麼多人在討論和研究這個東西，甚至按這個東西的「原理」指導自己的選擇。這個現象清楚地告訴我：無論我如何作想，星座這個東西還是有很大需求的（不論是真需求還是偽需求），所以，我即便不信星座，也沒工夫「討厭」星座。

這種思考的結果，通常被含混地描述為「有修養」。對這個世界越清楚的描述就越有指導意義，並能讓我們有所依據地作出判斷；而那些含混的描述，常常讓我們「不知其所以然」。有了這種清楚的描述之後，我們就很容易顯得「有修養」了，因為我們很清楚：我們的「需求」是我們的，別人的「需求」是別人的，我們的「需求」和別人的「需求」不僅不一定相同，也常常沒必要相同。於是，我們沒必要把時間耗費在這種「必然的不同」上——隨它去吧。顯然，這種選擇是不需要耗費許多年就能「修煉」出來的，不是嗎？

拿出你常用的本子，寫下一句很樸素的話：

> 挑最被需要的事情做。

如果你正在做的事情是最被需要的事情，那麼你就是最被需要的。我們已經講過，「最被需要的」實際上總是被高估——這是幾乎永恆的現象。

當年我在新東方打工的時候，也使用過這種思考方式，進而作出了選擇。剛進新東方的時候，我其實並不知道自己教什麼才最划算，但我很快發現，新東方永遠都缺少好老師，尤其缺少好的寫作老師——不管是TOEFL寫作，還是GRE／GMAT寫作，反正寫作老師奇缺。換言之，如果我能教好寫作，那麼我幾乎就會成為所有老師中最被需要的。既然這樣，那我就開始寫唄。我給當時TOEFL寫作考試題庫中的一百八十五道題都寫了範文（有的還不止一個版本）。我每天寫，寫了很多。寫了差不多半年，我就成了唯一一個把題庫裡所有題目都寫過的人，成長飛快。現在回頭看，只用半年時間就做到了，多划算啊！而結果也和我想的一樣：我從來不用去爭取排課，我的課總是會被排滿（有些老師要去搶課，而我一直在推課）。我總是對負責排課的人說：「讓我有機會稍微休息一下，好不好？」再後來，我開始寫書。雖然我教的是閱讀和寫作，可我寫的是詞彙書——你現在很清楚我當初是如何選擇了吧？

人們在提到「換位思考」的時候，「換位」的對象通常是指另外一個人。**我在提到「換位思考」的時候，「換位」的對象通常不是指某個人，而是指整個世界**。你要深入思考的，不僅是站在對面的某個人會怎麼思考，而至少是「這一類人會如何思考」，甚至是「大多數人會如何思考」。畢竟我們剛剛討論過：這世界主要是由人構成的，你瞭解的人的類型和數量越多，你對這個世界就越瞭解，你就越容易明白這世界真正想要的究竟是什麼。

不要抱怨這個世界。馬克·吐溫說得好：

> 讓你陷入困境的，並不是這個世界；真正讓你陷入困境的，是這個世界最終並非你所想像。

25. 我是如何生生錯過一次升級機會的？

二〇〇七年夏天，我即將離開新東方。在最後一期班結束的時候，一位姑娘走上前來，遞給我一張名片，說：「我有個朋友，想跟您見一面，不知道行不行……」我隨口說：「反正也閒下來了，應該有時間。」把名片收起來就走了。

事實上，我離開新東方，前後拖延了至少三個學期。每次都說「這是最後一期班」，可到了下個假期，老師不夠用了，國外部主任就說：「笑來，再講一期唄……」我也就答應下來。於是，直到二〇〇八年的暑假，我才覺得算是徹底離開。不過，二〇〇九年春節，我又回去幫忙講了兩個班的課……

說回來。隔了幾天，我想起這件事，就翻出那張名片，給名片上的人打了個電話。應他本人要求，我隱去他的真名，用「莊軼」代替。莊軼的頭銜是某知名創投的創始合夥人。那時我沒有接觸過創投圈，對創投毫無概念，只是覺得好像在哪裡聽過這家知名創投的名字。

大家可能不知道，新東方的老師在離開新東方之前，基本上都是「土豹子」。新東方其實是個相當封閉的環境，這有新東方的原因，但更多的是新東方的老師自身心態的原因：自覺賺得挺多，不愁生活，於是很容易進入「對外界漠不關心」的狀態。

原來，莊軼受邀去史丹佛大學讀MBA，但他不好意思直接去——對方說「你只要來就可以了」，可他卻覺得應該把該考的考試都考一下，否則就是自己「不厚道」。莊軼想快速搞定TOEFL和GMAT，但他的時間表太不規律，沒法去上課。於是，他的助理就在新東方報了兩個班，把每個老師的課都聽上至少一節，然後選了一個她信得過的老師，遞了莊軼的名片。

我就這樣認識了莊軼，當時也沒覺得這是什麼大事。我用最短的時間給他把兩個考試的體系講了一遍，把最重要的考點過了一遍。然後，我們每週見上一兩次面，聊聊細節。在這個過程中，我才慢慢反應過來：這個人是大陸創投圈的一個傳奇人物，而且很奇怪的是，在網上能找到的關於他的資料少之又少。

不過，我一向的習慣是不去打探別人的事情，也就從來沒有細問。在那兩三個月裡，莊軼給我留下了深刻的印象：一個總是飛來飛去、動輒一天睡眠時間只有三五個小時的人，竟然可以在機場完成作業，然後專門騰出時間來找我討論！我喜歡一切做事足夠「狠」的人，莊軼顯然就是這樣的人。

在莊軼出發去舊金山之前，我們見了一面。他說：「也沒啥事兒。你給我講了這麼多，我也給你講一次吧，就講講創業的方法。」（大意如此，原話我真的記不清了，因為對我來說，那畢竟是「上輩子」之前的事情了。）

莊軼個子很高。他站在那裡，寫滿整個白板，擦掉，再寫，又寫滿，又擦掉，又寫滿……講了兩個半小時——基本上是我在新東方講一整節課的時間。

可是，當時莊軼所講的很多細節，我現在卻記憶模糊。

兩年很快就過去了。當莊軼從舊金山回來的時候，我並沒有太多具體的變化。在他去舊金山以前，我和之前在新東方的同事熊瑩搞了一個出國留學諮詢公司；當他回來的時候，我們還在做那個留學諮詢公司，但公司沒有很大的增長，也沒有太大的變化——儘管公司確實賺錢，但是那在今天的我眼裡完全不是「創業」，而僅僅是「生意」（在第四十三節會專門解釋「創業」和「生意」的區別）。

二〇一三年下半年，我自己開始從事天使投資，一路跌跌撞撞。二〇一四年初，我去了趟矽谷。在飛機上，我突然想起幾年前的那個下午，在蘇州街大河莊苑的一間屋子裡，莊軼站在白板前給我講事情的情景……

那一瞬間的感覺完全是「噩夢驚醒」！

我嘗試了若干次，依然無法清楚地回憶出當時他給我講述的內容，只記得確實有這麼一件事——有一個大概的印象，細節卻完全模糊，和大夢初醒無法追回夢中細節的感覺一模一樣。

我反應過來了：

> 當時莊軼所講的一切，我其實根本就沒聽進去。

雖然當時我坐在那裡，但也只是覺得：站在我面前的是某知名創投的創始合夥人，他講的一定是比我所想的更為深刻的東西。用現在時髦的說法就是「不明覺厲」（編按：網路用語，雖然不明白在講什麼，但就是覺得很厲害）——實際上，應該是「定覺厲但不明」。

儘管在這期間我們每年都要至少見面閒聊一次（我有個很自然的習慣：主動聯繫那些若不聯繫就可能斷了聯繫的朋友），儘管在這期間我透過他認識了朱敏先生（朱敏先生甚至為《把時間當作朋友》寫了序），但這一切的交往，並沒有把我從「毫無知覺」中拉出來。我還是在按照原來的思路行事，對「創業」這件事全無感悟。

可是，阻礙我的究竟是什麼？

這種經歷，在我身上還真的不止這一次。我公開寫過另外一段經歷，文章的標題是〈我當初是怎樣錯過一輩子的〉[1]。

後來，在一次又一次與創業者的溝通中，我終於明白：我當初的情況和現在我遇到的創業者們是一樣的。他們現在在我面前的反應，實際上就是我當初在莊軼面前的反應：

> 我覺得你說的都對，但，好像跟我沒有太大的關係。畢竟，我不是你，你也不是我，你能做的事，我不一定能做。我還是安心做好我能做的事情吧……

在我得出這個結論之後，好像有一股神奇的力量開始起作用。我漸漸能夠回憶出當時莊軼給我講的內容了——基本上就是現在我經常給別人講的那些觀念：怎樣才能在改變行業的過程中找到巨大的價值；怎樣才能「鎖定最長的賽道」；怎樣才能迅速增長……我甚至有點分不清這些究竟是我掙扎著學來的，還是許多年前莊軼種下的那顆「種子」竟然生根發芽了。

這不重要，重要的是我運氣好——我的運氣不僅好，而且格外地好，所以我竟然沿著另外一條路走到現在。如果我的運氣一般，那麼我現在完全有可能還過著許多年前那樣的日子——若真的如此，我就完全不會有現在的驚恐、後怕和對好運氣的珍惜了。

如果我的運氣不夠好，沒有走到現在這個境地，我就完全不會對這件事感到如此震驚：

> 僅僅是「以為某些觀念於己無關」，就可能讓一個人永遠生活在另外一個「自洽的世界裡」。

仔細想想，這個道理是非常簡單的：

有些觀念，即便你覺得與你有關，它也不一定會起作用；反過來，如果你覺得與你無關，那麼它一定不會起作用。

相對來看，我不是個在思考方面懶怠的人，也不是個只想不做的人。但即便如此，我依然會錯過，而且，到現在為止至少有兩次「生生錯過」。只不過，我的運氣真的太好，以至於錯過之後還能「失而復得」。要知道，人生難得「第二次機會」，而我竟然生生遇到兩次「第二次機會」——這不是運氣好是什麼？

然後，令我脊背發涼的事實是：

六七年的時間就那麼過去了——這真的很可怕。

當然，與你分享這段經歷（包括之前的經歷）的目的不是顯擺我的運氣有多好，而是想補充說明之前提到的一個道理：

有些觀念真的很重要，但它們要麼太簡單以致被輕視，要麼太過違背直覺以致讓人無法相信。

但，最有可能讓人們錯過轉捩點和升級機會的或許是：

覺得那觀念——雖然有道理，但和自己沒什麼關係。

我現在反應過來了，「覺得和自己沒有關係」是錯覺——就是錯覺，也常常是最可怕的自證預言。若能主動吸收那個觀念，按照那個觀念去做，那就「事實上有關係」了。即便做不好也不要緊，沒有人在一開始就能做得好，所以，拚命去做就是了。即便在一開始無法熟練地按照那些觀念思考也沒關係，反覆琢磨，反覆嘗試，自然而然就開始深入了。做要盡力，想要深刻，否則，那轉捩點和升級機會就跟你完全沒有關係了。

這也是我會強調「我的專欄，建議讀者隻字不差地閱讀」的原因。這個專欄是關於觀念升級的，不是胡亂寫寫、隨便看看，娛樂一下、消遣一下，你圖個開心、我得個高興的東西。而且，不僅要

「隻字不差地閱讀」，還要「反覆閱讀」，因為最底層的觀念常常披著「簡單」的偽裝，以致大多數人覺得無所謂，覺得自己已經理解了。

在這裡，我又一次用我罕見且難得的親身經歷向你說明：最要命的是，很多重要的觀念會偽裝成「讓你覺得它和自己沒有關係」的樣子，使你生生錯過且不自知。所以，你不僅要讀，還要反覆讀；不僅要反覆讀，還要先假定每個觀念都和你有巨大的關係，再調動所有的感官為自己創造「帶入感」，去琢磨、去研究、去想像：這個觀念若被你吸收，你應該變成什麼樣子？

【注釋】

[1] http://zhibimo.com/read/xiaolai/reborn-every-7-years/A25.html。

26. 有沒有一定能讓自己不錯過升級機會的辦法？

在上一節中，我提到了自己的經歷。當你錯過什麼時候的時候，最可怕的並不是錯過，而是「根本不知道自己錯過了」——這話是不是聽著耳熟？我的那段經歷最終成了教訓的運氣在於，我知道我錯過了，於是，我會反思，我會琢磨方法論，使那個「錯過」成為另外一筆「財富」，幫我避免錯過很多其他原本不一定有機會知道的東西。

先介紹一個你之前可能不知道的概念：

鏡像神經元

我是糖尿病患者，餐前需要打胰島素。有時在外面吃飯，如果桌上都是熟人，也就不怎麼顧忌，直接打上一針，然後吃飯。有些朋友看到我打針就很受不了，眉頭皺得緊緊，甚至倒吸一口涼氣，「感覺」疼死了。事實上，我並不覺得疼，因為現在的胰島素注射針頭很細，市面上能買到的最細的針頭直徑只有 0.23mm，打一針的感覺就相當於被蚊子叮了一下而已——真的不疼。可是，看的人會覺得疼——真疼。

看別人打針，你為什麼會覺得疼呢？而且，那感覺竟然如此「真實」。

這源自我們大腦神經元中的一部分「鏡像神經元」（Mirror-Neuron）。猴子的大腦神經元中也有鏡像神經元，大約占神經元總數的一〇％（估計人類大腦中鏡像神經元占比更高一些）。據研究，鳥類的大腦中也有類似的鏡像神經元。

鏡像神經元會在我們看到別人的某個行動時被觸發，這些神經元會「鏡像」被觀察者的行為，就好像觀察者自己有同樣的行為似的。

> 這就解釋了為什麼你看到別人打針時自己會覺得疼——你的鏡像神經元正在模擬你看到的行為，然後產生相似的「感受」。

鏡像神經元其實是科學家們在二十世紀八〇年代才發現的。當時，發現它的科學家給《自然》雜誌（*Nature*）投稿，結果被拒了，理由是：

> 「... lack of general interest.」
> （看不出這有什麼實際意義……）

進入二十一世紀，鏡像神經元的存在才被廣泛承認和接受。儘管越來越多的科學研究和報告得到發表，但至今也沒有大量站得住腳的關於鏡像神經元運作原理的完整理論出現。

不過，還是有一些有趣的猜測（speculation）或者理論（theory）。

在推測對方行動意圖、理解對方行動目標的時候，鏡像神經元總是會被激烈地觸發。反過來的猜測是：有些人之所以總是無法推測他人的行動意圖，無法理解他人的行動目標（即，我們在日常生活中經常說的「情商太差」），很可能是因為他們的鏡像神經元的數量或比例太少。

鏡像神經元顯然在學習能力方面也有很大的作用。因為學習行為裡的大部分就是模仿，所以從普遍的情況來看，模仿能力強的人學習能力好像也強。在日常生活中，我們經常聽到一個概念：「夫妻相」。其實，有「夫妻相」的夫妻並不是從一開始就長得很像，而是由於他們長年累月地在一起，大腦中的鏡像神經元不斷被激發，以致他們的表情變得很像。表情相似的人，臉部肌肉紋理趨同，從而表現為「夫妻相」。所以，我猜測：大多數的幸福夫妻往往是能「相互學習」的一對，而且，在「相互學習」的過程中，他們的鏡像神經元的數量和比例都在提高——這個結論很驚人！

自閉症則很可能是患者大腦中鏡像神經元的數量或者比例太少造成的。鏡像神經元的稀少，使一個人很難與外界（的人）產生聯繫，無法理解別人的行動意圖和行動目標，在學習能力上的進步相對緩慢，而且實際上缺乏「學習環境」（不是沒有環境，而是即便有環境也意識不到）。

從目前的研究結果來看，在鏡像神經元的比例上，男女之間可能有差異。一項研究表明，由單身母親培養的孩子比由單身父親培養的孩子更容易識別他人的情緒變化（這也是鏡像神經元被激發的結果）。研究者猜測，其原因可能是：在大多數文化中，男性都被要求盡量做到喜怒不形於色。這項研究結果給我們帶來了更多的猜想。因為那差異看起來更可能是習得的，而不一定是天生的，所以：

鏡像神經元的數量和比例很可能是可以透過某種方式提高的。

在近二十年的腦科學研究中，最重要的一個定論是：

大腦是可塑的。

這可能會在很大程度上影響我們的學習能力、社交能力。而鏡像神經元，也很可能像大腦皮層表面積可以被增大、大腦灰質厚度可以被增加一樣，其數量和比例都可以透過某種方式增加。

有一個很有意思的點：鏡像神經元好像只能由親眼見到的人觸發。

一般來說，物品、書籍之類非人的東西不太可能啟動鏡像神經元。通常只有在看到人的時候，鏡像神經元才會被激發。例如，你送給小朋友一把吉他，他一般不會直接對其產生興趣，可若你在彈吉他的時候被他看到，尤其是你竟然彈得很帥氣，那麼小朋友的鏡像神經元就會因為你的行為（帥氣）而被激發，進而對彈吉他產生興趣（請注意：不是對吉他本身感興趣）；而若你在彈吉他的時候帶著某種能夠打動他的情緒，那他會更容易被影響（因為情緒更能激發鏡像神經元）。也就是說，一切學習過程在最初都是基於模仿的，一切模仿都源自模仿者看到的真人的行為——哪怕是在電影裡看到的（雖然只是影像，並非真人，但畢竟是真人的影像）。

如果你的面前有一個人做得很好，而你竟然沒有被觸動，或者說，你的鏡像神經元竟然沒有被啟動，那原因就在於你自己，因為你覺得那和你沒有關係（就好像以前的我經歷的那樣）。

所以，你要反應過來了：

> 學習也好，進步也罷，從來都不是單獨孤立的行為，而是社交行為。

很多人錯誤地認為：所謂「自學」，就是「自己一個人（默默地）學」——這恰恰是絕大多數人一生學習失敗的最根本原因。

雖然在絕大多數情況下，我們看起來的確是在「一個人默默地折騰」，但是更深層次的動力很可能來自：

▽你親眼見過一些人真正做到了。

▽你親眼見過一些你知道確實有缺點的人竟然也做到了。

於是，你會自然而然地產生「哦，（連）你（都）行，那我也（肯定）行」的想法。進而，你會發現，沒有什麼是比這句話更有效的實際驅動力了！

我在新東方工作時有個同事，名叫張曉楠，現在在央視做主持人。她經常說一句話：

> 想要做到，就要先從物理上接近目標！

前段時間我們碰頭的時候，她給我講了一個她追求目標的故事。

不知道為什麼，張曉楠從小就想成為一名電視臺主持人，而且只想進央視。理想設立得很早，也很遠大，實現起來當然不容易，會經歷很多曲折。她考大學的時候就想考到北京，因為她覺得：只要到了北京，就應該有機會——無論那機會多麼渺茫，有機會和沒有機會的差異也是很大的！

結果呢？張曉楠沒考上北京的學校。那怎麼辦呢？她想了很多辦法，後來終於找到一個機會——到北京的新東方培訓學校當老師（她在大學還沒畢業的時候就已經利用假期到新東方授課了，講 TOEFL 聽力）。當然，為了應聘新東方，她也費了不少周折。

終於來到北京了，物理上離目標近了許多——應該有機會了，可還是很渺茫。不過，這並不耽誤張曉楠磨鍊自己將來必需的技能（當然，她最需要的技能是「會說話」），講課成了她最好的鍛鍊過程。

再後來，張曉楠從新東方辭職，去哥倫比亞大學讀金融碩士——千萬不要以為她改變了初衷！許多年後，我們這幫朋友才知道了她的思考路徑：首先，應聘央視需要非常堅強的學歷；其次，在任何時候，「多維度打造競爭力」都是對的，不僅要會說話，還要有技術（金融可不是隨隨便便就能搞明白的）；最後，也更為重要的是，她發現，哥倫比亞大學簡直就是「央視的人才搖籃」之一，大量相關人才都在那裡進修！於是，她又作了一個重要的決定：從物理上更接近那些人。很多時候，所謂「目標」，若真的落實下來，就是那些做得到、做得好的人。

現在，張曉楠已經在央視主持節目好多年了。回想實現理想的過程，難免感慨萬千。

而我和她很不一樣。我在小的時候沒有遠大的理想——我是個因為拒絕寫〈我的理想〉這樣的作文而被老師把家長叫到學校和我一起當著全班同學的面挨訓的孩子。

不得不說，我有個特別牛的老爸。我老爸當年還年輕。在到了學校，瞭解了全部情況之後，他沉默了一會兒，慢悠悠地從口袋裡掏出菸和紙，把菸捲好，把菸盒收好，放回口袋裡，然後，慢悠悠地掏出火柴，慢悠悠地把菸點著，慢悠悠地把火柴甩滅，扔進垃圾桶，又慢悠悠地吸了兩口菸，才開口說話：

「陳老師，我想問個事兒……你能不能告訴我你小時候的理想是什麼呢？」

整個語文組教師辦公室的空氣突然凝固了，鴉雀無聲……當時我能聽到的只有那支菸「嗞嗞」燃燒的聲音。他又吸了幾口，把菸抽完了，卻一直沒有人說話。於是，他開口了：

「走吧，咱回家。」

許多年後，我成了「隨波逐流」的高手。我的人生哲學是：計畫沒有變化快，人生是個喜歡捉弄人的編劇。於是，我學會了一個自己認為最強的本領：

從來不問生活要什麼，生活給我什麼，我就用好什麼。

所以，人和人是非常不一樣的，這世間的路也有無數條、千萬種。

不過，我和張曉楠這種從一開始就目標明確、不屈不撓的人有一個相同之處：

或有意，或無意，最終我們都作了同樣的選擇：從物理上不斷接近目標。

許多年前，儘管我對很多關鍵知識點並沒有深刻的認識，但我捨不得放棄琢磨。這些年，又當老師，又當學生，見識無數之後，我得到了兩個結論：

▽資訊送達本身並不是教育，那頂多是出版。

▽真正的教育，一定是有效社交，一定是群體共同成長。

又，為什麼我總是能看到這個現象呢？

耳濡目染的教育才是真正有效的教育。

現在，倒是有非常清楚的科學解釋了：

耳濡目染才可能真正啟動鏡像神經元。

所以，見到那些「真正做到了」的人——很重要；見到那些「確實有缺點」但「竟然也做到了」的人——更重要。不要把自己隔離開來，而要想盡辦法讓自己接近那些優秀的人，哪怕無法與他們有太多的交往，能夠見到優秀的人本身就已經可能對鏡像神經元產生刺激，「自然而然」地產生更強的驅動力了。而這背後最重要的運作原理就是：**不再認為「那和我沒有關係」**！

27. 你天天刷牙嗎？又，我為什麼要問這個奇怪的問題？

如果我問你：「你天天刷牙嗎？」你甚至可能覺得「受到了侮辱」——「難道我看起來是一個不注意個人衛生的人嗎?!」

我們天天刷牙、洗臉、洗手、洗腳……卻從來不洗腦——這豈不是咄咄怪事？

在我看來，不給自己洗腦是最差的「個人衛生習慣」。更要命的是，很多人其實也洗腦，只不過，他們從來都不是自己給自己洗腦，而是永生永世被別人洗腦——這是最可憐的生活狀態。

晚上睡覺前，你洗澡、洗腳；早上起床後，你洗臉、刷牙。然後，你出門去了。外面正在颳風，所以會有灰塵；外面可能下雨，所以可能有泥漿。你可能要上廁所，所以會滋生很多細菌；你要做很多事情，弄不好會大汗淋漓。於是，你會覺得自己身上不乾淨。怎麼辦？洗。不僅要洗，還要搭配各種工具，例如香皂、洗髮精、沐浴乳……

一旦你開始學習，你一定會飽受打擊。那些不願意學習的人，不僅害怕自己學不會，更害怕別人竟然學得會。所以，他們會提前「出手」，打擊一切可能讓自己受到打擊的人或事。他們會嘲笑你（自身越差的人越樂於鄙視別人），他們會給你潑冷水（恨不得潑開水），他們會鄙視你（不是靠資格，而是靠自以為是），他們會疏遠你（以為這樣可以讓你害怕）……更可恨的是，他們人數眾多，在比例上占據一定的優勢。

於是，你的腦子就「不乾淨」了，被他們「汙染」了。怎麼辦？自己把它洗乾淨啊——對，就這麼簡單。

二〇〇九年，有一個名字叫高雅的小女孩從大連坐火車來北京找我，說要學TOEFL，然後到國外去讀大學，我就給她安排了課程。她很努力，幾次課下來，TOEFL成績從六十二分提高到一百零二分（滿分一百二十分）。在去美國之前，她問我到了美國該學什麼專業，我告訴她，本科就是學基礎學科的，例如數學。她脫口而出：「我從小就數學不好……」我頗不耐煩，因為我向來討厭「我從小……就不好」這個句型（在我看來，有一類句型是腦子被「汙染」了的人才會頻繁使用的），於是厲聲頂了回去：「誰說的！」我本來說的是感嘆號，她卻理解成了問號。她聲音低了好幾度，頭也不由自主地低了下去：「我們學校老師說的，好幾個老師都這麼說……」我愣了一下，卻沒有放軟語氣，而是直接回了一句：「那都是胡說，別聽他們的！」

後來呢？後來她去了美國，在華盛頓大學讀本科。她本科讀的是什麼專業呢？數學。再後來，她在卡耐基－梅隆大學讀研究生。她研究所讀的是什麼專業呢？設計。現在，她在矽谷工作。

我們每天都要給自己洗腦。這並不是我發明的習慣，《論語》裡就有「吾日三省吾身」的句子。你看，兩千多年前，人們就知道要養成良好的「個人大腦衛生」習慣了——不僅要洗，還要天天洗，而且每天要洗很多次……

下面這些話，每天都要讀給自己聽，每天都要把它們當成「香皂」來給自己洗腦——如果一遍不夠，就多洗幾遍。

▽學習其實是一種生活方式；學習本身就是最好的洗腦方式。
▽只要我投入時間和精力，從長期來看，沒有什麼是我學不會的。
▽我學會的東西越多，我再學新的東西時速度就會越快。
▽學習不是目的，「用起來」才是，因為價值只能透過創造實現。
▽我知道自己現在看起來很笨拙，但剛開始誰都是這樣的，實踐多了，就自然了，也就自然地好起來了。
▽在學習這件事上，別人不理解我是正常的；在這方面我也不需要別人理解，因為我是一個獨立的人。
▽我不應該與別人爭辯，因為我不想傷害他們；我也不應該被他們影響，因為我不想傷害自己。
▽刻意練習永遠是必要的，雖然它通常並不舒適，但它的複利效應確實是巨大的。
▽哪怕是為了下一代，我也要透過現在的努力成為學習專家，這樣我才有資格和我的孩子共同成長。
▽我的路還很長，我要健康，我要乾淨；尤其是我的腦子，更要「乾淨」。

其實，這完全就是「進取型人格宣言」，不是嗎？

現在，我終於可以講講「表現型人格」和「進取型人格」是什麼意思了。我知道，在本書前面的內容中，你偶爾會看到這個概念，甚至可能會因為不知道它們是什麼意思而躊躇了一會兒。

就是這樣的——概念之所以是我們的「作業系統」的核心，就是因為我們從來都是靠理解各種概念去理解這個世界的。

最早提出「表現型人格」（Be-Good Type）和「進取型人格」（Be-Better Type）的學者是史丹佛大學的心理學教授卡蘿·德威克（Carl Dweck）。她在 TED 上有一段特別精彩的演講《相信你能進步的力量》（*The power of believing that you can improve*），值得推薦給每一個人。

在卡蘿·德威克教授的理論中，人分為兩種。第一種人更在意自己在他人眼中的表現，於是，只要有可能做不好，有可能導致自己在他人眼中的表現差，他們就乾脆不去做了。第二種人更在意自己是否能變得更好，於是，他們不一定完全不在意他人的評價，他們知道：更重要的是，雖然自己暫時表現不夠好，但只要持續做下去、練下去，一切都會有所改善，甚至必然會有很大的改善——就好像什麼都無法阻擋他們一樣，他們總是可以「奇蹟般地成功」。

這真是一個非常簡單卻又非常重要的理論。

按照我的說法，這就是兩種不同的價值觀造就的兩個完全不同的物種：

▽表現型人格的物種最在意自己當下的表現。

▽進取型人格的物種最在意自己未來的表現。

請注意：後者不是完全不在意自己的表現，而是不那麼在意自己當下的表現——他們更在意的是自己未來的表現。這兩個物種的核心差異在於：前一個物種的元認知活在當下；後一個物種的元認知活在未來。這個底層差異，使這兩個物種在每個相同的環境或條件下，都會「不由自主」地作出不一樣的選擇或行動，甚至感受到截然相反的羞辱或者幸福。

前面說過，要先「學習」好「學習」，「再」接著去「學習」。在我看來，真正學會學習的第一步，就是想辦法把自己變成另外一個物種——那個更在意甚至最在意自己未來表現的物種。

當然，在我們每次改變、修正或者升級自己的價值觀以後，我們「依然進化成了另外一個物種」。還記得那句話嗎：「同樣是人，差異怎麼那麼大呢?!」當然大——那可是物種之間的差異啊！

別嫌我囉唆，也別嫌我重複。我做過老師，我知道一個很重要的道理：

> 但凡重要的道理，只能靠「過分」的重複才能在大腦裡形成新的溝回，否則，那道理就只能成為無濟於事的耳邊風。

以後，你要天天為自己洗腦了。你是個文明人，當然會格外注意自己的「個人大腦衛生」！

28. 你想不想要一個人生的「作弊器」？

一個人的學習能力，其實就是一個「外掛」——天生條件之外的「裝備」。想想看：如果一個人需要什麼就能學會什麼，這簡直就是自帶「作弊器」啊！隨後，這個人擁有的可是「開掛的人生」！但是很可惜，絕大多數人在這一生中一直處於裝備不全或者落後的狀態，又何談「開掛」？

隨著時間的推移，絕大多數人會為自己的確「技不如人」而苦惱——誰沒有一顆上進的心呢？我覺得每個人都有。不過，僅有一顆上進的心是沒用的——絕大多數人窮盡自己的一生，用自己的生命慘烈地證明了這個簡單的道理。

學了一輩子（準確地講，是「想學」了一輩子），最終卻連基本的學習能力都沒有，這才是終生原地踏步的根本原因。那麼，我們所說的學習能力究竟是什麼呢？又，如何才能判斷自己學習能力的強弱呢？顯然，學歷並不說明問題。人類史中所有的社會在教育上都不成功——這並不奇怪。

其實，我們可以用一種很簡單的方式來判斷自己學習能力的強弱。學習能力的進階，無非包括以下三個階段，或者說，處於不同階段的人，會處於不同的境界：

▽第一個階段：能學會有人手把手教授的技能。

▽第二個階段：能學會書本上所教授的技能。

▽第三個階段：能學會沒有人能教授的技能。

從這個角度來看，絕大多數人在第一個階段就不合格，因為他們在相當長的時間裡，連那些有人手把手教授的技能都沒有學會，沒有用熟，沒有精進。別掉以輕心，你只要看看身邊有多少人連用筷子這麼簡單的事都一輩子學不會就能明白了。使用筷子一定是一項有人手把手教過的「技能」，可結果呢？這樣的例子還有很多。例如，用筆寫字，好像所有的人最終都學會了，但事實上呢？很少有人透過刻意練習讓自己寫的字足夠好看，不是嗎？

許多年後，大多數人終於反應過來：「有人手把手教授」是一件多麼幸福的事啊！可惜，當年幼稚、無知，越是有人手把手地教，就越叛逆，就越不願意學，結果把自己叛逆成了一個笨蛋，一個只會偶爾後悔卻完全不知道下一步該怎麼做的沒人理的笨蛋。

若你在成年之後竟然還能獲得別人「手把手教授」的機會，請一定要珍惜。什麼叫「珍惜」？「珍惜」的意思是，在這個過程中，一定要認真觀察，認真思考，反覆琢磨：

▽這個技能的重點在哪裡？

▽做得好的人為什麼能做得好？

▽做不好的人為什麼做不好？
▽還有哪些地方可以改進？
▽有哪些刻意練習是必不可少的？

「學會如何正確使用筷子」其實還真是個特別好的例子，值得反覆審視。現在有兩種情況：

▽你知道自己確實不會使用筷子。
▽你知道自己能夠正確使用筷子。

若你不會用筷子，接下來就要看你有沒有辦法進入學習能力進階的第二個階段了：透過讀書、讀教程來學會一項技能。如果你確定自己能夠正確地使用筷子，那你現在可以嘗試進階半步：看看自己有沒有能力教會別人正確地使用筷子。

我在網上找了找，最好的筷子使用教程居然（其實也很自然）是老外寫的，發表在 wikiHow 上[1]，裡面既有文字講解，又有影片示範。先看看自己能不能學會，或者想像一下，若你要教別人（例如自己的孩子）使用筷子，你應該如何去做？關鍵在哪裡？為什麼看起來這麼簡單的事情能難住三分之二以上的人群？

多年來，我經常以這件事為例來證明：

使用筷子

很多事情，即便非常簡單，都有可能難住一些人一輩子。

這件事還能證明：

這麼簡單的事情，絕大多數人竟然不會教，甚至連自己的孩子都教不會，只顧著在那裡發脾氣——而後，無可奈何。

如果能夠仔細觀察，最終找到重點的話，基本上是教的人兩分鐘就能講明白，學的人五分鐘就能學得會，然後擺脫一輩子的尷尬。

使用筷子有以下兩個關鍵點：

▽在兩根筷子中，下面那根一直處於靜止狀態。

▽張開和夾住的動作，其實來自上面那根筷子的移動。

最為關鍵的是：如何讓下面那根筷子處於穩定狀態？

▽下面那根筷子和手一共有三個接觸點，以兩端為支點。
▽用拇指的根部中間壓住筷子；無名指其實是反向用力頂住筷子的。
▽大多數人敗在無名指的用力方向上，如果把這個方向搞對了，那麼下面那根筷子就穩定了。
▽花幾分鐘練習如何用大拇指和食指控制上面那根筷子並夾住東西。
▽反覆練習，從笨拙到熟練的過程從本質上看是大腦建立新的溝回的過程。

那些之前就會用筷子的人不妨對比一下，你教別人使用筷子的方法、路徑、重點和我講的一樣嗎？如果不一樣，你教授的內容比我的更有效嗎？如果你教授的內容比我的更有效，不妨教教我，我也想有提高效率的機會。許多年來，我在教別人如何學習的過程中，順帶幫助很多成年人「突然能夠正確熟練地使用筷子這個神奇的東西」。

半數以上的人不會用筷子。這說明什麼？這沒準兒能夠說明：

這世界上有半數的人，即便有人手把手地教，也學不會，只因為他們不動腦子。

在這麼小的事情上都不動腦子，其他事情就不用提了。

所以，想像一下吧：若無論什麼都需要別人手把手地教，那在這一輩子中獲得進步的可能性得有多麼小。第一，那些會了的人並不一定有時間（幾乎是肯定沒時間）教。第二，前面也講到了，絕大多數會的人其實真的不會教，他們有時也懶得動腦子，所以不知道關鍵點在哪裡，即便是好心想教

（例如教自己的孩子使用筷子），也教不明白。

這就是你必須想辦法進入第二個階段（即，能學會書本上所教授的技能）才有可能大幅進步的根本原因。雖然書籍和教程也有品質差異，但這就是考驗你的能力的地方：

▽你有沒有心思去尋找、閱讀大量的相關書籍和教程。

▽你有沒有能力去甄別書籍和教程品質的好壞。

▽你有沒有能力在實踐中運用書籍和教程所傳授的知識。

很多人因為沒有耐心，甚至乾脆沒有動力，所以永遠無法進入第二個階段。還有很多人，雖嘗試著進入第二個階段，但不知道判斷標準和依據（例如，很多人根本不會選書，他們選書的方法只有一個，就是找人索要書單），於是，不知不覺走了太多彎路，以致事倍功半。而剩下的少數人中的多數，因為沒有執拗地踐行書本所教授的有道理的知識，最終只不過做了無用功。

讀到這裡，你就能明白善於學習和學習能力強的人有多麼難得了。可這還不算完，因為若不能進入第三個階段，那你依然只是「略勝半籌」而已，無法達到甩開別人的地步。你可能不知道的是，別看大多數人的學習能力比較差，但模仿能力還是很強的，所以，他們只要看到你能做到，就很可能迅速模仿個八九不離十，甚至整個國家都可能是這樣的（例如，日本最初就是透過模仿在一些領域超越歐美的，深圳的「山寨」精神其實也是這種能力的表現）。於是，你好不容易學來的東西，別人靠模仿就做到了——你很難把別人徹底甩掉。

真正讓你變得卓越的，是你必須走入的第三個階段：

▽你不僅能學會沒人能手把手教你的東西；

▽你甚至能學會連書本中都找不到的東西。

不用深入討論，你已經能明白，若做到了這一點，你基本上就「無敵」了。關鍵在於，若做不到這一點，你就會時時刻刻被模仿者跟隨，甚至被模仿者超越。所謂「微創新」，不也是一些「大佬」們所推崇的能力嗎？這真的不是「吐槽」，這是在陳述事實。

要走入第三個階段，實在是太難；要教別人走入第三個階段，不是不可能，但也確實很難——絕大多數人沒有足夠的能力去理解第三個階段的重點。

若非要簡單說說，也不是不行，能理解多少就看你的了。如果只看字面，以下的關鍵點就好像是每個人都會做的事情一樣。

▽確定自己有強烈的欲望去搞定這個技能。

▽尋找最少必要知識，反覆問自己：這件事最關鍵的地方在哪裡？

▽馬上開始運用；馬上開始踐行。

▽相信自己一定能學會；相信自己一定能透過踐行獲得進步。

▽透過記錄，量化自己的刻意練習進程。

▽不斷總結，不斷整理，不斷讓那些新技能、新概念在自己的腦子裡形成清晰的組織與關聯。

▽絕對不要和笨蛋鬥氣，要珍惜自己的時間和生命。

如果你是一個終生學習者，那麼在三十歲之後，你會經常覺得不好意思，因為你總會發現過去的自己實在是太笨了。如果你有機會教別人高中數學或者物理，就會發現：這麼簡單的東西，多年前我怎麼就覺得那麼難呢？其實，這是學習能力進步造成的錯覺——在那個時候，那東西確實就是那麼難。

每一次，當你的認知進步之後，你就會發現「不同物種」之間的區別及那個區別的形成原因。總是有很多人說：「讀那麼多書有什麼用?!」這是為什麼？因為他們那個物種從來就沒有能力從書裡學到些什麼，他們是在第一個階段就不及格的物種。但是，無論有多少人認為讀書無用，也總是有另外一些人在不斷地讀書，他們是早就「能學會書本上所教授的技能」的物種，手把手地教對他們來說很可能並不高效。當然，人群中還有一群「一聲不響」已然成為高手的人，他們顯然是打通了「第三關」的新物種。

我想，在我的人生中，比特幣可能會成為我最感激的東西。也許人們會認為：「那當然，這東西讓你發財了嘛！」我不否認這一點，但長期以來我內心更感激的是另外一個別人可能完全不在意的點：

它給了我一個學會「完全沒有人可以手把手地教授」、「完全沒有書籍系統地闡述和教授」的東西的機會。

二〇一一年，幾乎所有的人都覺得這事太離譜了。那時，沒有任何一本關於它的書，甚至連有點品質的文章都沒有，只有一個匿名者（Satoshi Nakamoto）發布的白皮書，涉及數學、加密學、拓樸學、金融學、程式設計、分散式運算、晶片設計、網路管理（事實上還隱含著政治學、社會學、心理學）等方面的知識，但其中沒有任何一個方面是我的「專業」——要知道，我在大學裡的專業是會計！

也就是說，在隨後的「一輩子」（七年就是一輩子）裡，我相當於「自修」了「大學」的課程，在金錢和好奇心的刺激下，一路狂奔，步步高潮。幾年下來，我已然變成了另外一個人（雖然相貌只是變老了而已），甚至連我一直在用的「我進化成了另外一個物種」的說法也來自這段經歷。

正如畢淑敏先生讓年輕時的我明白的那樣：「我知道人生本無意義，但，這段經歷生動地告訴我，若你能把生命中的一段變得與眾不同，那自己的人生意義依然非凡。」我怎麼能不感激這個「起初看起來完全不靠譜，後來看起來意義非凡」的傢伙呢？

幸虧在此之前，我已經在學習的第三個階段摸到了一些門道。如果我還處在第一個階段，那麼即便我很早就看到了比特幣這個東西，這個東西也根本不會在我身上發生任何奇蹟。如果我還處在第二個階段，那麼我可能要到二〇一六年之後才有能力懵懵懂懂地透過幾本書對它瞭解個大概。

下面是我第一次經歷「學會完全沒有人教授的東西」（第一個階段不夠用了）、「書有很多但是看不懂」（第二個階段有點用處，但需要掙扎）的場景，也就是說，從第二個階段走向第三個階段的過程發生在自修邏輯的時候。

在二十六那年，我突然發現自己的邏輯很差，事實上我並不像之前自己以為的那樣「並不笨」。事情是這樣的：在某個陽光明媚的下午，我前後見了兩個人，分別被他們的觀點震驚了，也分別被他們「說服」了，可是到了晚上，我驚訝地發現，他們的觀點竟然是截然相反的！他們之中只能有一個是對的，可是，我竟然在幾小時內分別被他們說服了，還完全沒有發覺！

我被嚇壞了。第二天，我衝進圖書館，開始找書。找到「thinking」這個類別之後，我發現了一個之前完全不知道的概念：critical thinking。在這個類別下面，全都是講如何正確思考的書。於是，我挑了幾本由著名出版社出版的、再版和重印次數比較多的書來讀。其中，*Beyond Feelings: A Guide to Critical Thinking* 成了我的最愛。而最終，這本書也成了我的「人生啟蒙書籍」之一。

> 細心的你可能已經注意到了，最基本的「選書方法論」不過是**「選擇由著名出版社出版的、再版和再刷次數比較多的書」**。再觀察一下身邊的人：這麼簡單的事情他們從來都不知道，以致許多年來用來「餵腦子的飼料」全是劣貨，於是終生吃了很多虧且不自知——可怕。方法論這東西，無論多麼簡單，都至關重要。

然後，你就會發現，雖然書裡說得很清楚，但實踐起來並不容易。更為重要的是，沒有人能教你進階，甚至不可能有人願意教你進階。別說沒人教你了，你甚至根本找不到一個能夠心平氣和地與自己討論問題的人，因為凡事只要邏輯足夠嚴謹，就很可能引發絕大多數人的反感——誰願意被證明想錯了？誰願意承認自己不會思考？誰在自己被證明思考品質差的時候不會惱羞成怒？甚至，在我主動和幾個格外親近的朋友深入討論問題時，也差點吵翻（在那個時候，我年輕，他們也年輕，我們都有很多不完善的地方，也不明白理智才是最好的情緒）。掙扎了好幾年，我才反應過來：邏輯嚴謹、思考縝密、研究深入，只能靠自己實現，只能完全由自己操作，就連討論都是耽誤事兒的。所以，回顧一下之前提到的我的好朋友鐵嶺說過的話：

> 「聽大多數人的話，參考少數人的意見，最終自己作決定。」

第一次聽到這句話的時候，我的直接反應是：「高手就是高手！你看，他直接忽略了那個人們以為很重要，卻最沒用、最耽誤效率的『討論』……」

到這裡為止，我不僅告訴了你我走過的三個節點，還告訴了你我是如何跨越每個節點的。不過，我仍然沒有辦法告訴你到底應該如何完成「你自己的跨越」，因為每個人的路徑很可能是完全不一樣的，適用於我的不一定適用於你。然而，還是有一條真理存在：

> 你必須自己琢磨出自己的路徑和跨越方式，而這恰恰是判斷你能否進入第三個階段（或稱「境界」）的依據。

後面講到投資的時候，你就會明白，對「自己的路自己走」這麼簡單的句子——首先，深入理解它並不是一件簡單的事；其次，它是投資的終極原則之一；最後，也更為重要的是，它看起來簡單，做起來難上加難。

只要在第三個階段有過哪怕一次成功的經歷，你就「開掛」了。你會發現：沒有什麼是你不敢學的——很幸福；沒有什麼是你學不會的——更幸福；在學會的東西裡沒有什麼是你練不好的——不能更幸福了。

【注釋】

[1] http://www.wikihow.com/Eat-with-Chopsticks。

29. 再送你一把萬能鑰匙你要不要？

這是一個特別好的類比：

> 當你遇到一扇被鎖著的門，你應該去哪裡找鑰匙？

顯然不應該只盯著鎖頭看，是吧？

若鎖孔裡插著一把鑰匙，那麼鎖頭就相當於是開著的，不是嗎？

之所以打不開那扇門，就是因為它是上了鎖的，而能打開那把鎖頭的鑰匙，**一定在別的地方啊！**

當我們遇到任何問題的時候，也是一樣的道理：那是一個需要解決的問題，它就像一把被鎖住的鎖頭；解決方案就像鑰匙，一定不會在鎖孔裡插著，而是在別的什麼地方。所以，當我們嘗試解決任何問題的時候，如果只盯著問題看，只盯著問題想，只盯著問題找解決方案，通常只能以無奈告終。

一旦你在遇到問題的時候發現自己「只盯著問題本身思考」，你的元認知能力就應該被啟動，讓它告訴自己：

> 「不對，我得把我的**注意力**從問題本身移開，因為解決方案肯定在其他地方。」

這絕對是少有人掌握的能力，可它的道理竟然很簡單：

> 你已經知道元認知能力的存在，你已經知道如何刻意訓練自己的元認知能力，再往後，調用元認知能力只不過是你生命中的一個習慣而已，它是那麼自然，就像你渴了就想辦法去找水喝、餓了就想辦法去找東西吃一樣。

最好笑的一個例子是：談戀愛這件事，真的很鍛鍊元認知能力，也很需要元認知能力——沒想到，是嗎？

小男生談戀愛的時候，常常丈二金剛摸不著頭腦——明明剛才還好好的，怎麼突然之間小女生就變臉了?!因為小男生沒有經驗，也沒有經歷啊！所以，小男生最大的苦惱就是：

> 小女生怎麼就不能「就事論事」呢?!

請注意：在以上描述中，「小男生」和「小女生」只是指稱，把這兩個詞調換一下位置，意思也是一樣的，本質上和性別沒有必然的邏輯鎖定關係。另外，不要覺得談戀愛和財富無關。事實上，若能長期開心地談戀愛，就會省出很多用來傷心難過的時間去做正事——你說談戀愛和財富的關係大不大？

A生氣了，B以為A因X而氣惱，就圍繞著X這個話題反覆解釋、勸說甚至哄逗。可是，這麼做通常會讓A更生氣，更惱火——為什麼呢？

把A想像成一扇被鎖頭X鎖上的門：如果B盯著X，是不可能找到鑰匙的，那麼A這扇門就是打不開的，而且，B還要守規矩，不能砸門，也不能踹門。

鑰匙在哪裡？我當年是在心理學書籍裡找到鑰匙的：

> 對人類這種高等動物來說，有些情緒是對立的、幾乎完全不可能共存的。例如，你幾乎沒辦法既高興又痛苦，既興奮又低落，或者既感到無聊又感到有趣。

於是，解決方案相當簡單明瞭：

> 如果能讓對方感到極度開心，那麼他就沒有辦法痛苦、生氣、無聊、無奈……

大多數人之所以顯得「情商低下」（我並不相信「情商」這個詞真的有必要存在），「鑰匙」（原因）就在這裡：

> 你在平時真的花足夠的時間思考過這件幾乎最重要的事情嗎？——究竟有哪些東西、哪些事件可能讓對方極度開心？

想想看，那些從來沒有花心思想過這些問題的人，怎麼可能隨手拿出一把「鑰匙」來呢？大多數人一生都不會進行這樣的思考，而總是臨時抱佛腳。唉……難道他們從來都不總結經驗教訓嗎？難道他們不明白「佛腳」上根本就沒有「鑰匙」嗎？

當年我寫《把時間當作朋友》的時候，其實也使用了這種「萬能鑰匙」：

當遇到必須解決的問題時，別人盯著問題看，我卻能想明白——應該去別的地方找鑰匙。

等到想明白了，卻發現時間不夠用了——這是問題，是所有人都面臨的問題。再仔細想想，這好像也不是能透過「管理時間」解決的問題啊！那該怎麼辦？去別的地方找鑰匙唄！調用元認知能力，把注意力從問題本身移開，持續思考，很快就找到了鑰匙：

> 管好自己就行了。想辦法做正確的事情，這一點最重要。然後，想辦法找到正確的方式：哪怕做事的方式錯了也無所謂，畢竟那是可以修正的；哪怕效率低一點也可以接受，畢竟只要做了就有積累……

賺錢這事兒也是一樣的。民間早就有這樣的觀察：

你追錢，追不上錢；錢追你，你跑不掉。

這話聽著非常氣人，也是絕大多數人無法理解的，但又是絕大多數人不得不承認的——真是讓人無奈！要知道，無奈這個東西，幾乎是一切壞情緒的根源。

二〇一六年，我身邊的朋友看到我透過「寫字」賺到了很多錢。可是，在二〇〇五年的時候，我真的不是為了賺錢才在網上寫博客的。那時在網上「寫字」根本賺不到錢，連實際上很容易收割的「注意力」都得不到多少。那時我們都是用最樸素的方式在其他地方賺錢（或者出售自己的時間，或者想辦法提高自己時間的單價），以便去做一些自己有點興趣且看起來「不務正業」的事情。

轉眼十多年過去，互聯網連接了所有人。突然之間，行動支付的成本趨近於零，內容變現成了「趨勢」，我們這種善於創作、精於製作又精通傳播的人因為這點技能「輕鬆地」賺到了錢（甚至伴隨著無數其他的可能性）。

但是，在這一切的背後，還是那把「萬能鑰匙」在起作用：

> 別人都盯著錢看，我也覺得錢是個問題。但我覺得，解決方案一定在其他地方。最終，我認定能力更重要。盯著自己的能力看，盯著自己的能力成長，才是真正的「鑰匙」啊！

在起點上，我不僅是有缺點的，甚至是有缺陷的。即便是在今天，我也經常認真地說：「我其實是個殘疾人。」這不是自貶，也不是開玩笑。我是真的如此認為。但是，我身邊的人都知道，我就是個隨時處於學習狀態的人，我就是個每天進步一點點的人。於是，我從來都處於這樣的狀態：

> 正在一點點變得更好。

你還記得之前的那句話嗎？要關注價值，而不是價格——我猜你要翻好久才能找到。

來，讓我送你一把「萬能鑰匙」：

當你遇到被鎖上的鎖頭時，要想到——應該去別的地方找鑰匙。

這把萬能鑰匙可以用在很多地方，「用法多端」——跟「詭計」一樣「多端」。

例如，很多人為自己的英語學習遇到了瓶頸而苦惱，於是想要去背海量的單詞。可是，鑰匙其實在別的地方——他們的語文（即，他們的母語）水準就很差啊！

再如，很多父母苦惱：「這孩子怎麼就這麼沒耐心呢?!」可是，他們作為父母就是沒有耐心的，孩子其實是在複製父母的行為啊！

甚至，可以不誇張地講，很多認為「這世界太不公平了」的人，其實從未想過那很可能不是這個世界的問題，甚至不是公平與否的問題，而是他們是否配得上「被公平對待」的問題。

關鍵是——你要記得自己有這樣一把萬能鑰匙！別忘了，千萬別忘了！在關鍵的時候，記得拿出來試試，若有用，就把它記下來，作為將來繼續琢磨的根據。總有一天你會發現，它真的屢試不爽！

30. 把「堅持」這個概念從你的作業系統中刪掉行不行？

我經常在各種講座中提起這樣一件事：

> 對現在的我來說，「努力」和「堅持」都是不存在的概念。儘管之前也有過、用過這些概念，但後來我主動把它們從自己的「作業系統」中刪掉了。

我在羅輯思維出品的「得到」APP上開通收費專欄《通往財富自由之路》之後，就成了羅輯思維員工最喜歡的作者。這真的不是在吹牛，因為我經常請他們吃飯——沒有人不喜歡經常請客的人吧？

他們告訴我，在他們內部開會的時候，有人說：

「你看看李笑來，那麼有錢還那麼努力，他賺不到錢誰能賺到錢？」

這話真的是莫大的褒獎，不過，也確實有不對的地方。哪裡不對呢？

> 「努力」對我來說是不存在的概念，正如「堅持」這個概念在我的世界裡也不存在一樣。

我一向有個看法：若覺得某件事需要努力和堅持才能完成，那這件事大抵從一開始就註定做不成了——需要努力、需要堅持，說明骨子裡不願意做啊！

「骨子裡」並不完全是一個比喻的說法。我們的底層反應來自內腦與脊髓的連接處，也就是說，那裡還真的是大腦深處（相對來看，「內心深處」是個相當落後的概念）。骨子裡不願意做的事情，是不可能做好，也不可能做成的。不信就多試幾次——反正你這輩子都放棄那麼多回了，再多一次也無所謂。

我很早就想明白了這個道理。於是，我提煉出一個策略：

> 無論做什麼事情，在開始之前，都要想盡辦法**為這件事情賦予極其重大的意義**，甚至多重重大的意義。（為什麼我能想出這樣的策略？原因你早就知道了吧！）

例如，以我目前的情況，透過寫文章賺錢是很難讓我有動力的，至少不會有極大的動力——這是大實話。那該怎麼辦？我得想個辦法，賦予它一個重大甚至偉大的意義。於是，我決定，用從這個專欄賺到的所有稅後收入建立一個公益基金（雖然這需要接下來若干年的努力），然後把它放到一個鼓勵大學生學習電腦知識的獎學金裡去。

接下來發生的變化是這樣的：我的大腦開始高度興奮，注意力高度集中，創意層出不窮……為什麼？因為我算了一下，在目前的訂閱量下，相當於每個字兩千元，所以，只要我寫一個字，就能得到資助一個優秀的學生一年的獎學金——兩千元。一篇文章按兩千字計算，相當於能資助兩千名大學生。這樣的動力肯定和之前不一樣了。寫著寫著，寫高興了，就不管字數了——超出一點就超出一點吧，反正得繳稅，這也是為國家作貢獻啊！

所以，你現在能明白了吧？對我這種人來說，一旦決定做什麼事情，是用不著堅持，也用不著努力的。**一念一世界**，在我們這種人的世界裡，這不是那種苦哈哈的堅持，臭烘烘的努力。這是什麼？這是「根本停不下來」的事情啊！這麼有意思的事兒，誰敢攔著我，我就跟誰急！

這種策略我用了一輩子。

當年為了進新東方教書，要考 TOEFL 和 GRE，要背兩萬多個單詞——一聽就是苦差事。剛開始我也覺得：「這哪兒是人幹的事啊?!」然後，我花了一個下午的時間琢磨：能不能給背單詞這件事賦予一個重大的意義呢？很快我就想到了一個。考過 TOEFL 和 GRE，拿到高分，在新東方教書，據說年薪百萬——相當於一個單詞五十元，爽啊！我本來計畫在開始階段每天背五十個單詞，適應一段時間再加量，但在想到這一層時，我馬上改變了主意——不行，我第一天就要賺五千元！

這已經是十幾年前的事情了。你能想像在那個時候一天賺五千元人民幣是什麼心情嗎？

到了第二個月，我覺得「每天賺五千元」很不過癮，便開始嘗試「每天賺一萬元」——也不太難嘛！當然，後來到了新東方，開始教書，發現年薪百萬是扯淡（稅前都達不到）。我連講課帶寫書，好不容易折騰到稅後年薪五十萬。我在那裡賺了七年的錢，粗略算下來相當於每個單詞一百七十五元——也是「醉了」。

所以，人與人的差異，往往只是一個念頭的不同造成的，可實際上的價值差異，卻是整個世界的差異。

一念一世界——這是很實在的道理，一點都不虛偽。對我來說，每週在《通往財富自由之路》這個專欄和大家一起升級一個觀念，就相當於每週帶著幾萬個人穿越到下一個「平行世界」。這真的很爽，爽到「根本停不下來」的地步。你覺得我需要堅持嗎？你覺得我需要努力嗎？你現在還覺得「努力」和「堅持」這兩個概念有意義嗎？它們完全沒用了啊！所以，在許多年前，我就把這兩個概念從我的腦子裡刪除了。

成為「別人家的孩子」（我們的慣用措辭是「另外一個物種」）。其他人需要努力、需要堅持才能做到的事情，在你這個「別人家的孩子」的世界裡，就是「根本停不下來」的、「誰不讓我做我就跟誰急」的事情。除了上面提到的「為它賦予很多意義」之外，還有其他很多方法與技巧。

當你決定習得某項技能的時候，在你已經想辦法為它賦予了很多正面意義之後，還可以為「沒有它的存在」賦予很多負面意義。拿出一張紙，花幾天甚至幾個月去羅列一下：

▽若沒有這項技能，現在有什麼事情我根本做不了，或者根本沒有機會做？

▽進而，我在將來會遇到什麼樣的困難，會失去什麼樣的機會？

▽若最終沒有掌握這項技能，我就會和哪些人一樣？他們的生活究竟因此變得多麼淒慘？

不僅要羅列，還要「展開想像的翅膀」，把你能想像出來的細節「栩栩如生」地寫下來。相信我，這會「嚇到」你的大腦（準確地說，是把那種你所需要的恐懼深深埋入你的潛意識）。然後，你的大腦就會在很多時候自動工作，催促你抓緊時間，否則，它就會焦慮、害怕、不安……

另外一個尤為重要的技巧是：

> 想盡辦法去尋找擁有那項技能的人和人群（買房、學開車等都是社交化學習），盡量與他們共同度過大量的時間。如果沒辦法一對一交流，也起碼要時刻關注他們（之前提到過，要想辦法「從物理上接近目標」）。

社交，從來都是學習活動的一部分。

你可能不知道，如果你的朋友都是胖子，很有可能發生的事情是：你會慢慢被「傳染」，也變成一個胖子。這不是開玩笑，這是事實：那些胖子的存在會影響你對「肥胖」這個概念的理解；更為重要的是，當他們叫你出去吃消夜，笑嘻嘻地對你說「喝點啤酒唄」的時候，你會欣然接受……

古人說：「近朱者赤，近墨者黑。」——深刻。

所以，當你與擁有某項技能的人（最好是人群）在一起的時候，你就會不由自主地「發現」、「感受到」那項技能其實是很自然的，很實用的，沒有它是根本不行甚至完全不可能的。

這些判斷上的變化會極大地影響你的行為和感受，於是，很多在另外一個世界裡「很艱難」、

「很痛苦」、「很難堅持」、「如果沒有毅力根本就做不完」的事情，在你的世界裡就全都變成了「特別好玩兒」、「根本停不下來」、「要是能多玩一會兒就更好了」的事情。

這就是我創辦「新生大學」的原因。對學習者和追求進步者來說，僅僅是相互見到、相互知道對方的存在，都有巨大的價值，只是很多人不明白這個道理而已。之前提到的「鏡像神經元」也是「社交，從來都是學習活動的一部分」的根本原因。

所以，你也把那「努力」啊、「堅持」啊，從你的作業系統中刪除了吧。

31. 你生命中最值得拚死守護的究竟是什麼？

技能就是一個人的裝備，每多一件裝備，人就強大一些，所作所為就會在一個更高的層面上。很少有什麼技能是「閒技」，只要它能與其他技能結合起來，就會形成「多維度競爭力」。儘管琴、棋、書、畫被普遍認為是「閒情逸致」，但仔細想想就會知道，精通這些技能的人，若把其背後的思維模式拿出來做別的事情，一樣是高手，甚至「一上來就是高手」。做事的節奏感，看事的大局觀，「攻城掠地」的戰略與戰術……哪一樣不是相通甚至相同的呢？

二十世紀七〇年代出生的人（例如我），在長大的過程中都聽說過英語的重要性，也都學過英語（只可惜，學了十幾年，可能連門都沒入）。絕大多數人從一開始就認定「其實學了也沒什麼用」，也有不少人將信將疑地「學」了一陣子，最後得出「我沒有語言天分」的結論，反正到最後，只有極少數人能真正精通。可事實上，英語這東西用不著「精通」，只要夠用就行。後來呢？二十世紀七〇年代出生的人，在二十世紀九〇年代大學畢業，那時沒有人能預見：再過十年，全中國人民都有機會出國旅遊！後來，當他們自己也有機會出國旅遊時，卻發現「只能跟團走」。為什麼？因為他們單詞不認識幾個，半句英語都說不出來，若自己出去就是瞎子、聾子、啞巴……

可是，後悔已經來不及了。時間在懲罰愚蠢者的時候，只會毫不留情——這也是絕大多數人面臨的尷尬。

市面上有很多書，書名公式是「……從入門到精通」。這類書大都很暢銷，換句話講，就是購買這類書的人不少。可實際上，坊間有一個戲謔的說法，說這種書其實是「標題黨」，真正的書名公式應該是「……從入門到放棄」。那麼，這到底是作者「標題黨」的問題，還是讀者自身的問題呢？

答案非常肯定：不是作者「標題黨」的問題，而是絕大多數讀者的問題。為什麼？因為就是有一些讀者真的按照書中的內容學會了、學好了、精通了。儘管這些讀者是少數（甚至是極少數），可問題在於，在任何技能上，從來都只有極少數人能達到精通的境界，而能技壓群芳的人從邏輯上講必然是極少數中的極少數。古今中外，概莫能外。

終究有些人走到了最後，可更多的人究竟錯在哪裡（或者說，究竟差在哪裡）？

一個最基本的原因在於：

他們低估了學習任何一項技能所需要的重複練習次數。

重複，是從笨拙達到熟練的唯一通路。賣油翁所說的「無他，唯手熟爾」，用今天的腦神經科學術語解釋，就是「透過大量的重複動作，最終使大腦中兩個或者多個原本並無關聯的神經元之間透過反覆刺激而產生強關聯」。至於需要重複多少次，因人而異。而關於「建立一個好習慣需要……天」的說法，事實上是站不住腳的，因為這件事沒有通則，就是因人而異的。另外，需要重複的次數也和基礎有關。同樣是從頭開始學彈吉他，練習指法，鋼琴師和建築工人建立同樣模式的「神經元關聯」需要的重複次數肯定有天壤之別。

現在有很多人都會開車。在從開始的笨拙達到後來的熟練（開車這件事，對絕大多數人來說根本用不著「精通」）的過程中，所有人都一樣，能夠體會到大腦的神奇力量——到最後，大腦已經把方向盤、剎車和油門（現在我開特斯拉，就沒有「油門」了，只有「電門」）「內化」成身體的一個「器官」。當需要左轉的時候，你完全是靠「條件反射」完成動作的——瞟一眼反光鏡，踩剎車減速，將方向盤以合適的速度轉到合適的位置，轉彎完成後略微鬆開方向盤，讓它自己回輪，當車頭方向擺正的時候，再次下意識地握緊方向盤，右腳早已恰當地從剎車處鬆開，踩到了油門（或者「電門」）上，慢慢加速……在這個過程中，方向盤就好像長在你的手上，剎車、油門就好像長在你的腳上——完全是一體的。

任何工具都一樣，一旦我們能夠熟練使用，它都會被大腦「內化」成身體的一部分。與此同時，在大腦裡，一些原本不存在的神經元關聯形成並固化，直至無法消失。

更普遍的例子是手機上的虛擬鍵盤。事實上，在行動電話被智慧化，且普遍採用大螢幕之後，手機早已成了所有人的「器官」之一（人們丟手機的頻率普遍下降，其實原因是現在的人「機不離手」）。在剛開始的時候，你也許還要盯著虛擬鍵盤打字。而現在呢？基本上是想到什麼，按出來的就是什麼吧。我把這個神奇的現象稱為「工具的內化」。

很多人在小時候沒有養成興趣愛好，這是很吃虧的（究竟有多吃虧，他們一輩子都沒有機會弄明白）。我自認很幸運，琴、棋、書、畫都沾了些邊兒。剛開始彈吉他的時候，有些難度高的地方，感覺怎麼都過不去（請注意：那只是「感覺」而已），就坐在那裡生悶氣。父親看到就笑了，他告訴我：把速度放慢一倍去彈就簡單了，重複彈很多遍「手指就記住了」。這個說法我永遠都忘不了——不是「就會了」，也不是「就熟練了」，而是「手指就記住了」！

後來，我發現手指確實能「記住」很多東西。例如，許多年後，我在背單詞時經常是邊看邊讀邊敲鍵盤，結果是：我只要把手放在鍵盤上，那一長串字母瞬間就飄了出來，可若拿起筆想在紙上寫出來，竟然要回憶半天！

還有一件事情讓我記憶比較深刻。在我上初中的時候，有一天讀課外書，「黃金分割」這個概念引起了我的注意。我想：要是我能憑直覺分出這個比例就好了。於是，我琢磨出了一個練習的方法：找來一堆卡片，先在其中一張卡片的黃金分割比例處畫一條線，然後在另外一張卡片上憑感覺畫出黃金分割線，將兩張卡片進行對比。反覆畫了一個下午，我的「手指就記住了」，同時貌似「眼睛也記住了」，反正我隨手一畫，那條線基本上就是卡片上〇·六一八那個比例所在的地方。後來，我到處去找各種尺寸的卡片畫著玩兒……最後，這竟然成了我在同學面前炫耀的資本，算是我的「絕技」，但其實那只不過是不需要重複練習太多次就能畫出來的一條線而已。

當然，那時的腦科學沒有今天這麼發達，很多科學解釋尚未出現，所以沒有清楚的概念能解釋這種現象。現在已經了然——其實那並不是「手指記住了」，而是「神經元關聯透過重複建成並固化了」，從而產生了大腦將我們所使用的工具「內化」的神奇效果。

除了低估重複必要次數之外，有一個更深層次的原因使人們半途而廢：

低估任務的複雜程度。

第一，任何一項真正有意義的技能，基本上都是很多技能（或者說「子技能」）的集合；第二，大多數技能若單獨拿出來，作用並不大，需要與其他某個或多個技能配合使用，才能「效果驚人」。

這就好像在學素描的時候，雖然只使用一張紙、一支筆，但實際上還需要很多子技能——起碼有這麼兩個：

▽畫直線

▽畫圓（圓分為兩種，分別是正圓和橢圓）

任何一個擅長畫素描的人，在最初的幾個月裡，都要把這三種形狀（直線、正圓和橢圓）畫上很多次，直到不借助任何工具，單手隻筆「隨隨便便」就能畫出標準（或者比較標準、相當標準）的形狀為止。如此這般，他們便能隨手畫出任何一個幾何圖形。

當然，他們還需要更多的子技能。他們要研究透視學，他們要研究光影，他們要研究筆觸輕重之間的微妙差異……所以，真正困難的不是如何掌握某個單項技能，而是如何在掌握多項技能的同時把它們**配合**起來使用。

以寫作為例。寫作這東西，說簡單也簡單，說難那真的很難。說它簡單，是在熟練之後（其實，任何技能在熟練掌握之後，實際上都是很簡單的）；說它難，很難，是在熟練之前，不僅需要學習並熟練掌握多項子技能，包括觀察、思考、表達、溝通、理解他人等，還要恰如其分地使用這些技能，讓它們能巧妙配合——你說，寫作簡單得了嗎？

所以，很多人無論學什麼都一樣，很快就放棄了。事實上，這只不過是因為他們「重複」的次數太少了，所以根本達不到在神經元之間建立強關聯的地步，當然也就沒有機會體驗那種「內化」的神奇效果。可是，他們為什麼總是那麼快就放棄呢？很簡單：基於種種原因，他們從來沒有真正掌握，更別提熟練、精通任何一項技能。

同樣，由於之前沒有真正掌握，更別提熟練、精通任何一項技能，所以，他們從來都不知道任何一項技能最終都是「複雜的集合體」。於是，他們總是傾向於低估學習任務的複雜程度，總是「拿著蒼蠅拍打坦克」（不是「拿著大炮打蚊子」）——失敗不就成了再正常不過的事情了嗎？

事實上，你只要有哪怕一次學會某項技能的經歷就好了。因為在那個過程中，你很清楚自己是如何從笨拙達到熟練的，也很清楚自己是重複了多少次才完成了「內化」的。於是，有過這種經歷的人，會「顯得」比沒有這種經歷的人更有耐心。

不過，我覺得在這裡用「耐心」這個詞可能不太準確，因為對於痛苦，人們大都沒有多少忍耐力。被描述為「有耐心」的人，更可能是因為他們能實實在在地看到希望。反之，被描述為「缺乏耐心」的人，更可能是因為他們絞盡腦汁也看不到半點希望。所以，**是否「心存希望」才是真正重要的因素**。

「至少習得（熟練、精通）一項技能」，其實是所有的人在任何技能習得（熟練、精通）道路上的起點，也是他們能夠到達終點的根本——有經驗，所以有能力、有資格「心存希望」。因此，他們才能忍受自己的笨拙，忍受自己的低下，忍受（或者說「抵制」）各種可能會浪費注意力的誘惑——甚至根本不需要忍受。因為心存希望，所以何必在意成長之外的任何東西呢？

也同樣基於已有的經驗，他們會有意識地呵護他們心中的希望，因為他們知道那東西實在是太重要了，比生命還重要——如果沒有它，生命還有什麼意義？

有一次，畢卡索在咖啡廳裡突然來了靈感，就在餐巾上畫了起來。鄰座有個女人看到了，覺得他畫得真好。幾分鐘後，畢卡索喝完咖啡準備離開。在他起身打算扔掉那塊餐巾的時候，那女人開口說：「能把那餐巾給我嗎？我出錢買好了！」畢卡索說：「當然可以，那你要支付兩千美元。」那女人懵了：「什麼?!你畫那東西只不過用了兩分鐘而已！」畢卡索答道：「夫人，並非如此，那耗費了我六十年。」

下面這段話對我來說，是玩笑，也不是玩笑：

我的這本書，不是用筆寫的，更不是用鍵盤寫的，而是用命寫的，裡面的每一個道理，不僅是「我所篤信的道理」和「我實踐過的道理」，更重要的是，它們是「因為我已經做到，所以被證明為真正有效的道理」——時間不就是命嗎？你說這本書應該賣多少錢？

話說回來，你現在知道什麼最重要了嗎？

希望。

讓我們重新定義一下「什麼是希望」。「希望」的通俗定義很簡單：**相信明天會更好**。再精確一點，**「所謂希望，就是一個人相信自己的明天會因為今天的努力而變得更好」**。這裡的重點是，明天不會自動變得更好。明天之所以能變得更好，是因為今天的行動，是因為今天用正確的方式做了正確的事情。明天是否會變得更好，與今天那笨拙所帶來的不適感（甚至自卑感）完全沒有關係——只要持續行動，一切都會改善（儘管有運氣因素）；反過來看，一旦放棄行動，那麼明天百分之百會變壞，沒有例外。

能讓你升值的是什麼？是「思考」與「行動」。

若我們生命中真的有最寶貴的東西，那只能是「希望」。它不僅重要，而且最重要——任何人在上下求索之後的結論都是一樣的，它幾乎是整個生命的意義。然而，希望就像燭光，往往非常微弱，一陣風就可能把它吹滅。怪誰呢？應該怪自己。所以，它也需要你的守護，你的責任就是無論如何都不能讓它滅掉。

那麼，應該如何呵護這個生命中最重要的東西呢？相信我，無論什麼事都是有方法論的，越是重要的事，越是必然有方法論存在，而且越是必然有更好的方法論存在。

32. 你知道投資領域實際上是另外一個鏡像的世界嗎？

投資，是一路不斷成長的你終將闖進去的領域，我建議你越早進入越好。雖然投資有很多細分領域，如債券、股票、天使投資、期貨、貨幣套利等，但也有一些通用的原理需要注意——越早知道越好。

之前，我們反覆提到「不同物種」的概念：

> 雖然人們活在同樣的世界，頭頂同樣的藍天，腳踩同樣的大地，呼吸同樣的空氣，但面對同樣的問題，人們卻可能給出不一樣的甚至截然相反的解決方案，在同樣的場景裡作出截然相反的決定——就好像截然相反的兩個物種一樣！

現在，再給你看一個「驚人的現象」：

> 其實，不同的物種常常活在不同的世界裡，儘管那世界看起來是一模一樣的，但若具象地講，他們其實生活在看起來一樣的鏡像世界裡，一切都是反過來的……

如何解釋這種現象呢？又，究竟是什麼原因使這個現象存在於此呢？

核心理由在於，人們所從事的各種活動有著本質的不同，有一個重要的因素使我們沒辦法對整個世界「一概而論」。

先來看左頁的圖（插圖摘自 *The Success Equation: Untangling Skill and Luck in Business, Sports, and Investing*, Michael J. Mauboussin）。

成功是有公式的：

成功＝技能＋運氣

在人們所從事的活動中，「運氣」這個因素所占的權重各不相同，但我們可以將它們按權重從〇至一〇〇%排列起來。於是，在類似象棋、圍棋這類活動中，技能占一〇〇%，根本就沒有運氣的空間；而在純粹的賭博類活動（如拋硬幣）中，根本就沒有技能的空間，運氣的權重占一〇〇%；在兩個極端的中間，是各種技能和運氣成分不同的「光譜」（例如打籃球，雖然技能很重要，但偏偏運氣不好，看似已經投中的球在籃筐上顛了幾下，最後竟然彈出來了）。

這裡的重點在於，投資活動是靠近右端的，也就是說，運氣的權重在這裡是很高的。哪怕技能再強，也有運氣不好的時候——不僅有運氣不好的時候，而且運氣不好的時候可能更多！

所以，這就是兩個鏡像的世界。同樣是你，可能在學習和生活中身處「左側」（更依賴技能的那一側），而在投資中身處「右側」（更依賴運氣的那一側）。只要稍稍啟用一下你的元認知就能明白：

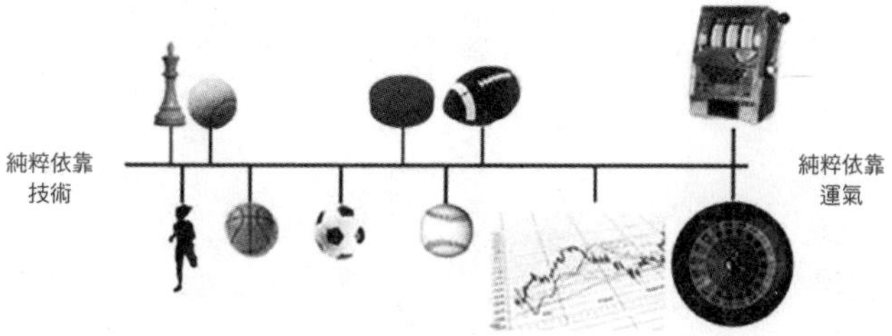

成功公式

▽在左側運用右側的策略是不恰當的。

▽在右側運用左側的策略甚至很可能是致命的。

這就是絕大多數「聰明人」在投資領域只能「損兵折將」、「折戟沉沙」甚至「屍骨無存」的根本原因。他們積累了大量的左側經驗，在左側的世界所向披靡，然後衝進了右側的世界，卻沒看出這是一個鏡像的世界，一切都可能是反過來的，於是，優勢變成劣勢，到最後「死因不詳」。

最明顯的例子就是對努力和勤奮的理解。在左側的世界裡，努力和勤奮是上等策略；在右側的世界裡，努力和勤奮事實上是無效策略，因為努力和勤奮對運氣的影響可以忽略不計。在投資的世界裡，賺錢不靠努力，「什麼都不做」不僅是最重要的事情，還是最難做到的事情！而且，這個道理只有在做到一定地步之後才有機會「深刻體會」，在那之前，無論有多少人耗費多麼大的時間和精力向你說明，你也只能「表現」出理解，但在骨子裡，你還是原來那個物種。

在左側的世界裡，你與他人討論是很容易的，因為越往左，不確定性越小，所以，討論的方向和結果通常都很明確——在這樣的時候，討論的價值是巨大的。可是在右側的世界裡，你會發現與人討論是很困難的，因為越往右，不確定性越大，以致很難多方同時正確地理解真相，更不用說僅用語言這個模糊的工具達成一致的意見了。所以，在投資領域，「眾包」（編按：把任務發包給網路上的大眾）事實上不靠譜（這是一個典型的在左側的世界裡極其有效，而在右側的世界裡完全無效的策略）。

向尚無投資經驗的人講解投資原則，通常被認為是「不可能完成的任務」，主要原因在於學習者暫時沒有足夠的「體驗」來支撐自己的理解。這就好像「少壯不努力，老大徒傷悲」，每一代人無論耗費多大的力氣，也沒辦法讓所有的小朋友真正變成另外一個物種——因為大多數小朋友需要足夠的體驗來支撐自己的理解，而這恰恰是他們完全做不到的，他們的元認知能力完全處於「尚未開啟」的狀態。久而久之，到了「徒傷悲」的階段，當初的小朋友們才反應過來：「原來當時他們說的確實是對的啊！」可在這個時候，恐怕只有悔恨的份兒了。更令人絕望的是，當初的「小朋友」的孩子和當初的「小朋友」一模一樣，根本聽不進家長哪怕一點點的說教——有什麼是比清楚地意識到「自己的下一代終將絕望」更令人絕望的？

不過，我不覺得讓你理解這件事有多難，因為你的作業系統裡已經有了很多可以作為基礎的核心概念，而且是此前完全沒有的：

▽元認知能力
▽鏡像世界
▽運氣權重
▽左側策略
▽右側策略
……

再進一步，在隨後對投資領域的討論中，你要時刻運用自己的元認知能力去監督、甄別、調整自己的想法——因為這裡面有大量的道理，看起來是那樣直白、簡單，甚至會讓你產生「這還用你告訴我？」的念頭。可是，這樣的時候才是最危險的——若你的元認知不提醒你，你可能早就忘了這是一個鏡像的世界，你看到的很可能是「長得一模一樣，事實上截然相反的東西」。一定要小心！

這有點像什麼呢？就像你在大陸開車，習慣了左駕方向盤，而有一天你到了歐洲，滿大街都是右駕車，在馬路上要靠左行駛，雖然你一眼就能看出這左右之分，但在一開始，你會不斷犯錯，若不多加注意，甚至可能犯下大錯。這個類比很生動，因為在投資領域，若沒出事倒也罷了，若是出事，很可能就是性命攸關的。

再提醒一遍：

在右側世界裡，哪怕是一模一樣的行為、方法、理論，都很可能（也不一定）會有與它們在左側世界裡截然相反的結果、效率或者作用。

這也是為什麼在這個世界裡，所有聰明人對一切問題的標準答案只有一個：「看情況」（即，要對具體情況進行具體分析）。所有的笨蛋都希望找到唯一的真理——不僅適用於自己，還適用於全人類（他們肯定忘了還有很多未知的星系和生命存在）；不僅適用於昨天，還適用於今天和明天；不僅適用於某個領域，還適用於所有領域……歷史上從來沒有人在這方面取得成功，因為這個追求本身就是愚蠢的——不僅愚蠢，而且實際上是基於懶惰的愚蠢。

你要學習的，不僅是那個你剛剛進入的、剛剛開始瞭解的右側世界，更重要的是，你要學會在兩個世界裡自由地穿梭——既能開左駕車，也能開右駕車。在左側世界裡，遵守左側世界的規則，運用左側世界裡的策略；在右側世界裡，遵守右側世界的規則，運用右側世界裡的策略。最終，你會發現這也不是什麼太難的事，只是你過去沒有意識到自己應該瞭解這兩個截然相反的鏡像世界，當然也不知道自己應該、也可以自由地穿梭於這兩個世界。

穿梭的次數多了，你會得到一些解脫，因為並非所有「截然相反」的東西都會讓你產生不適，並非所有「截然相反」的東西都那麼重要——只有少數「截然相反」的東西你必須百分之百重視。而且，你偶爾也會發現一些竟然可以在兩個世界通用的原則——就像幸福感破門而入。

33. 為什麼就算有錢也不一定有資本？

我特別喜歡一個類比，喜歡到在各種場合反覆使用，且用法「創意多端」（就像「詭計多端」一樣）：

> **房子確實是主要用磚頭建造的，但，僅僅一堆磚頭擺在那裡肯定算不上是房子。**

同樣的道理：

> 資本確實是主要由錢構成的，但，僅僅一堆錢放在那裡肯定算不上是資本。

錢和資本實際上是很不一樣的東西，正如一堆磚頭和一幢房子肯定不是一回事一樣。所以，「有錢」和「有資本」其實完全是兩回事。

那麼，**「資金」和「資本」的區別究竟在哪裡，「資金」需要具備哪些要素才能成為「資本」呢？**

錢頂多可以算作資金，而它要成為有效的資本，至少要考慮以下三個要素：

▽資金的金額大小

▽資金的使用時限

▽資金背後的智慧

在今天這個世界裡，一百元是不可能被當成「資本」處理的——金額太小了。一百萬元也許是資本，也許不是——要看這筆錢是在哪個領域進行投資。那十億元呢？這個金額當然遠超「夠用」的範圍，但即便如此，僅僅十億元本身，依然很難直接算作資本。

資本的第二個要素更為重要：資金的使用時限（能使用這筆足夠大金額的資金多長時間）。如果只能用一天，別說投資，就連賭博的地方都幾乎找不到（因為你得找個旗鼓相當的對手，一天賭十億元的賭客很難以安全的方式找到）。一筆金額足夠大的資金，使用一天、一個月、一年、兩年、十年甚至永遠，其意義都是不一樣的。在不同時間內，資金的威力有著天壤之別。

劉元生是萬科的傳奇股東（編按：萬科是著名的房地產開發集團）。一九八八年，劉元生以三百六十萬元人民幣拿下三百六十萬股萬科股票，至今都沒有交易。以二〇一六年六月二十七日萬科的市值兩千六百九十七億元人民幣計算，他的萬科資產帳面財富大約為二十七億元人民幣——相當於二十八年前的近七百五十倍！

但，別急著羨慕，這是絕大多數人不可能擁有的資本（二十世紀八〇年代末的三百六十萬元，金額足夠大）。更為關鍵的是，這筆錢對劉元生來說是無須挪用的錢——這樣的錢才算得上資本！擁有這樣的資本的人，說是「十萬裡挑一」都太客氣了吧！

實際上，最重要的是資本的第三個要素：資金背後的智慧。同樣的錢，在不同人的手裡會發揮不一樣的威力。如果真有時空穿梭機，把你、我、雷軍、王剛、徐小平帶回過去的某個時點，給每個人一百萬元人民幣去做「第一次天使投資」——不用猜，收益率最高的肯定不是你和我。滴滴（編按：提供「滴滴出行」叫車軟體的公司）得到的天使投資不過一百萬元人民幣，早已上市的聚美優品（編按：經營化妝品商城）當年得到的天使投資不過十萬美元。

還是同樣的措辭——這是個殘酷的事實：

大多數人其實不配站在資本之後。

我很清楚這個事實，以及這個事實有多殘酷。

在二〇〇八年的時候，即便我有一百萬元「閒錢」，我甚至都不知道該投給誰。到了二〇一三年，我以為我知道了，卻投錯了很多人和項目。對，我就是花了很長的時間，用了很大的力氣，才覺得自己基本上可以「站在資本之後」了，但我也知道，自己在這個方面只不過還算湊合而已。

好消息是：雖然並不容易，但「站在資本之後」的實力確實是可以習得的。習得的方法是從各個維度（金額、時限、智慧）逐步循環突破。

要突破的第一個維度其實不是金額（這是讓絕大多數人止步不前的最大陷阱）。很多人認為「反正我也沒有多少錢」，於是覺得投資這件事和自己沒有關係。他們不是安慰自己，而是鄙夷地說：「看著那些人整天算計、理財，挺傻的……」這是一種常見的心理自我保護手段，就像義務教育期間學習不好的人「理直氣壯」地「瞧不起」學習好的人，或者小男生透過對小女生表示厭惡來掩蓋另外一種情緒甚至開始討厭自己被女性吸引——一模一樣，沒有任何區別。

其實，投資的重點並不在於盈虧絕對值，而在於盈虧比例——這一點格外重要。要看相對值，而不是絕對值。在同樣的投資環境裡，用一萬元作為本金盈利五〇%和用十萬元作為本金盈利十五%，前者的成績優於後者，或者用稍微專業一點的說法：前者的資金效率高於後者。

把焦點放在盈虧比例（相對值）上，而不是本金或盈虧金額（絕對值）上，是九〇%以上的投資者終生都沒能學會的東西，這在本質上就是沒有把小學數學知識學以致用。九〇%！——你可能不信，你可能會想：「有那麼誇張嘛！」看看股市裡有多少人喜歡買「垃圾股」就知道了。他們買「垃圾股」的根本原因就在於「那玩意兒便宜」。他們是看重絕對值的，所以，哪怕是盈利潛力再高的股票，他們只要看一眼價格，「覺得太貴」，就掉頭而去了。

很多人真的沒有認真想過，在今天的股票市場，其實只要有幾千塊錢就可以開始投資了，而幾千塊錢是絕大多數人都能擁有的。他們只是不知道，也沒想到：相對來看，本金金額根本不重要，重要的是盈虧比例。（大陸股票市場的情況，在這裡就不討論，更不爭論了。請注意：這一節的主旨不是鼓勵大家現在、馬上、都要去買股票，而是以股市的現狀為例，證明「很多人對資本的基本看法就是膚淺的」。）

要突破的第二個維度，也是最重要的維度是：

能不能給自己的投資款「判無期徒刑」。

心理學家透過大量的調查研究，得到了這麼一個結論：

▽三分之二以上的人若丟失了自己年收入的一〇%……

▽二分之一以上的人若丟失了自己年收入的二〇%……

其實都一樣——根本不會影響自己的生活品質。

只不過大多數人並沒有清醒地意識到這個事實而已。

換言之，年收入六萬元的人，拿出五千元作為投資款，並給這筆投資款「判無期徒刑」，其實有很大的機率不會影響自己的生活品質。

這個最重要的突破，說起來容易，做起來難。但說穿了，這也只是一個觀念上的問題而已。若觀念轉變了，這個所謂「突破」就是自然而然甚至不做不行的決定；若觀念沒有轉變，則頂多「堅持」一陣子，然後一如既往，自然而然地放棄。

這是最重要的觀念，也是最重要的鐵律：

不能心平氣和地被「判無期徒刑」的資金，就別假裝資本混跡江湖了。

第二個維度的突破之所以最重要，是因為第三個維度的突破幾乎是與它併發的：

投資的知識、經驗、智慧，幾乎只能從實戰中獲得，書上寫的、牛人講的都跟你沒關係——那些東西不僅要在你骨子裡生根、發芽且不夭折，還要等上很久，才會茁壯甚至茂盛地生長。

千萬不要不相信這個漫長過程的不可或缺，這個過程不是憑聰明就可以跨越的（就好像生孩子一樣，十個月就是十個月，多一個月或少一個月都很危險，而且無論如何也不可能提前四五個月），也和智商沒有關係——沒有什麼可以幫你憑空跨越這個過程（仔細想想吧，這個道理和上面提到的絕大多數人一生都「沒有把小學數學知識學以致用」是一模一樣的）。

在最大的投資市場——在股市裡，八〇%的投資者是虧錢的。若總結一下，提煉出最根本的原因，真的只有一個：他們其實不配被稱為「投資者」，他們用來「投資」的不是資本，而是「裝傻充愣的資金」。問題的關鍵不在於金額不夠，而在於投資時限太過隨意。於是，在最基本的條件未被滿足的情況下，他們即便有短暫的輝煌，也只不過是海市蜃樓。

最終你會發現，能給自己的資金「判無期徒刑」的人，實際上已經擁有了足夠的智慧，所以他們有資格「站在資本之後」。他們成為出類拔萃的投資人也只不過是早晚的事情，因為他已經起步了，而且早已「贏在起點」——最初那個「給自己的資金判無期徒刑」的行為，已經為他們日後養成「長期深入地思考未來」的能力打下了最堅實的基礎。有了這個基礎，很多技巧根本用不著了，很多陷阱自動消失了，很多無奈糾結瞬間煙消雲散……

我知道你現在很可能覺得給自己的資金「判無期徒刑」既殘酷又沒必要，可這就是你要習得的智慧：**掙扎著學會分清「很想要卻不能夠」與「可以卻不一定要」之間的巨大區別**。就好像一個人在拿到大學錄取通知書之後竟然選擇不去讀大學，和其實沒有拿到錄取通知書卻聲稱「我根本就不想去」一樣——完全是兩回事，差異非常大。你可以給你的資金「判無期徒刑」卻選擇兩年之後就結束它的「刑期」，和你其實沒辦法給你的資金「判無期徒刑」卻也在兩年之後結束它的「刑期」，即便結果一樣，其中也是有巨大差異的。這個差異甚至大到影響你的大腦的工作方式，而不僅僅是影響你的思考品質那麼簡單。

順帶說一句——你現在應該明白為什麼「借錢投資」在大多數情況下勝算渺茫了吧？

▽金額甚至算不上「太小」（其實是負數）。

▽時限總是不夠長，反正不能給它「判無期徒刑」。

▽若連以上兩個問題都想不到，那真的不配「站在資本之後」。

還別說，這世界上真的有很多人癡迷於做更危險的事——借錢賭博。大千世界啊！確實有靠技能借錢賭博且全身而退的人，但你得想想：那技能要高超到什麼地步才行？

二〇一六年五月，我在推特上說過這麼一句話：

> 我找到了捷徑，可已經身不在起點。

一路走來，走得越遠，感慨就越多：這麼簡單、這麼重要的東西，怎麼就從來沒有人給我講過呢？又，我怎麼就能在博覽群書的同時那麼「巧妙」地躲過了它呢？（我當然不可能愚蠢到相信「資本三要素」是由我「搶先首次發現的真理」——肯定早就有人想明白了，肯定早就有人在某本我沒讀過的書裡把它寫得清清楚楚了。人生啊！）

如此看來，對絕大多數人來說，在觀念升級之後，這三個關鍵維度的突破就變成了一個門檻並不高的活動。而對那些觀念依然落後的人來說，這可是一道鴻溝——不對，是接二連三的鴻溝，他們可能連一道都跨不過去。

34. 你真的沒有投資機會嗎？

很多人終生都在抱怨「沒有機會」，可事實卻總是充滿了諷刺意味：

> 總是有足夠多的「大機會」就那麼「活生生地近在眼前」。所謂「錯過」，只不過是因為大多數人對此「視而不見」而已。

這種例子很多，但其中的每一個都很可能「看起來不太像好例子」——舉這種例子的難度在於，舉例者要「讓原本被人們視而不見的東西在舉例之後變得顯而易見」（你可以「腦補」一下其難度）。

而且，一旦要討論機會，就處處涉及「可能性」——每個細節都不是「確定的」，都不是「百分之百」。於是，對那些不熟悉「不確定性推理」的人來說，整個舉證過程「實在是充滿了漏洞」，「實在是可質疑部分太多」，以致根本聽不進去，看不下去，甚至完全無法討論下去。

可我們無論如何都要認真討論下去，因為我們早就「上了路」，「走下去」是我們唯一的選擇。請允許我先「硬著頭皮」舉一個例子，也請你耐心地把它讀完。在這個過程中，無論你產生了怎樣的疑惑（懷疑和迷惑），都請先放到一邊，把它仔細讀完，再反覆讀幾遍，先盡量吸收，再分析其中的邏輯，最後下結論（我的意思是——你自己的結論）。

在我看來，二〇一六年發生了一件實際上很重大，但大多數人可能沒有足夠重視的事情：

> 互聯網真的已經徹底占領了世界。經過二十多年的迅猛發展，互聯網已經完成了它最初的使命——連接所有人。

二〇一六年六月，臉書的每月活躍用戶數量達到了一六·五億——這幾乎是全球人口總數的五分之一。同時，在地球的另外一端，微信的月活用戶數量達到了八·〇三億——這接近中國人口總數的五分之三。

從另外一個角度看，以下事實出現了：

> **全球所有有消費能力的人基本上都在網上。**

在此之前很長的時間裡，所謂「互聯網」，只是個「小眾群體」。一九九七年，中國上網用戶總數量僅為六十二萬——占當時中國人口的比例，你算算看？根據中國互聯網路資訊中心（CNNIC）的統計調查報告，截至二〇〇六年六月三十日，中國線民數量為一·二三億——是不是依然算「小眾」？

在互聯網迅猛發展的這些年，有若干家公司已然成了巨頭。我隨手給它們杜撰了一個縮寫：GAFATA（上網搜尋了一下，Google竟然有個字體的名字就叫「Gafata」）。

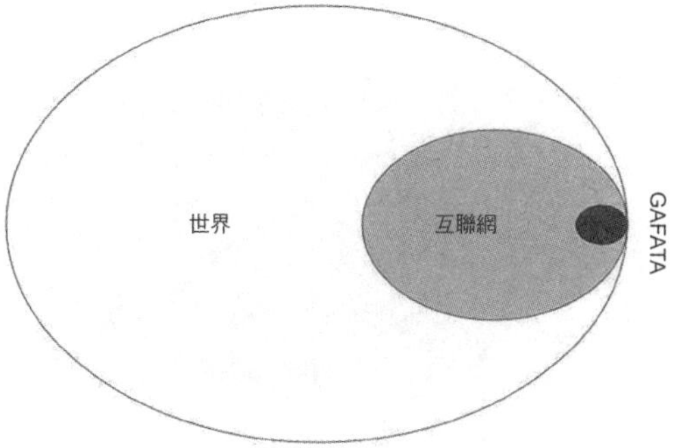

十年前（二〇〇六年）

▽ Google

▽ Amazon

▽ Facebook

▽ Apple

▽ Tencent

▽ Alibaba

打個比方，如果互聯網是一個「終於建成了的新世界」，那麼 GAFATA 就是這個「新世界」裡的「房地產巨頭公司」，它們提供互聯網上商業運轉所需的一切基礎設施與服務，包括資料、雲端、計算、支付、交易、社交等，所以，它們中的每一個都已經占據了「壟斷性優勢」。因此，在相當長的時間裡，它們的賺錢能力就是最強的，而且說不定會越來越強。

最要命的是，它們也在做投資！對所有可能在互聯網上出現的新技術和新服務，它們都「自然而然」地「獅子大張口」，使眾多「早期投資者」折騰來折騰去，從宏觀上看也頂多是「分了一小杯羹」（哪怕是行業內知名的風險投資機構，最終也是同樣的命運）。

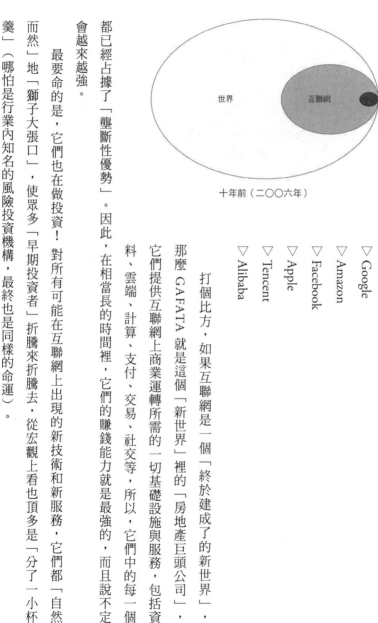

那麼，這個事實，與「機會」，尤其是「財富機會」，有什麼關係呢？

首先，這些公司的股票都已經在金融市場上公開交易，也就是說，任何人都可以直接購買（投資）這些公司的股票。其次，這些公司的股票都是「大盤股」，所以流動性極強，購買它們的股票實際上在任何時候都可以「變現」。最後，更重要的是，它們很可能會在未來相當長的時間裡保持極強的成長性（理由在前面已經完整說明了）。

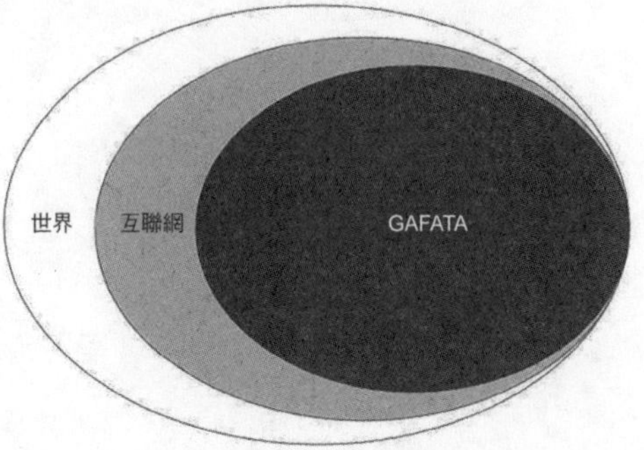

十年後（二〇一六年）

> 注意上面措辭中的「很可能」三個字。即使這個「很可能」的可能性再大，也不是「一定」，而且，在時間流逝的過程中，這個「很可能」的機率其實在波動，振幅可能還挺大。

在我看來，GAFATA 很可能是每個人都有能力把握的機會（請注意：依然只是「很可能」，而不是「一定」）。投資 GAFATA 的相對風險較低也是一個非常清楚的結論，而且，持有週期越長，系統性風險可能就越低。

然而，對上面那句話裡的「每個人」，我幾乎是確定的。只不過我相信，對絕大多數人來說，即便有人這樣告訴他們，他們依然會出於各種各樣的原因，或者是事後想起來連他們自己都不能理解的原因，對這個「機會」熟視無睹，充耳不聞——等反應過來的時候，只好慨嘆：「唉，都是命啊！」

我想，到二〇二六年的時候，這段文字一定還在網上存在——這是互聯網的好處之一。

例子舉完了。

請注意，這個例子在這裡不是作為「鐵證」存在的，因為我知道這樣一個事實——雖然我已經盡力說清楚了，可實際上：

▽可能我還有說得不準確的地方。

▽可能我還有說得不完備的地方。

▽既便我說清楚了，說完備了，也會有很多人理解不了或者理解錯了。

▽對那些價值觀與我不同的人來說，上面的例子很可能「漏洞百出」，甚至「千瘡百孔」（也許是因為我們相互生活在另外一個鏡像世界裡吧）。

所以，這個例子在這裡只是用來證明一個道理：

你看，有些（大）機會，那麼明晃晃地站在那裡，可很多人就是看不見。

但是，別急，因為下面的內容才真正重要。

「看見了」又怎樣？你以為你看見了機會，機會就是你的嗎？ 顯然不是。看見了只不過是看見了，把握機會完全是另外一回事。

機會越大，看到它的人群就越會展現出一個奇怪的傾向：

> 面對越大的機會，人們的行動力越差。

關於GAFATA，我私下對很多人說過，因為我不覺得這是什麼值得「保密」的東西，甚至它的價值就在於：雖然它價值巨大，但它是那麼顯而易見——它是典型的「因為看起來太過簡單而總是被忽視、被輕視」的結論。

最為關鍵的是，這個結論的價值可以用下面這個公式近似地表達：

> 收益＝本金×（1＋複合年化收益率）^{年數}

也就是說，若你行動了，那你的收益——首先要看基數是多少（即，本金金額是多少）；其次要看投資年限有多長；最後要看複合年化收益率有多高，是百分之十幾、百分之二十幾，還是百分之三十幾？嚴肅的投資者都知道，長期複合收益率在二五％以上就是特別高的了——沒經驗的投資者想要的都是「至少幾倍」的收益率。

在被我告知這個發現的人群之中，實際上動手操作的人，據我所知並不多。關於這一點，我並不奇怪，因為之前我遇到過更猛的投資品種，見過更多「反正就是不行動」的人，當然也見過更大比例的慨嘆「當時要是再多想想就好了」的人。

在過去的一年多裡（本書寫於二〇一七年五月），當我想明白投資GAFATA的邏輯之後（其實就上面那些內容），就開始行動了。定期持續買入GAFATA，制定自己認為合理的比例、投資水位及調整水位的原則，然後對這些原則進行觀察、總結和調整——我一點都不覺得這件事枯燥，反而覺得它有意思極了，因此，我樂此不疲。二〇一六年第四季度，我甚至在香港註冊了一個基金，準備專門用來幫助自己和社群裡的朋友共同投資GAFATA。

所以，永遠不要抱怨「沒機會」。抱怨是另外一群人做的事情，反正不是我們。

問題在於，看到了機會不等於可以「自動掌握機會」，還是要加上持續的思考，以及基於自身思考的行動，才有可能真正把握機會——只是「才有可能」，而不是「必然」，因為總有運氣因素存在。

你要做的是：運用自己的知識和思考，用自己的資本負責任地進行投資。負什麼責任呢？在帳面上虧的時候淡定，在帳面上盈的時候從容——說起來容易，做起來難（因為大多數人沒有合格的知識和判斷能力在那資金背後做支撐）。

不要向別人問這種問題：

我人在中國，怎麼買美股啊？（GAFATA裡也有只能在香港股市買到的股票。）

為什麼不要問這種問題呢？因為這種問題應該是你自己想辦法解決的問題。若連這種問題都解決不了，你不僅不及格，甚至是「負分」，沒人有任何理由幫你。

我有個朋友，名字叫戴汨，是愉悅資本的創始合夥人。在二〇一六年的時候，我幫他轉發了一則招聘廣告。

愉悅資本招聘

愉悅資本準備招兩名投資分析師，歡迎轉發推薦，史上最低要求如下：

工作經驗：越少越好。

投資或商業經驗：最好沒有。

重點大學，燒腦專業（數學、物理之類）。

熱愛體育，不愛睡覺。

簡歷投遞地址：自己琢磨。

這就是他們的招聘廣告，當時我看到就樂了。看完這則廣告之後，竟然完全琢磨不出簡歷應該投遞到哪裡的人，直接就「不合格」，連過濾都不需要——對那些人來說，他們連簡歷都遞不出去。

再想想，愉悅資本招的是什麼職位？分析師。若是招櫃台人員，這樣的要求有點過分，但是，想應聘分析師的人，若連「簡歷投遞地址」都分析（研究）不出來，確實應該直接過濾掉，不是嗎？這世界就是這麼簡單。

很多關於投資方面的所謂「問題」，不僅是不值得回答的，甚至是乾脆就不應該問別人的——頂多先問問 Google，再自己琢磨琢磨，這是基本素質。

同時，請記住：

> 在投資領域，不要急於行動。

對投資知識的把握，最難的地方在於它實在「很違背直覺」，所以，形象地講，若不把自己的作業系統搞個天翻地覆，是沒有辦法正確實操的——你已經保持了多半本書的耐心，還怕剩下的少半本書讀不完嗎？

二〇一七年一月一日，我在《通往財富自由之路》專欄裡提到了「GAFATA」這個概念。二〇一七年五月十二日，我在這個專欄裡發表了另外一篇文章，其中提到：

> 有多少人看到了，想到了，最終**做到**了呢？在十五六萬訂閱讀者中，起碼有三分之一沒有看到，你信不信？因為他們在訂閱這個專欄之後，把它變成了「積ん読」（日語詞彙，tsundoku，指

那些買回來堆在那裡還沒讀過的，或者後來乾脆不讀了的書）。剩下三分之二的讀者，看到了，也動了心思，但有多少人最終拿出了錢、找到了方法、買到了GAFATA並把它留在了自己的帳戶裡呢？有多少人在這個過程中因為麻煩而放棄了呢？我們無從得知。雖然不一定很多，但我猜我們的讀者裡一定有一些人，在「折騰」了一下之後，現在手裡真的有一定數量的GAFATA了——這就是人與人之間差異的產生過程。

四五個月過去，GAFATA的表現如何呢？

GAFATA（二〇一七年五月）

GAFATA的平均增長率是二四．四五％，而同時期那斯達克指數的增長率只有一〇．六六％，在這段時間裡，GAFATA中表現最差的Google，其增長率都要比那斯達克指數增長率高五〇％！如果在二〇一七年元旦前後，你已經買到了GAFATA，假設你的本金是一百萬元人民幣，那麼在這段時間裡，你的「睡後收入」已經有二四．四五萬元人民幣了——我的專欄讀者裡一定有人得到了這個收益（雖然人數不會很多，雖然本金金額不一定）。

若你暫時沒有足夠的資金去做投資倒也罷了，若你實際上有足夠的資金卻只不過因為「怕麻煩」而中途放棄了，或者當時只

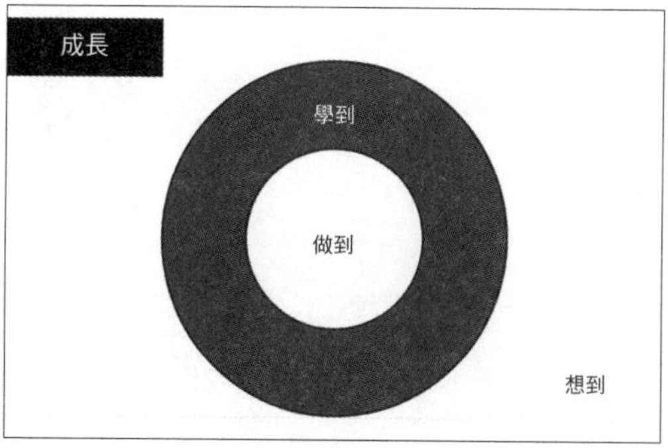

做到

是想想而已，後來「沒想到真的能漲」，那麼，請問：沒有得到那些收益，該怪誰呢？

想到（知道）、學到、做到之間有很遠的距離——形象地講，相差一個巴菲特，或者無數個李笑來。

成長究竟是什麼呢？

定義很簡單啊——想到之後做到。如果想到之後不會做，那就去學，學到之後再去做，並且做到。為什麼很多人的生命最終意義不大呢？很簡單啊——想到了、說到了、知道了、學到了，可惜最終沒有做到，於是，不了了之。

所以，沒有什麼是比「踐行」更重要的了。我很喜歡一位讀者在留言裡說的一句俏皮話：「人至踐則無敵」——確實如此。

在本書前面的內容中，我先是給出了「作業系統」的原型：

▽概念與關聯

▽價值觀與方法論

▽實驗與踐行

然後，給出了許多用來說明這個作業系統中各個要素的例子。現在，我又提供了一個「踐行」構成差異的例子——還不夠驚人？沒關係，我有更驚人的例子。

大約從一九八六年開始，我很討厭過春節，原因很樸素——太浪費時間。在那個時候，羅永浩就很不理解為什麼我一到過年就找個旅館躲進去——真是個怪人！

其實，那段時間是很安靜的，可以連續幾天安靜地想自己的事，看自己的書，睡自己的覺……多年後回望，我最慶幸的是什麼呢？就是十六歲之後，我再也沒看過中央電視台的春節聯歡晚會。算下來，僅僅因為這件（小）事，我就比同齡人多活了至少一個月吧？

一九九五年，我大學畢業。幾乎是從畢業那一天開始，我變成了別人眼中的「工作狂」——我沒有休息日，每天都在工作，連春節也不例外。

這件事我身邊的人都知道。

▽《TOEFL核心詞彙21天突破》最後的突擊成稿是在二〇〇三年春節完成的。寫《把時間當作朋友》的最初一稿（當時還叫《管理我的時間》）是在二〇〇七年春節。

▽二〇〇八年年初，我和朋友合夥開了個留學諮詢公司，在數碼大廈租了間辦公室，交完房租開始裝修，裝修得差不多了，就到春節了，於是大家都回去過年。等他們回來的時候，我已經接了幾個客戶，講了一小期班，收上來的錢已經使公司產生了盈利。

▽二〇一〇年春節，我一口氣在兩週內整理完《人人都能用英語》[1]，重新修訂了《把時間當作朋友》[2]。

▽二〇一三年年初，我和兩個小夥伴組建了 KnewOne，網站上線後沒多久就到了春節。他們倆一個去了香港，一個去了柬埔寨，都是去度假。我留在家裡充當客服……等兩個小夥伴回來，網站的流量已經衝進 Alexa 全球排名前五萬名了。

我就是這樣的一個人，可實際上我並不討厭給自己放假，只不過我覺得法定節假日對我來說沒有意義。那所謂「法定」是制約企業的，又不是制約我個人的，我什麼時候該休息，應該是我自己說了算啊。手裡本來有要做的事情，結果「法定」要休息，我就休息了，那手裡的事情怎麼辦？在不得不與他人協同的時候，法定節假日更是氣人，活生生把很多事情搞砸，而且每個人對此都不在乎——他們說他們有自己的生活。

以前在新東方講寒假班，每期班快結束時，總有一些學生跑來理直氣壯地索要最後一節課的講義，說：「我要趕回去過年……」我就樂：「嗯，過吧，好好過，使勁過，以後你就年年都在家過年吧，還留什麼學啊？」

你知道一年有多少個節假日嗎？很多人還真不知道，也沒去查過。算上週末雙休日，一年下來，法定節假日大約有一百一十五天。

在從一九九五年到二〇一五年的二十年裡：

$$115 \times 20 = 2300\text{（天）}$$

也就是說，二十年下來，我比別人多了兩千三百 個工作日。所以，我多做了很多事情還有什麼可奇怪的呢？

要是換個演算法，別人的一年其實只有兩百五十天，我卻有三百六十五天，那麼，我相當於比別人多了 2300÷250=9.2 年！也就是說，「長期」這個概念，對我和對別人來說是不一樣的，我的「長期」比別人短很多！——你說划算不划算？（在後面你會理解「長期」這個概念有多重要。）

不接受法定節假日，並不意味著我就不生活了，事實上，我很注重生活的品質，也很樂意在生活中像在工作時一樣，不斷升級概念與方法論，不斷改善生活品質。假設在多出來的「工作日」裡，我每天只工作六小時（雖然實際工作時間肯定比六小時長，但也不可能是十二小時甚至更長）——我也是幹一會兒玩兒一會兒的啊，要不然我怎麼能學會彈吉他呢？

想到，然後做到，差異就是這麼大。

【注釋】

[1] 《人人都能用英語》在這裡：http://zhibimo.com/books/xiaolai/everyone-can-use-english。

[2] 《把時間當作朋友》（第三版）在這裡：http://zhibimo.com/books/xiaolai/ba-shi-jian-dang-zuo-peng-you。

35. 別鬧——沒有錢能不能開始投資？

「等我有了錢，就馬上開始投資！」這句話的漏洞不僅在於：

你什麼時候才能有錢呢？萬一總是沒錢呢？

放眼這個世界，很不幸，那「萬一」還真的發生在了絕大多數人身上。所以，很多人一生都沒有投資過，甚至，更多的人連「開始」都沒有過——要知道，在「開始」投資的人中，絕大多數也是以失敗而告終呢。

其實，之前提到：

> 錢（資金）本身不配被稱作「資本」，因為「拿著錢」的人可能沒有足夠的智慧把自己的「資金」變成「資本」。不是「錢」不配，而是拿著錢的「人」不配站在資本之後。

所以，前面那句話的另外一個漏洞在於：

投資不一定要等到很有錢才能做。

投資這件事，真的不一定要等到有錢了才能做，沒錢一樣可以做投資——這是很多人從來沒有想到，也從來沒有因其感到震驚的事實。

我們先整理一下思路：

> 在投資這項活動中，最重要的元素是什麼？

其實，我早就給了答案：是投資者的「思考能力」（或者說「智慧」）。資金想要成為資本，需要「金額」、「時限」、「智慧」這三個要素。它們的重要程度，按下面這樣排序可能是最合理的：

> **智慧＞時限＞金額**

為什麼金額實際上是投資活動中重要程度相對比較低的因素呢？因為衡量投資成功與否的核心指標，並不是最終賺到了多少「錢」（絕對值），而是到了最終，起初那些錢的增長比例是多少（相對值）——增長比例才是更為本質的衡量指標。

另外一個原因是：在起點上，「金額」這個東西對每個人來說幾乎是「無法由自己控制的因素」。若你是「富二代」，你就「直接」擁有了更多的「金額」；若你不是，你可能連「一定的金額」都未必擁有。

然而，「時限」這個東西，對所有人都是公平的，與在起點上的差異無關。我既不是「富二代」，也不是很有錢，但，我想，任何一個正常人，只要「主觀上稍微堅定一點」，就可以拿出幾千或者幾萬元，並給這筆錢「判無期徒刑」。只要做到這一點，一個人在投資領域，在「時限」這個維度，就與所有「合格的投資者」及「優秀的投資者」一起站在最高的位置上了——不能再高了。

想明白這個道理，需要的就是「智慧」——一個比「金額」和「時限」更為主觀的東西。可這偏偏是任何人都能做到的，這真的是很違背直覺的事情。

> 最難的竟然是最簡單的。之所以說它最難，就是因為它太簡單了，以至於很多人乾脆沒想到。

再深入一點，「投資智慧」不大可能透過「遺傳」獲得（關於這一點，在後面會深入解釋）。所以，把我們的結論綜合起來重述，就是：

> 投資活動裡最重要的因素是「智慧」，在這一點上，沒有任何人有「先天優勢」。

在許多年前那個陽光明媚的下午，忽然想明白這一點的那一瞬間，我大汗淋漓，腦子卻格外清醒。抬頭，我看見了未來。

這是一個思考過程的重推。我做過很多年的老師，我知道思考這東西在起步的時候會顯得「多麼不自然，多麼吃力」。上面的思路對讀過這本書前面的內容的你來說，顯然是「老調重彈」。可我們都已經有了一定的元認知能力，運用元認知能力，我們可以審視自己的思考，再進一步，「高級一點的使用方法」是運用元認知能力去揣摩他人的思考（結果及其過程）。所有優秀的老師，都是這方面的高手（大多數老師其實不合格的原因也在這裡）。

A	B	C	D	E
		Google	iG	G-Chg%
1	2016.11.30	775.88	775.88	
	2016.12.30	792.45	792.45	2.14%

股票價格記錄

既然我們的結論是有三個維度在定義「資本」，那麼在任何一個維度上「更進一步」，都是打造多維度競爭力的基本手段。既然在「金額」上受先天限制，既然在「時限」上很容易到達最高點，既然在「智慧」上每個人都沒有先天優勢——既然「智慧」是最重要的因素，那麼：

為什麼不馬上開始鍛鍊自己的智慧呢？

就算你覺得自己沒有錢，也可以開始鍛鍊自己的智慧。

如何開始鍛鍊投資智慧？

建立一個 Excel 表格（用 Mac 上的 Number 或者線上的 Google Spreadsheet 也行）。然後，設想你用一美元買了 Google 的股票，在每個月的月底，更新一下股票價格，算出相對最初投資一美元的漲跌幅——完工。

當然，你也可以跟蹤若干個公司的股價變化。不過，建議你不要關注太多，三五個已經足夠，否則你的精力可能會不夠用——即便是「虛擬投資」。過不了多久你就會知道，「磨煉大腦」這件事很實在，一點都不「虛擬」。

你反應過來了嗎——開始投資活動的條件是什麼？竟然只不過是：

只要你願意……

這裡有幾個要點：

▽事實上，你在一開始跟蹤的股票是不是GAFATA其實無所謂。如果你英語不好，那麼在大陸股票市場上選一個你有根據地認為可能會持續成長的企業就可以了，因為接下來，你在閒暇時要關注這個企業的財報和其他新聞。

▽金額必須設置成一元——也就是最方便計算且金額最小的單位。事實上，一元、一千元、一千萬元，抑或美元或者人民幣，都無所謂，不是因為「反正是虛擬投資」，而是因為從一開始就要養成習慣：關注相對值，而不是絕對值——增長比例才真正重要。

▽每個月只更新一次數據。在每個月的其他時間裡，絕對不要去看這個資料。看它不僅沒有意義，更可怕的是會讓你養成壞習慣。至於那個壞習慣究竟有多可怕，以後你會越來越明白的。

（進一步的自我訓練是：如果你有一次破例，沒到月底就忍不住去看資料了，那你一定要想辦法適當地懲罰自己一下。）

很多人都會不由自主地想：「這麼做有什麼意義呢？」如果你想得出來，你早就做了——你不是一直沒做嗎？也就是說，以你目前的情況，是不可能想出這麼做有什麼意義的。

讓你做，你就做，少囉唆。

因為前提很清楚：

▽你想學。

▽我有經驗。

▽雖然我知道你想不出「這麼做有什麼意義」，但我猜你起碼能想明白「這麼做好像什麼壞處都沒有」。

持續至少十二個月，才算是入門——這已經算是非常快的了，以後你會越來越明白這個道理。以後，你會見到無數的人在衝進投資領域的時候，連哪怕一點點的基礎訓練都沒有，以至於他們以為自己衝進了市場，而實際上邁入了賭場。

我想，我已經想辦法與你在一定程度、一定範圍內建立了信任——假設你每週讀這本書中的一節，耐心地、隻字不差地讀，那麼，已經堅持了三十多週的你，一定早就體會到了元認知能力的重要與強大，一定早就體會到了「知道」、「會」、「懂」、「深刻地懂」這些階段之間的巨大差異。

這些年來，我與很多公認的投資領域專家深入接觸過。到最後，若你有和我同樣的機會，你也會發現：事實上，在各個層面總結下來，大家面臨的最大問題是一模一樣的：

如何才能使自己配得上那個機會？

如果你已經不是「入門級投資者」，而是在向更高的層級邁進，那麼我在這裡更要提醒你：

最終，每一個思維漏洞都必然導致決堤——你的資本越多，決堤效果就越驚人。

我經歷過很多次，也吃過很多虧——都是很難言傳身教的血淋淋的教訓。那些教訓對別人來說沒有用——那些教訓僅僅來自一個「屬於你自己的特定的思維漏洞」。

我們在這本書裡要做的事情很簡單：想辦法堵住一個又一個最常見、最普遍、最可怕的思維漏洞，甚至要在你還沒有錢去投資的時候就啟動這個工作，等你終於有錢進行投資的時候，你可能已經有了一年、兩年甚至「一輩子」的經驗，於是，在「機會真的來了」的時候，你不僅配得上，甚至比別人更配得上那個機會。

就這麼簡單。

36. 傻了吧——你以為投資是靠冒險賺錢的嗎？

相信你從小到大一直被這樣洗腦——反正我是被這樣「洗」過的：

想賺大錢？那得有冒險精神！

這是最普遍也最有害的「坊間傳說」，到了現代，可能得用「都市傳說」這個詞了。在所有的文化裡，每個小孩子在長大的過程中，都以「膽怯」、「懦弱」為恥，也都以「勇敢」、「堅強」為榮，而「冒險」顯然是最常用的彰顯勇氣的方式。

包括我在內，很多人在小時候都有過類似的「遊戲」經歷：看見馬路上開過來一輛車，就飛快地跑著穿過馬路，然後，一群小朋友在那裡聽著隱約傳來的司機的罵聲，洋洋自得、沒心沒肺地哈哈大笑……許多年後，當我學會了開車才反應過來，那司機更可能是嚇壞了，而不是氣壞了，所以才會使勁兒地罵我們。

關於「冒險」這個概念，觀察者和行動者的理解可能非常不同，甚至截然相反——又是兩個鏡像世界。

這有點像什麼呢？腦外科醫生在做開顱手術的時候，他的每一個動作「看起來」都是「危險」

的，一點點的失誤就可能造成很嚴重的後果——這是從觀察者的角度來看。而從行動者的角度來看：第一，他的目標是成功，而不是冒險；第二，他透過高強度的訓練，掌握了完成觀察者不可能完成的工作的必需技能；此外，他是專家，他知道什麼是危險的、什麼是安全的，他知道怎麼做是真正的冒險，他更應該知道怎麼做才能有效地避險。

於是，在整個過程中，觀察者時時刻刻「體會到」各種危險，心驚膽戰，覺得行動者在不斷冒險，最後是因為冒險才獲得了成功。可實際上，**行動者的所有注意力都放在如何避險，而不是如何冒險上**。

請仔細想想，當我們看到有人完成高難度動作的時候（我們是觀察者，他們是行動者），他們若「經驗豐富」，那所謂「經驗」，就更可能是「避險經驗」，而不是「冒險經驗」。如果沒有人提醒，我們這些觀察者就可能出現理解偏差，誤以為行動者擁有的是豐富的「冒險經驗」。

我在價格很低的時候買入了大量的比特幣，後來大漲也沒賣，後來大跌也沒賣……於是，就有人說：「笑來，你真大膽！」也有人評價：「唉，做大事的人就要敢於承擔極大的風險……」

真的嗎？真的像他們看到、想到的那樣嗎？

「價格很低」是指相對於當前的價格很低。我買的第一批兩千一百個比特幣均價六美元（二〇一一年三月），現在比特幣的價格是七百多美元（二〇一六年十二月）。另，比特幣曾經漲到

一千多美元，又經過兩三次「腰斬」（其實那個時候人們同樣認為它已經太貴了，賺不到錢了）……可實際上於我來說，在這樣的時候購買並不是冒險，因為：

如果它竟然是對的，那麼它一定不止這個價格。

我只不過是把最初花費四千六百元人民幣買入的股票，在其已經價值十幾萬美元的時候賣掉，再買入比特幣。所以，即便一切都化為烏有，我也能承受。

我從比特幣價格自十幾美元一路下跌的時候開始反覆買入，最後均價為一美元左右，直到預算花完，實在沒錢再買了。在這個過程中，從我的角度來看，我並沒有冒險。當我看到人們恐慌，覺得「比特幣已死」的時候（那是二〇一一年下半年），我反覆閱讀各路報導和文章，沒有看到任何站得住腳的理由——真的一條都沒有（這很奇怪，也多少令我迷惑）。而到了二〇一四年十二月，大漲過後「腰斬」，網路上的文章再次完全重複二〇一一年年底的論調（當然，他們沒有剽竊別人幾年前寫的文章，只是沒去瞭解比特幣的歷史）。於是，我認為他們是錯的（即便他們人多勢眾，但「人多」和「理正」從來都沒有關係）。按照我的思考結果，我就應該持續買入，買不動了就拿住，反正賣出肯定是錯的。

在當時的情況下，按照我的邏輯，不買才是冒險呢！因為我當時的結論是：以長遠的眼光來看，這個東西的價格能漲到多少是無法想像的。

而當時的情形反差很大，那些私下把比特幣按照今天來看過低的價格賣給我的人，一方面對我說「謝謝」（因為竟然有人花錢買這東西），另一方面誇我「勇氣可嘉」（因為他們當時在暗自慶幸自己終於解脫了）……

再後來，比特幣價格漲到一千多美元（這個上漲過程就發生在短短的六週內，甚至一度超過了每盎司黃金的價格），我沒賣。再再後來，兩三次腰斬，我也不動。

這真的是勇氣嗎？這真的是在冒險嗎？其實對我來說不是，理由很清楚：

離我的成本價還很遠呢，對我來說哪裡有風險？

請務必注意：以上的例子，是我當初對自己投資比特幣的思考。它在本文中僅作為「行動者往往更關注避險」的一個例證，絕非投資建議。絕對不要把以上例子中的文字理解錯了，而把它作為你的投資依據。下面這句話無論怎麼強調都不過分：

你的投資依據必須靠且僅靠你自己的深入思考而得到。

所以，與很多人想像的全然不同，我其實屬於風險厭惡型。我小時候可不是這樣的，那時我常常以為冒險是勇氣的證明。後來，書讀多了、歷史看明白了，才知道：

> 「冒險」常常是他人對冒險者的理解，而不是所謂「冒險」成功的人的行動。

哥倫布之所以被人們稱為「冒險家」，是因為只有他堅信「地球確實是圓的」（當時能真正理解這件事的人還不多），而且堅信到願意用行動去證明、用商業去收穫的地步。看的人覺得那是冒險，做的人則是在深入思考後不得不做——思考越深入的人，越傾向於堅定地遵循思考結果。

現在大家熟悉的「風險投資機構」（VC，編按：Venture Capital的縮寫，台灣多稱之為「創投」）就是一個被民眾普遍誤解的概念。連很多一線創業者在最初的時候都會或多或少地曲解從事風險投資的機構和個人，他們最常說的話可能是這樣的：

> 你不是「風險投資」嗎？沒風險幹嘛讓你投資啊?!

這是最典型的「望文生義」。

風險投資模型其實很簡單，通俗點講就是：

> 鎖定一個增長最為迅猛的領域，然後在那個領域裡投資很多有可能超速增長的初期企業，以期在得到最大化的收益的同時，從機率上保證總體風險降到最低。

VC其實是最懂如何「不冒險」的。風險投資的模型設計，也是為了避險，而不是冒險，目標有兩個：

▽盡可能獲得最大化收益。

▽盡可能降低系統化風險。

為了獲得最大化收益，他們要先鎖定他們認為增長最為迅猛的領域。例如，在上一個十年裡，互聯網領域的發展優勢「天生」就是其他「傳統」領域的成千上萬倍。這種「鎖定領域」本身也是降低系統化風險的基本手段之一。然後，他們要在這樣的領域裡去篩選「誰是第一」、「誰的增長速度最快」等，甚至「把前三名都投一遍」，還要和其他VC「抱團取暖」、「同舟共濟」……這些都是為了降低系統風險而採取的措施，而不是人們想當然的那樣——「竟然是為了冒險」。

換言之，雖然名字裡有「風險」兩個字，但實際上，他們是「避險」高手，而不是「冒險」高手，他們不屑於充當「勇敢者」。雖然當別人那麼稱呼他們的時候，他們也覺得無所謂，反正「教育他人並不是首要任務」，他們中的一些人甚至樂得順應大眾的理解，不時說一些「風險我們去冒，你們專心把事情做好」之類的話，但實際上，「以更低的風險獲得更大的收益」才是他們的核心價值觀。這也是「資本」這個東西骨子裡應該有的價值觀，不是嗎？

我們曾經討論過：為了與他人合作，我們有必要「有意放棄部分安全感」，但這並不是鼓勵盲目冒險。在以下兩件事情上一定要注意安全，學習並積累避險經驗：

▽資本安全

▽人身安全

可人們為什麼普遍傾向於在資本上無視風險的存在呢？從總體上看，就是因為人類普遍沒有資產管理經驗，還沒有機會對由資本風險造成的恐懼形成「基因記憶」。若一個小朋友看到桌子上擺著一把槍，他會好奇地拿起來玩，一點都不會害怕，當然也完全不知道那是可能致命的東西；可若在他背後出現一條蛇，哪怕他還沒看清那東西究竟是什麼，也早已嚇得瑟瑟發抖、嚎啕大哭了。為什麼會這樣？因為我們每個人都有「基因記憶」，很多恐懼早已植入基因，無須講解，無須教授，天生就懂，天生就會，天生就感受得到。

現在再來看看——人類對財富和資本的認識，實在是不多、不久、不夠，甚至實在是太少、太短、太不夠了！以下都是毫無疑問的事實：

▽人類對財富的認知歷史其實沒有多久。從人類開始使用貨幣至今不過幾千年而已，這在人類的歷史長河中是相當短的一段時間。

▽長期以來，在人類之中擁有足夠財富的人群比例一直是非常低的，那比例其實低到甚至可以忽略不計的地步。

▽整個人類，除了一個民族（猶太人）之外，迄今為止都會或多或少地將「複利」這個概念「妖魔化」，而「複利」是財富領域裡最重要的概念（後面根本沒必要跟著一個限定詞「之一」）。

▽人類社會的動盪從未停止，古今中外都一樣。每一次大的動盪，本質上都是對財富擁有者的殺戮，因此，關於財富的基因事實上很難傳承。

▽人類真正認識到市場的好處（從真正的知識研究角度，而不是「憑直覺」）只不過是最近兩三百年的事情（中國在二十世紀八〇年代才重新開啟了這方面的認知）。

▽人類真正研究經濟的運作規律，從亞當·斯密開始計算，迄今不到三百年。

▽人類對投資市場的探索，只不過是從兩百多年前開始的（美國的股票市場是從一七九二年華爾街邊的一棵西印度常綠樹下的露天交易開始的）。

▽人類對機率的真正認知，是從十六、十七世紀開始的。而將對機率的研究脫離賭博，應用到資本和風險評估上，要到二十世紀初才算起步，迄今不到一百年。

也就是說，在財富與資本領域，對於風險的認知，對整個人類來講，根本不可能產生「基因記憶」，也根本不可能天生就懂、天生就會、天生就知道該怎麼做。當然，最可怕的不是不懂，而是明明完全不懂卻不知道自己不懂，甚至覺得自己很懂……

人類與大自然大面積共處的時間是數十萬年，可謂經驗豐富；然而，人類與資本打交道，卻相當於全然沒有經驗。關於冒險的「基因記憶」，是人類在與大自然鬥爭的過程中養成的。現在，若把這些經驗運用到「與資本打交道」、「與資本共處」上，則基本上是不適用的。

這是不變的生存法則，開車如是，生活如是，投資、創業亦如是。只要涉及人身與資本：

▽安全第一

然後才是下一條原則：

▽成為專家

錘鍊自己的學習能力，需要什麼就學習什麼，成為那個領域的專家，然後像專家一樣思考、決策、行動。專家不輕易冒險——雖然電影和小說裡經常大肆渲染他們如何在關鍵時刻「冒險」，但那是大眾娛樂，若不那麼描寫，大眾就不相信。

別人也許會讚賞你的勇氣，而你卻要知道，「勇敢」從來都不應該是需要自我證明的東西。這真是跟整個社會唱反調——它教育我們要「勇敢」，卻從來不告訴我們，那是它需要的，而不是我們需要的。

要知道，只有愛面子的笨蛋才需要證明自己有勇氣。他們不懂的是，雖然一時的面子保全了，他們卻早已因此成為被時間碾壓的對象。所以，一定要認真仔細地：

看傻瓜們冒險。

看得多了，你的避險經驗就豐富了。

結論是這樣的：

> 在做事之前一定要想清楚，要深入思考到你的結論已經和絕大多數人不一樣——要做到「特立獨行且正確」才行。在這樣的時候，你做出來的事情會把別人嚇到。他們覺得你在冒險，你卻知道實際上是怎麼回事。

有一本必讀書：*Fooled by Randomness*（《隨機騙局：潛藏在生活與市場中的機率陷阱》）。這本書的作者是納西姆．尼古拉斯．塔雷伯（Nassim Nicholas Taleb），他也許是目前地球上最聰明的人之一。他還有兩本書：*Black Swan*（《黑天鵝效應》）和 *Antifragile: Things That Gain from Disorder*（《反脆弱：脆弱的反義詞不是堅強，是反脆弱》）。前兩本書是塔勒布為了讓讀者讀懂最後一本書而寫的「序」。

再深入一點——避險也是有方法論的。做什麼都不能做「險盲」（這是我借用「文盲」這個詞彙的結構杜撰出來的詞彙，指那些不瞭解風險，不知道如何迴避風險，更不懂如何控制風險的人）。文盲的一生其實很吃虧，險盲的一生更是如此。文盲可以透過（自我）教育得到解放，險盲也一樣。

假設有兩個人玩公平的拋硬幣賭輸贏遊戲，規則是：

▽賭注大小恆定。

▽直至一方輸光，遊戲才能結束。

請問，最終決定輸贏的是什麼（單選）？

A. 手氣

B. 誰先拋硬幣

C. 拋硬幣的次數

D. 遊戲總時長

E. 以上皆是

F. 以上皆非

風險教育應該是理財教育，甚至應該是整個教育中最重要的部分。也不知道是什麼原因，它竟然一直被忽略，人們能見到的風險教育頂多是在學校或一些機構裡進行的防火模擬演習。火災其實只是風險的一種，有一個術語是「不可抗力造成的系統風險」，而這也是我們必須不斷自我教育的原因。**僅靠別人教永遠不夠，要靠自己學才行。至於「活到老，學到老」，其實只不過是一種生活方式。**

如果你在做上面的選擇題時多少猶豫了一下，或者選擇的答案竟然不是「F」，那你還真的或多或少就是一個險盲。不過，一篇文章的光景，你就基本上可以「掃盲」了——這本身不是一件困難的事情。

首先，要平靜地接受第一個事實：

第一，風險是一種客觀存在。

風險就在那裡，不離不棄，不會因為你怕或者不怕它就有所變動。甚至，從廣義上來看，即便你什麼都不做，還是時時刻刻有風險的陪伴。

為什麼風險幾乎永遠存在呢？因為第二個事實：

第二，一旦有未知存在，就有風險存在。

為了瞭解風險、研究風險、迴避風險，甚至控制風險，人們還弄出一個數學分支——機率統計。這幾乎是所有人都應該認真學習的學科，只可惜，好像絕大多數人都只是應付一下考試就把如此重要的知識「還給老師」了。

在學過一點機率的人中，有一個普遍的誤解，就是認為「風險的機率決定風險的大小」。可實際上，衡量風險的首要因素不是風險的機率。這就是我們要提到的第三個事實，也幾乎是擺脫險盲的最重要的事實：

第三，衡量風險大小的決定性因素是賭注的大小。

關於之前的那道選擇題，最終決定輸贏的是誰的賭本更多。

由於賭注是大小恆定的，又由於拋硬幣是機率為二分之一的遊戲，所以，如果雙方賭本一樣多，那麼最終雙方輸贏的機率就都是二分之一。可是，如果一方的賭本更多，那麼他最終獲勝的機率就會更大。由於玩的是機率為二分之一的遊戲，所以，如果其中一方的賭本是另外一方的兩倍以上，那麼前者幾乎必贏。也就是說，在這個遊戲裡，賭本相對越多，輸的機率越趨近於零。

如果你參與這個遊戲，一上來發現那個「恆定大小的賭注」比你的總賭本還多，那你就不應該參與。如果你的賭本只夠下一注，雖然贏的機率依然是二分之一，但從長期來看，你沒有任何勝算。

很多人看起來一輩子倒楣，可實際上，那所謂「倒楣」是有來歷的——他們對風險的認識是錯誤的。他們倒楣的原因只有一個：

動不動就把自己的全部賭進去。

賭注太大，則意味著結果無法承受。為什麼賭本少的人更傾向於下大賭注呢？據說是因為自身越差的人夢想越大。在高速公路上把車開得很快還不願意繫安全帶的人——險盲，因為這些人不知不覺就把自己的性命當成了賭注。經常做鋌而走險之事的人——險盲。在股市裡因為怕自己賺得少而拿出全部身家（甚至借錢，更甚至借錢做槓桿）的人——險盲。

上面的討論其實涉及第四個重要的事實：

第四，抗風險能力的高低本質上就是總賭本的大小，尤其是在面臨同樣機率的風險的時候。

反過來看，賭注恆定，賭本卻相對無限大的時候，即便遇到九九．九九％的風險機率，玩家其實也全然無所謂——賭注相對太小，輸了就輸了吧。

還有一個現象需要注意：賭注相對大的時候，智力會急劇下降。為什麼高考的時候總有一些人考砸？就是因為賭注（自己的未來）太大，以致壓力太大，進而無法正常發揮。

同樣的事情也發生在國際撞球大賽上。那些天天刻苦訓練的選手，每一個在訓練的時候都能經常打出「滿貫」，但在整個賽季裡也沒有幾個選手能在賽場上做到。為什麼呢？就是因為賭注太大了。平時訓練的時候沒有賭注，也就沒有壓力。這也可以反過來解釋一個常見的現象：歷史上所有成功的龐氏騙局都有一個普遍的重要特徵，那就是「加入費用驚人地高」，因為只有這樣，進來的人才能普遍不冷靜。

所以，人真的不能窮，不能沒有積蓄，否則真的會在某一瞬間突然變傻。另外，永遠不要「all in」，這在很多時候不是空話，真的需要放在心上。

第五，冒險沒問題，但盡量不要被抽水。

「抽水」是賭場裡的術語，是指贏家要支付盈利中的一定比例給莊家。不要以為賭場太陰險，實際上，開賭場、保證公平就是需要開銷的，所以，玩家支付抽水是合理的。也不要以為股票交易所太貪婪，實際上，它們收手續費也是合理的。這些就是無所不在、不可消滅的「成本」。

公平是有成本的。有抽水機制的賭局在本質上是傾斜的。因為即便是拋硬幣的遊戲，在加上抽水

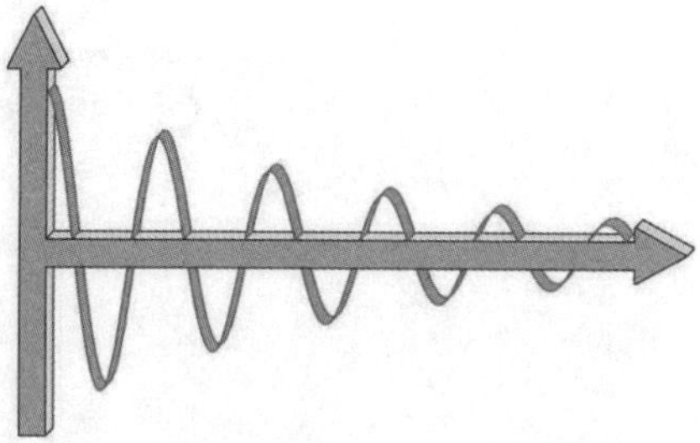

阻尼正弦函數

機制之後，從長期來看，所有的玩家都會輸光，所有的賭注最終都會轉化成抽水者的利潤——就好像一個正弦函數被改造成阻尼正弦函數一樣。

37. 為什麼絕大多數人會「腦子一熱就押上全部」？

我在第十三節中提到了一個絕大多數人會終生背負的枷鎖：追求百分之百的安全感。我猜，有很多人「必須」回去重讀一下了。

追求安全其實總體上是正確的。可是，追求「安全感」（即，追求「安全的感覺」）往往是錯的，因為感覺通常是原始的、未經斟酌的和未經教育的。教育是什麼？教育的核心本質就在於「糾正原本並不正確的感覺」，也在於「科學地使用知識，打造升級之後更為靠譜的『感覺』，然後不斷校正」。

「追求百分之百的安全感」只能是錯上加錯，核心理由在於：

未來最重要的屬性之一就是「部分不可知」。

當我們考慮未來的時候，事實上不存在百分之百的正確，於是，「不確定性」事實上就是在我們針對未來作出任何決策時必須在最基礎、最核心的層面上考慮的因素。

投資是「面向未來的判斷與決策」，所以「萬一錯了」的情況是永遠不可能避免的。於是，我們只能退而求其次：

盡量去做勝算超過五〇%的事情——雖然無法達到一〇〇%，但勝算越高越好。

「放棄一點點安全感」，或者說，「不去追求百分之百的安全感」，從本質上看只不過是「平靜地接受現實」而已——雖然，一如既往，對大多數人來說，這一生最難接受的莫過於現實。

與對待其他領域不同，在投資領域裡我們格外強調「避險」，也盡量不去「冒險」。

我們要躲避的最大風險是什麼呢？排在第一位的風險莫過於：

從此再無機會。

套用賭徒們常說的一句話：「要想盡辦法留在賭桌上！」因為一旦被清退，一旦離開了賭桌，就再無任何機會了。中國的古話「留得青山在，不怕沒柴燒」也是同樣的道理。

籌碼越少的人，越容易「拚命」。早晚有那麼一刻，他們會突然大腦充血，「決定」押上全部身家。之所以給「決定」兩個字加引號，是因為那所謂「決定」並非經過冷靜思考，也並非經過合理判斷作出的，只是在那一瞬間倒向了某個選項——根本談不上決定，也根本談不上選擇，完全是「鬼使神差」的被動行為。

「押上全部」之後發生的事情，在這世界的各個角落裡重演了無數遍。在結果出現的那一瞬間之前還以為是「勇氣」的東西，在結果出現的那一瞬間突然顯得「那麼明顯且無以復加地愚蠢」……

中國還有句老話，「不怕一萬，就怕萬一」，通常是指「壞事萬一出現了就很可怕」。這是對「小機率事件發生」的最樸素的感知。例如，雖然某個事件發生的機率小到了萬分之一，但這並不意味著一定要到第一萬次才出現，事實上，可能在第一百次就出現了。又，事實上，第一次就出現的機率與第十次或者第一萬次出現的機率是一樣的——都是萬分之一。

國外也有相近的說法，只不過老外比較好玩兒，不管什麼事，都想造個「理論」、「定律」出來。例如，墨菲定律是這麼說的：

凡事只要有可能出錯，那就一定會出錯。

有一個「玩笑版」是這麼演繹的：

> 當放在桌子上的蛋糕掉到地毯上的時候，有奶油的那一面朝向地毯的可能性與地毯的價格成正比。（也就是說，你越是心疼那塊地毯，那「無生命力」的蛋糕就越傾向於把那塊地毯搞髒且不容易復原。）

可是，當某個決策涉及很大的金額時，那「玩笑」就很可能是「生命不能承受之輕」了。若那個決策涉及「全部身家」，則結果註定是無法挽回的——僅靠勇氣背負著那個結果活下去，往往是不夠的……

所以，為了迴避那個最大的風險（即，「從此再無機會」），作為投資者，你必須牢記且絕對不能觸犯的鐵律是：

> 永遠不要押上全部！

可惜，這麼簡單的道理卻很少有人重視。以後你會見到，有極大比例的人，大腦一充血，就什麼都聽不進去，甚至連打罵都不管用，非要「以身試法」不可。

很多人在看到「永遠不要押上全部」這種「顯而易見」的建議時，甚至會產生憤怒的情緒，因為他們覺得自己的智商受到了侮辱，他們腦子裡的念頭是：「難道我那麼笨，連這麼簡單的道理都不懂嗎?!」說來好笑，恰恰是這群人，更可能在某一天輸紅了眼，一激動就押上全部，然後徹底輸光，只能離場。為什麼呢？因為他們根本不知道自己身處另外一個鏡像世界，而在那裡，即便是看起來一模一樣的東西，事實上也很可能是截然相反的。

> 順帶說一句，開車不小心的人事實上都是根本不懂這個道理的人。因為那風險涉及的可是整個生命，押上去的比「全部資產」還要大不知道多少倍——你說是不是應該特別小心？可事實上，很少有人這麼想——絕大多數人根本就無所謂！

接下來，我們再認真考慮一道「應用題」：

假設某人正在參與一個公平的拋硬幣賭博遊戲（勝負機率恆定為五〇%），他的賭本是一百元。

請問：此人合理的單次最大賭注是多少元？

我們已經知道，單次下注一百元肯定違背鐵律，那麼下注多少才合理呢？

每次下注，輸和贏的機率都是五〇%，而連輸兩次的機率是二五%（0.5×0.5），連輸三次的機率是一二．五%（0.5×0.5×0.5）。

連續輸 n 次	概率
2	25.00%
3	12.50%
4	6.25%
5	3.13%
6	1.56%
7	0.78%
8	0.39%
9	0.20%
10	0.10%

這是一個特別容易混淆的地方，也是「賭徒謬誤」的根源：

▽每次拋硬幣都是「獨立事件」，即，這一次的結果不受之前任何一次結果的影響——每一次都一樣，出現正面（Head）的機率是五〇%，出現背面（Tail）的機率同樣是五〇%。

▽「連續出現某一特定結果」也是一個「獨立事件」。用「H」表示正面（Head），用「T」表示背面（Tail），「HHHHHH」出現的機率是一．五六%（六十四分

之一），「HHHHHT」出現的機率同樣是一．五六%（六十四分之一），也就是說，雖然「HHHHH」已經出現了，但下一次結果加上之前的結果究竟是「HHHHHH」還是「HHHHHT」兩者的機率是一樣的，相對來看是 1.56%：1.56% = 1：1，還是相當於五〇%。（仔細想想「關注相對值，而不是絕對值」的思考模式在這裡的作用——若沒有元認知能力可怎麼辦呀？）

換言之，即便單次最大賭注為二十元，該賭徒依然有三．一三%的可能性在五把之內全部輸光；即便單次最大賭注為十元，該賭徒也有〇．一%的可能性每把都輸**（千萬不要以為機率低到〇．一%就肯定遇不到了）**。

當然，投資者是不會去「拋硬幣」的——嚴肅的投資者怎麼可能去玩勝率小於或等於五〇%的賭博遊戲呢？合格的投資者無論有多少錢，都不會在這種遊戲上下注。

有一個著名的公式——「凱利公式」（Kelly Criterion）。對「若贏了有收益，若輸了下的注就一點都拿不回來」的賭局，有一個可以計算最佳單次下注占比（相對於總賭本）的公式：

$$f = [p(b+a) - a]/b$$

▽ f 是合理下注占比（相對於總賭本）。

▽ a是單次下注金額。

▽ b是每次下注 a 之後，若贏了能拿回的淨利。

▽ p是贏的機率。

請注意：

凱利公式不能直接應用在股票和房產投資行為上，因為股票和房產投資決策失誤常常不會導致「投資」如同賭局下注那樣「若輸了下的注就一點都拿不回來」的情況。

假定賭局的設定如下：

▽ 每次下注一元，賭贏的淨利為一元（a=1，b=1）。

▽ 玩家有六〇%的勝算（p=60%）。

那麼，f=0.2=20%，即，若有賭本一百元，那麼最優單次下注最高金額是二十元。

數學公式你可以慢慢消化，原理你也可以自行研究（請搜尋維基百科，關鍵字為「Kelly Criterion」）。在這裡舉這個例子，要說明的是：

即便你有本事在拋硬幣遊戲中有六〇%的機會猜對（不是在拋硬幣遊戲中原本應該的五〇%），你的最大下注金額也只能是總賭本的二〇%才相對安全。

換言之，在可能翻倍也可能賠光的投資中，若只有六〇%的勝算，那麼將總資產的二〇%拿來投資本質上已經是「押上全部」了——這才是在這裡要強調的重點。

當然，還有一個顯而易見的重點：

對同樣的事情，有些人可以有根有據地計算，而更多的人不僅不知道該怎麼算，甚至連想都沒想過，完全沒想到「竟然還可以算」——這差別是不是有點大？

很多人實際上完全不知道自己在「賭」什麼，再加上人們常常高估自己的勝算，而且越是沒有知識的人越容易高估自己和自己的判斷（所謂「無知者無畏」），因此，投入本金的二〇%就已經相當於「押上全部」了。可是，有很多人不僅要押上更多，甚至要押上所有，還有很多人，押上所有都嫌不夠，還要借錢炒（ㄉㄨˇ）股（ㄅㄛˊ）——顯然是「專業的自我悲劇製造者」啊！

另外，關於「槓桿」（另外一個需要很多基礎知識才能弄懂的很大的話題），我的建議不是「絕對不能使用槓桿」，而是「等你有本事算清楚之後再用不遲」。這就好像對普通人來說，飛機也不是不能開，只是要先用心學，再花時間練，等水準夠了才能去開一樣。另外一個樸素的建議是：事實上，入門級投資者在相當長的一段時間裡完全用不著槓桿。

絕大多數人是從「根本就沒有錢去投資」起步的（我就是如此）。在最初的時候，只能靠出售自己的時間來換取收入（請重新閱讀第五節到第八節），而生活本身是有成本的，因此，單位時間裡的收入要超過同樣時間裡的成本才可能有積蓄，而這積蓄還要優先應對生活中可能發生的意外，於是，在很久之後才有機會擁有可以「判無期徒刑」的資金。所以，我們更應該珍惜自己好不容易獲得的資本。

在通往財富自由之路上，越是早期就越是重要。無論資本是正還是負，都具備複利效應，而且越往後這個效應就越明顯。很多人因為不懂最基本的道理，從一開始就註定了敗局。但你不能這樣，因為我已經提醒過你：

> 永遠不要押上全部！

克制自己的衝動，越是在早期，資本金額越少，克制的難度越高，克制不了的代價就越大——雖然證明起來很困難！想想是不是如此：

> 到了某一時刻，我們很容易衡量自己得到的究竟有多少，但幾乎無法衡量自己沒得到的究竟有多少，因為我們根本就沒得到。

事實上，上面這段話是世界上所有安全專家（適用於所有領域的安全性原則普及與教育，不管是醫療、健康，還是消防、交通，都是如此）不可避免地面臨的長期難題：

▽在危險發生之前，如何向被教育者證明那尚未發生的危險有多可怕？

▽在避險策略生效時，如何向那些已經避開了危險的人證明那並未實際發生的危險（因為已經避開）有多可怕？

▽尤其是當那危險大到可以稱為「滅頂之災」的時候……

在「永遠不要押上全部」（或者反過來說，「為了用不著押上全部」）的基礎上，要做的最重要的功課是：

我應該如何盡量提高自己的勝算？

最簡潔的答案是：提高自己的思考品質。最實際的答案是：每升級一個概念，就是比「之前的我」的思考品質更高一點。

耐心點吧。

38.「早知道」就能賺到更多的錢嗎？

你是否有過這樣的念頭：

▽我怎麼才知道呢？

▽我要是早知道就好了！

其實，這是所有人都有過的念頭。不過，很少有人會認真反思和思考：這樣的念頭究竟意味著什麼？它們究竟會有什麼樣的影響？若有不好的影響，應該如何做才能避免將來受到同樣的影響？

絕大部分人至今都不能自然而然地接受一個簡單的事實：錢這個東西，天生就是有利息的。

如果錢這個東西天生就是有利息的，那麼知識這個東西是不是一樣天生就是有「利息」存在的呢？從這個角度來看，答案是肯定的。可實際上，你能體會在今天這個世界裡人們對此的無知程度究竟有多高嗎？這麼想你就能明白了：

「錢這個東西天生就是有利息的」這件事，雖然很多人不能自然而然地接受，但畢竟相對於「錢」這個概念，在我們的語言文字裡起碼還有個對應的「利息」的概念。而在我們的語言文字裡，對應於「知識」的那個本來應該存在的概念是什麼呢？答案是：根！本！沒！有！

人們對待知識的態度，實在是比對待金錢的態度狠多了——狠太多了！在人類史上，人們一直憎恨收取利息的人，覺得「借錢就借唄，你竟然還邪惡地收利息」——貪婪而又無知的人們總是理直氣壯地指責對方貪婪。而對知識，人們的態度竟然是（如此地無恥）：

▽你要給我！

▽你必須給我！因為知識是全人類的！

▽你不僅要給我，還要免費給我！

是啊，既然「免費」，當然就談不上什麼「利息」了。而事實上，無論在哪種文化裡，「望文生義」都是普遍現象。在英語國家裡，有無數的人自顧自地把「自由」理解為「免費」——反正都是「free」！

大部分知識（例如，你會計算，甚至會精確計算機率）都不是可以直接賺到錢的，但確實有一些知識是有直接的商業價值的，而且知道得越早，受益就越大（前提是用行動去支撐知識的結論），這就是「知識的時間價值」（就好像「利息是錢的時間價值」一樣）。

因為一些特殊的經歷，我對這個問題感受尤其深刻。二〇一七年一月初，比特幣價格再一次達到歷史高點，大約一千兩百美元，幾乎相當於一盎司黃金的價格。一夜之間，我的手機裡充滿了這樣的消息：

「早知道買點比特幣就好了……唉，晚了！」

可是，僅過了不到一週，比特幣價格在三天之內從最高點八千八百八十八元人民幣跌到了五千四百元——你可以想像這段時間在多少人身上發生了歷史上發生過無數遍的事情。到了二〇一七年五月，在我重新整理這段文字的時候，比特幣價格漲到了兩千美元以上——歷史上發生過無數遍的事情又發生了，很多人早早地「割肉」，然後只能眼睜睜地看著價格一路上漲……所以，千萬不要以為什麼東西漲了，人們就一定能在那上面賺到錢——在牛市裡賠錢的人其實很多！

很多人都說：「李笑來你真幸運，你接觸比特幣那麼早！」實際上呢？比特幣誕生於二〇〇九年，我在二〇一一年春節前後才知道這東西。又，在我剛知道比特幣的時候，很多人和二〇一七年的人一樣在慨嘆：「唉，我知道得太晚了！去年這個時候，比特幣還幾乎白送呢，現在竟然超過一美元了！太貴了！唉，早知道就好了……」

事實上，對我來說，真正的幸運並非我在二〇一一年就知道了比特幣——如果這也算幸運，那這世界上至少有十萬人比我幸運，因為他們知道比特幣的時間比我早。二〇一〇年，比特幣歷史上第一筆實物交易完成交割——有個哥們兒用兩萬五千個比特幣買了一片披薩！後來再也沒有聽說那個收了兩萬五千個比特幣的人的消息，這或許說明，他最終沒有留住那兩萬五千個比特幣。

我很少有機會以正確的方式與人溝通我那些真正的幸運：

▽現在回頭看，那當然是機會，可在當時，沒人能確定那就是機會，但我莫名其妙地相信了那個機會。我絕對不能「事後諸葛亮」說自己當時已經研究透了，我確實是一邊買一邊研究的。在其後的若干年裡，甚至到現在，我都在研究，而且總會發現研究得不夠徹底、不夠明白的地方。

▽基於過往的知識與經驗，我基本上可以努力比較深入地理解那個機會（按照百分制，我自認為應該在七十五分以上）了，因此不至於「拿著火把穿過火藥廠」。

▽在那個時候，我恰如其分地「富」，因為我沒有「窮」到連十幾萬美元都拿不出來的地步。

▽在那個時候，我不缺錢，但實際上只不過是恰如其分地「窮」，因為我沒有富到坐擁億萬資產的地步。若那時我已然擁有億萬資產，是不大可能對一個總市值不過幾千萬美元的「股票」感興趣的（你可以把比特幣想像成一個「去中心化無人管理的世界銀行」的股份）。在二〇一一年的時候，我和很多高人討論過比特幣。儘管他們瞬間就明白了它的原理和意義，但都在表示「哇，有意思」（WOW! Amazing!）之後一個都不買。這是為什麼呢？絕對不是因為他們「笨」，而是因為那時比特幣還是個特別小的資產（即便到了二〇一七年一月，與那些上

市公司相比，比特幣的總市值依然連個「小盤股」都算不上）。

▽最大的幸運是，在二〇一一年之後的幾年裡，我一直在成長，而且是以越來越快的速度成長，以致終於有一天，當「那實在是太大的變化」出現的時候，我有能力「使勁拚一拚，居然撐得住」（或者用時髦的說法——「hold得住」）。

一個鐵定的事實是：「早」本身不是核心價值，因為我們要追求的是「長期增長」。二〇一一年初很多人在推特上討論比特幣，到二〇一三年就已經經過了兩次暴漲（後面跟著兩次暴跌）——不過兩年。有多少人在那之後繼續持有呢？少之又少。轉眼又是三年過去，到了二〇一六年底，大行情再次「貌似」啟動的時候，那少之又少的持有者裡又有多少被「洗」出去了呢？絕大多數唄！這是在所有交易市場裡每天都會發生的事情，一點都不稀奇。

在回顧歷史的時候，一切都是確定的，所以，對那些沒有能力展望未來的人來說，幻覺「自然」產生了：如果我那麼做，我一定會有這樣的結果！但事實很殘酷：實際上，即便他們曾經有機會那麼做，後面的結果也依然很可能不會出現。

在展望未來的時候，沒有任何事情是「理所當然」的，哪怕是一絲絲的不確定都可能以幾何級數的量級放大恐懼的效果。還有一個因素是每個判斷和決策涉及的金額——金額越大，對判斷的影響就越大。前面提到了一個例子，把它放在這裡也很合適：職業撞球選手在練習的時候，隨隨便便就能打出滿貫分數，可在國際大賽中，尤其是進入十六強之後，就很少有選手能打出滿貫分數了。這是為什麼呢?因為涉及的獎金太高、榮譽太大，讓他們感受到了無形的巨大壓力（too much at stake）。所以，「想想」真的挺容易，若要做到，就是難上加難。

作為投資者，你在任何時候都要明白：在這個領域裡，一切「自以為是的自高自大」都只不過是「還沒走到那個地步」而已，絕大多數人「到時候」就明白自己究竟有多差、多弱了。然而，這世界的真正殘酷之處是——根本不給那些人「到時候」的機會（也因為那些人不可能「走到那個地步」）。

我寫的這些內容，面對的是「入門級投資者」，或者乾脆是「未來可能的投資者」，所以有時會顯得「過分模糊」，因為人在一些事情上都是「不撞南牆不回頭」的愣頭青。接下來，我就舉一個「成熟之後依然愣頭愣腦」的例子。

風險投資是投資創業公司的「早期」階段（上市之前的階段）。與之相對，股票市場常被稱為「二級市場」。那麼，「一級市場」的投資收益是不是普遍更高呢?答案是：並非如此。

雖然人們普遍認為風險投資機構（創投）的從業者是「相對更為精英」的群體，他們的職業本身就是「占據先機」的，但根據Cambridge Associates的統計：在美國的風險投資行業中，有大約三%的風險投資機構「奪取」了整個行業九五%的回報，而且，處於前三%的公司長期來看變化不大——就那麼幾家。若把表現最好的前二十九個基金去掉，剩下的五百多個基金累計投資一千六百億美元，最後只拿回八百五十億美元，也就是說，接近九五%的風險投資機構的十年長期業績其實是「虧掉超過一半的錢」！

假設（僅僅是假設）那些投資者在二〇一二年把那一千六百億美元換成Facebook的股票，然後一直持有，從不交易，到二〇一五年（即，三年之後）這些投資的漲幅是多少呢？應該是三〇一．三三%。不用問他們為什麼不那麼做，在這裡我只想問你：如果等到Facebook上市之後再給它投資，晚嗎？答案顯然是：一點兒也不晚！

這裡還有一個明顯的差異：在Facebook上市前，普通人能遇到且有機會投資嗎？顯然——不能，也沒有。那是彼得．泰爾（們）的機會。他們的基金長期位列前三%裡的前三名，若普通人竟然想要那樣的機會，實際上就是貪婪。Facebook上市後，我們普通人就可以購買其股票了，若我們沒買，只能是我們自己的問題。

在很多情況下，當人們懂得了一個道理之後，就會妄想把它應用到任何地方——手裡有把錘子，看什麼都覺得是釘子。不要笑話別人，每個人可能都是這樣的，不是在這個領域，就是在那個領域，時不時就會掉進同樣的陷阱——那個陷阱有化身無數的本領。

你看，有多少人在聽說並理解了「先發優勢」這個概念之後，就認為做任何事情都必須有「先發優勢」，全然忘了「先發優勢」只不過是「優勢」的一種？而且，有些時候「後發優勢」可能更厲害。

二〇一六年年底，我要求我的開發團隊搞一個收費講座工具。兩週後，工具搞出來了，是一個微信服務號，叫作「一塊聽聽」。這個微信服務號上線第一個月，付費用戶累計二十九萬，日活用戶三萬兩千，累計交易額三百零三萬元人民幣，看起來情況不錯。可在剛開始的時候，我遭到了開發團隊的集體反對——「已經有太多類似的工具了！我們根本沒有先發優勢！」於是，我問他們知道的最早的同類產品是哪一個，等他們回答之後，我告訴他們，還有一個他們根本不知道的更早的同類產品，是一個ＡＰＰ，其團隊已經解散三個多月了。所以，「先發」可能是優勢，也可能是劣勢，有些時候，可能恰恰因為出現得太早了，才沒能熬到明天。

所以，是不是「早」根本不重要，關鍵在於是不是「對」。事實上，更關鍵的點在於是不是「長期對」。所以，以後你就不用有幻覺了——好像如果早點知道你就會不一樣似的。首先要接受現實，「剛剛才知道」就是冷冰冰的現實。接下來是個好消息：其實「後發」也可能有優勢。至於優勢在何時出現，要視當時的情況而定。

39. 為什麼沒有人能準確預測市場價格的短期走向？

在很多時候，問題的品質決定了答案的品質。不恥下問本身沒有錯，但若問得不好，「不恥」就是白費的。

首先，關於「準確」。究竟要到什麼程度才算是準確？若進行問答，對話很可能是這樣的：

甲：請問，股票價格的變動是否可以準確預測？

乙：請先定義「準確」。

其次，關於「是否」。這世間的絕大多數問題，就算簡單，也沒有簡單到只用「是」與「否」就可以直接完整地回答的地步，所以，當這樣的問題被拋出來的時候，最直接、最正確的答案是「不一定」或者「不知道」，因為無論「是」還是「否」，都是錯的、不準確的。

最後，關於「預測」。缺少一個限定——誰來預測？不可否認的事實是，不同的人在預測能力上的差異是巨大的，此為其一；如果資訊完整度決定預測品質，那麼不可否認，有一些人基於種種原因比其他人擁有的資訊完整度高出許多個量級，此為其二。

以上三點簡要分析，在某種意義上可以算是一個「縝密思考」的最基本示例。然而，在很多不擅思考的人眼裡——「你這不就是挑刺兒嗎?」「你這不就是『雞蛋裡挑骨頭』嗎?」顯然,還是有一些人不這麼想,他們只是習慣了認真、仔細。

讓我們看看另外一個問題:

> 現在的Google股票價格是XXX美元。如果讓你預測五分鐘之後這個價格是上漲還是下跌,你的預測準確率大概是多少?

無論是基於感覺,還是基於讀過的一些理論(例如「機率論」、「隨機漫步理論」,抑或別的什麼),無論是誰,預測的準確率無窮趨近於五〇%。五〇%是什麼意思呢?意思就是「實際上根本猜不準」。預測結果正確與否,實際上完全靠運氣決定。

請注意:

> 預測的準確率要超過五〇%才有意義,否則還不如拋硬幣來決定呢。

如果預測的準確率高到一定程度,例如六〇%以上(也就是說,十次裡有至少六次預測準確),那就一直預測下去。不僅要預測,還要用錢去「賭」——從長期來看,一定會賺錢,賺很多錢。你應該能明白,其實準確率不需要高到九九%,哪怕是確定高於五〇%(例如五一%),從長期來看,也「一定會賺錢,賺很多錢」。

可事實上，對「五分鐘之後的價格是比現在的高還是比現在的低」這個判斷，幾乎可以肯定，無論用什麼樣的方法或策略，從長期來看，預測準確率只能是五〇%。換言之，無論怎麼努力，這個預測都是沒有意義的。而且，這個結論早就被實踐無數次驗證過了。

這有點違背直覺，就像「拋硬幣的結果已經是連續三十二次正面了，下次拋硬幣的結果是正面的機率依然是五〇%（因為每次拋硬幣都是一個『獨立事件』）」一樣違背直覺。

現在有一種所謂「投資品類」，叫作「二元期權」（binary option）。雖然很多國家早已禁止這種東西的經營，但在網上還是能找到很多。儘管這種東西出現的時間不長，但也已經有十多年了，從本質上看，它就是股市版的「賭場遊戲」——「猜大小」。

> 給「投資者」一個即時的價格資料（可能是某個股票價格，或者某個股指價格，抑或黃金價格、期貨價格等），讓「投資者」預測一分鐘（或者五分鐘、十分鐘、十五分鐘）之後的漲跌，「投資者」可以「買漲」或者「買跌」。若猜對了，「投資者」可以連本帶利獲得總計一八〇%的回報，若猜錯了，則全部賠光——相當於「賭場抽水二〇%」。

這種設定，使所謂「投資者」的預測準確率必須達到七〇%才可能「長期穩定地賺錢」。於是，這麼多年過去，從來沒有人在這種所謂「投資品類」（實際上是抽水比例很高的賭博）裡賺到錢，都是很快就輸光了。

> 簡單一點描述就是：你拿十元開始「預測」（「猜」、「賭」），平均來看，五次之後，你已經輸光了（因為總體上相當於每次被抽水兩元）。
>
> 事實上，很多人在第一次就輸光了，因為他們一上來就猜錯了；還有很多人第一次猜對了，手裡還有十八元，然後連續兩次猜錯（一次押十元，另一次押八元），也就把錢輸光了……把所有「賭徒」的資料集中起來（相當於把所有「賭徒」看成一個「大賭徒」）——在平均「猜」五次之後，他們的錢就會輸光。

在賭場裡，一個賭徒的「賭資」和「總投注金額」是不一樣的，因為他有時贏、有時輸，所以，最後的「總投注金額」一定遠遠大於他的「賭資」。從總體上看：

> 總投注金額≅賭資 ÷ 抽水比例 ×[1 +（預測準確率－ 50%）]

這就意味著，從總體上看，「總投注金額」越接近「賭資／抽水比例」這個數值，預測準確率就越趨近於五〇%。我們再看看這些「賭場」的資料，結論是：匯總這麼多年來那麼多「二元期權」「投資者」（其實是賭徒）的「戰績」，他們的「總投注金額」基本上等於「賭資／抽水比例」這個數值，也就是說：

總體上，對「預測幾分鐘之後的價格」來說，無論用什麼樣的手段，無論用什麼樣的理論，最終都是無意義的，其預測準確率和拋硬幣一樣，頂多是五〇％。

請注意上面文字中反覆出現的「總體上」這個詞。不是說沒有人賺到錢，而是說總體上所有人都輸了。統計資料告訴我們，參與「二元期權」這個「投資」（實際上，它是最差的「賭博」品類，因為抽水實在是太狠了，竟然達到了二〇％）活動的「賭徒」，就算是其中的一部分「贏了錢」，數量也相當有限，都在一定的「偏差允許範圍內」，根本就沒有「離群值」（outlier，統計學裡的一個概念，是指那些與普遍資料模型偏差極大的樣本）。

在這裡需要補充一下：統計機率知識是最基礎的「賺錢思維工具」（沒有「之一」）。我認為，任何希望自己將來進入投資領域的人，都應該補上這個基礎知識。

事實上這是大學的基礎課程，只不過絕大多數人沒有從覺悟上理解統計機率基礎知識有多麼重要。於是，這一輩子就好像別人帶著完善的裝備下海潛水，而自己卻赤身裸體直接跳了進去一樣——看上去也不是不行，可就是處處吃虧卻永不自知。

「麻煩您推薦一本書唄……」——我知道你腦子裡剛剛閃過這個念頭。我的建議有兩個：

▽大學課本就已經很好了。

▽挑書這件事，一定要自己做，不要找別人推薦，因為那會讓自己的「挑書能力」永遠差，而且越來越差（「用進廢退」是無論在哪裡都適用的道理）。

金融學裡有一個假說，叫作「隨機漫步假說」（random walk hypothesis）。

這個假說認為，股票市場的價格是隨機漫步模式，因此它是無法被預測的。

早在一八六三年，法國人朱利．荷紐（Jules Regnault）在他的書中就提到過這個假說。一九〇〇年，法國數學家路易．巴舍利耶（Louis Bachelier）在他的博士論文中也討論過這個概念。又過了許多年，到了一九七三年，這個假說才因為普林斯頓大學伯頓．墨爾基爾（Burton Malkiel）教授的 *A Random Walk Down Wall Street*（中譯為《漫步華爾街》）一書出版而廣為人知。

一百多年過去，今天在「隨機漫步」這個詞後面跟著的詞，依然是「假說」，而不是「理論」，因為其爭議實在是太大了。其支持者甚至做過各種各樣的實驗。例如，讓一個參議員用飛鏢去扎財經報紙，以此選出二十支股票作為投資組合，若干年後，發現這個投資組合的表現竟然和股市整體表現相若，不僅不遜於所謂「專家」推薦的投資組合，甚至比相當數量的所謂「專家」推薦的投資組合表現更為出色。在更誇張的版本裡，負責選股票的不是參議員，而是猩猩，使用的工具不是飛鏢，而是在被猩猩撕碎的財經報紙碎片裡名稱依然完整的二十支股票。

然而，這並不能使另外一群人信服，就好像即便是在今天，神創論和進化論的支持者依然旗鼓相當一樣（如果你認為進化論早就戰勝了神創論，那你就太天真了）。

一切與機率相關的推論，都是很難被普遍理解和接受的。這很正常。因為人們要看的是「長期總體的結果」，但眼前只有「此時此刻的某些特定案例」，所以，從總體上來講，理解機率論的難度不見得低於理解進化論的難度。

但，我個人的觀察有些不一樣。我覺得「隨機漫步假說」爭議的關鍵在於預測的時間期限，如果做如下描述，爭議很可能幾乎沒有：

▽短期價格預測是不可能的。

▽長期價格預測是很可能的。

▽預測時間期限越長，預測難度越低。

對短期價格的預測，「隨機漫步」應該就是「理論」，而不是「假說」。從本質上來看，無論用什麼樣的理論和工具，預測下一分鐘、下一小時甚至第二天的價格，結果都不會優於「拋硬幣」「撞大運」的結果。

然而，對長期價格的預測，實際上是很容易做到的，因為「基本面」就在那裡：

▽股價最終體現的是企業價值的增長。

▽世界一直在進步，經濟一直在發展——這是大前提。

▽有些企業就是能做到與世界共同進步，與經濟共同發展。當然，也有相當數量的企業根本做不到。

於是，一個「詭異的結論」出現了：

> 預測某些股票的價格變動，在短期根本不可能，在長期卻很容易——越是長期，預測結果越容易做到準確。

如果我去「賭」五年後Google的股價「一定」比今天高，並且高出很多，我想，我的勝算是非常大的，預測準確率應該遠超五〇%，以致事實上幾乎沒有人願意在這件事情上和我「對賭」。

有一個概念，叫作「賭徒謬誤」（gambler's fallacy），是指：

> 絕大多數賭徒傾向於相信之前的下注結果對當前下注有影響（至少是有一定的影響）。

賭徒之所以是賭徒，其實就是因為他們欠缺知識，無力理解和接受機率學上的那個重要概念：獨立事件。就好像某個作業系統裡缺了一個概念，於是，那個作業系統的運轉結果自然不同。

有統計表明，無論是否學過機率論，真正不受「賭徒謬誤」影響的人，比例總是低於總人口的二〇%，也就是說，至少有八〇%的人或多或少會受「賭徒謬誤」影響——別震驚，事實就是如此。另外一個「驚人」的資料是：七〇%的人根本看不出「如果P發生了，那麼會出現Q；現在Q出現了，那麼P一定發生了」中的邏輯謬誤（Eysenck, Keane, 2000）。

所以，若你能理解並理性地接受「隨機漫步理論」（請注意：這次我用了「理論」，而不是「假說」），說不定你已經「刷」掉了八〇%的「對手」；若你進一步釐清了這個「理論」的應用範圍——不是長期，而是短期——那麼你又「刷」掉了剩下對手中的至少一半，於是，你很可能已經是個「優秀」選手了。

我在第三十五節裡提到了一個細節——「每個月更新一次資料」，背後的原理是：

從一開始就要習慣於避開「短期思考」。

思考，常常是不由自主的。對不必要的事情，一旦不小心開始思考，然後竟然停不下來的話，我們就會不由自主地無法把注意力放到應該思考的重點上去。

雖然這不是容易的事，需要很久才能「習慣成自然」——起碼一年？但我覺得，若能在一年之內做到「習慣成自然」，已經是非常快、非常划算的了，不是嗎？

40. 十分鐘教會你判斷趨勢，你信不信？

許多年後，身邊的朋友開始這樣評價我：

「笑來，現在看來，你在判斷趨勢上真的很厲害呢……」

相信我，我真的不是在用上面的話顯擺自己，瞭解我的人也知道，我確實完全沒有顯擺的需求。在消除了可能的誤會之後，我要請你把注意力放到上面評價中的一個措辭上——「現在看來」。

這個措辭的意思是說，在此之前的很長一段時間裡，他們並不認為我是對的——是呀，誰能對未來有那麼確定的判斷呢？我又不是傳說中算命的！反過來，證明「自己對未來的判斷是正確的」之所以難上加難，是因為：第一，要等到很久之後才能有確定的結果；第二，即便判斷是對的，現實也不一定會當場給你正面回饋；第三，就算結果站在你這一邊，你也不能保證沒有運氣因素的存在，而完全都是你的判斷在起作用；第四，最終每個人都會明白，沒有誰的正確判斷本身就能改變世界，除非伴有不顧一切的行動。嗯，「人至踐則無敵」。

首先，讓我們深入研究一個看似簡單，貌似每個人都早就明白的概念：週期。

週期是理財投資活動中最為關鍵的考量因素，是在實踐之前必須學習、研究、掌握、遵循的理念和現實——可惜，它總是被忽略。它也是市場上大多數理財書籍中乾脆不提，或者放在最後一筆帶過，實際上卻最為基礎、最為關鍵的知識點。

如果不深入瞭解週期，就無法對趨勢進行有效的判斷，整個投資活動基本上就是沒有判斷的行為，甚至不如兩個人拋硬幣賭博——而在這樣的時候，墨菲定律一定會顯靈：

如果一件事情可能變壞，那麼它一定會變壞。

以後你會明白，這世界上所有的事情其實都是投資：成長是用自己的注意力向自己投資；婚姻是雙方共同投入自己的各種資源去創造一個更好的家族；工作是投資；創業是投資……一切都是投資（從另外一個角度看，我也認為這世界上一切的活動都是銷售）。

週期這個概念，在很多投資者嘴裡，通常由「**趨勢**」這個詞代替。他們會說：

▽「現在是上升趨勢。」

▽「現在是下降趨勢。」

這種描述儘管有時候還算管用，但更多的時候是膚淺的、危險的——因為一個上升趨勢要加上一個下降趨勢才構成一個完整的週期。而實際上，**真正的趨勢常常需要在多個週期（至少兩個）之後才能真實展現**。（見左圖）

如果我們探究的是真正的趨勢，就會發現，上升與下降只不過是一個真理的表象：

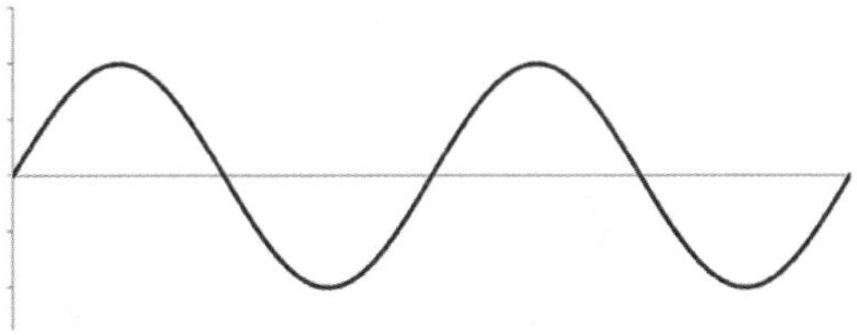

週期一

現實的經濟裡沒有直線，只有波（動）。

在一個很長的波段中，在任何一個點上向前或向後望，看起來都像自己處在一條直線而不是曲線上——就好像我們站在地球上卻很難感知自己其實是站在球面上而不是平面上一樣。

一個上升與一個下降構成一個週期。兩個或多個週期之後，如果我們發現曲線就好像數學課本裡的正弦曲線，那麼所謂「趨勢」實際上就是一條水平線而已。而我們常常說的且在尋找的所謂**「趨勢」**，應該是一條要麼上升、要麼下降的線條才對，因為「水準」等於「無變化」，**無變化就無趨勢**。（見次頁圖週期二）

這就解釋了為什麼有些人認定的所謂「趨勢」在另外一些人眼裡根本談不上是趨勢，因為後者重視的是一個以上的週期之後所顯現的真正的趨勢，而前者看到的只不過是在一小段時間裡的表象而已。

這也解釋了為什麼「追漲殺跌」的人必然很吃虧，因為他們看到的並不是實際的趨勢，他們看到的和把握的只不過是幻象而已。

在交易市場裡，有一種人被稱作「韭菜」。為什麼呢？因為韭菜總是割掉一茬再長一茬，交易市場裡的「韭菜」就是指註定會被「收割」的人。如何判斷自己是不是「韭菜」呢？其實很簡單，當你身處交易市場時，腦子裡存在以下閃念中的任何一個，你就是「韭菜」——確定無疑的「韭菜」。

▽X靠譜嗎？你怎麼看？你說Y能漲嗎？

▽X已經太貴了，買不起，我去看看Y吧。

▽真倒楣，一買就跌，一賣就漲！

▽剛才沒看到你們說什麼，我錯過了什麼嗎？

▽都一整天了，怎麼不見漲呢！

▽賺了賺了，我這就去換輛車！

▽跌慘了，媳婦要跟我離婚！

▽唉，等我借來錢，已經漲上天了！

▽他們運氣真好！我運氣真差！

▽騙子！你們都是騙子！

順帶說一句，**許多年前，這些閃念我都有過！**

如何把自己變成「另外一個物種」，而不再是「韭菜」呢？

方法之一是：在判斷趨勢的時候，看至少兩個週期——多簡單

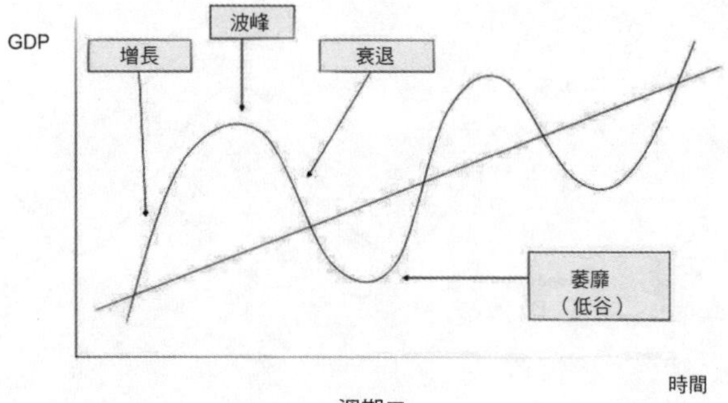

週期二

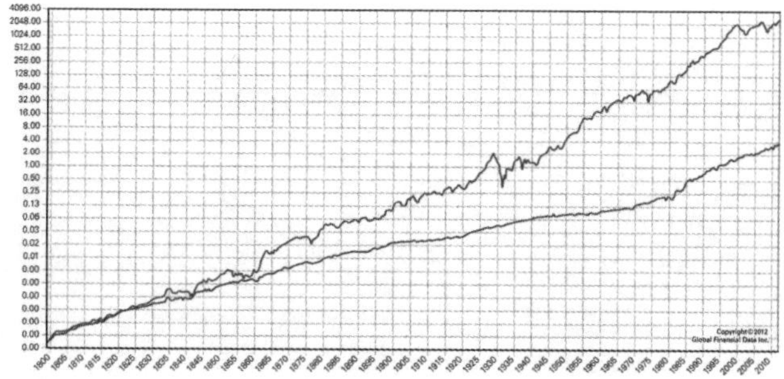

週期三

啊！可惜，當初沒人給我講透，所以我被「收割」了很多次。想明白之後，雖然「交了很多學費」，但我再也不是「韭菜」了。

若我們真的能夠看到多個週期，趨勢就會明顯到我們無法忽視的地步。

上圖是一八〇〇年至二〇一二年股票和債券的收益比較圖，上面那條線是股票指數（SPXTRD），下面那條線是債券指數（TRUSG 10M）。

起起落落這麼多年，股權投資和債權投資的**趨勢**其實是一樣的，都在上升，只不過雖然債權投資「看起來更穩定」（即，波動相對比較小），但漲幅落後於股權投資。

而透過次頁週期四這張圖你就會發現，從長期來看，投資黃金、美元什麼的，與投資股票相比，簡直「弱爆了」——不管你是否同意。這也是現在越來越多的人認為**「股權收益時代來了」**的重要原因——其實早就存在了。

才過了幾分鐘，你竟然已經可以從一個趨勢中看到其他更深層次的趨勢了。人是可以進步的——不僅如此，進步有可能是非

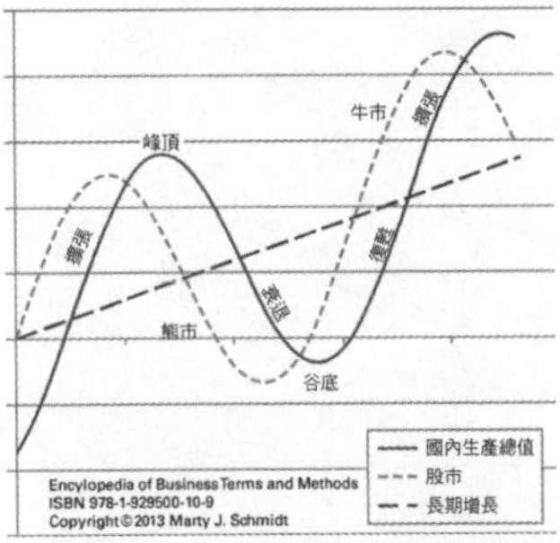

週期五：GDP 和股市的週期輪換

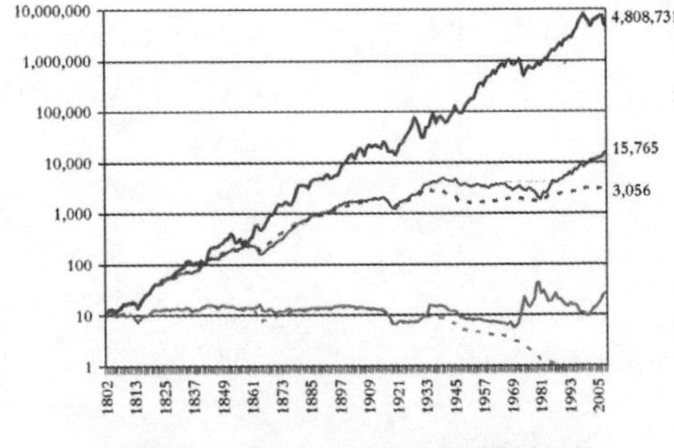

週期四：一萬美元本金投資的實際總收益
（一八〇二年至二〇〇八年）

常快的，而且，有一些進步可以在瞬間完成。而那些沒機會想到的人，弄不好一輩子都被無知和不進步耽誤且完全不自知。

所以，**關注週期，以及多個週期背後顯現出來的真正趨勢，會給你一個全新且更為可靠的世界和視界。**

進而，幾乎一切事物，無論是抽象的，還是具體的，都有自己的週期，只不過它們的週期不大可能一致。於是，幾乎一切機會和陷阱都隱藏在週期與週期的差異中。

據說GDP和股市的週期輪換是像圖週期五這樣的。

還有一個「庫伯勒－羅絲改變」（Kübler-Ross change curve），特別好玩兒，它看起來是像圖週期六這樣的。

更進一步，人們發現任何新生事物的發展過程也是差不多的（transition curve）。見圖週期七。

於是，我們可以反思這樣的現象了：

> 每當巨大的技術變革出現時，都有一批投資者「死」在路上。

為什麼？因為他們看到了所謂「趨勢」，卻忘記了或者不知道真正的趨勢需要經過一個以上的週期才會真正顯現。回顧一下，互聯網、NetPC（後來的所謂「雲端」）等都是如此。

剛剛闖入交易市場的人，往往不知道一個冷冰冰的事實：

> 在牛市裡賠錢的人其實很多，在熊市裡賺錢的人其實也很多。（編按：牛市和熊市分別代表向上和向下的市場趨勢。）

讀到這裡，你可能會愣一下：「在牛市裡怎麼可能賠錢！」「在牛市裡傻子都能賺錢！」仔細觀察一下，你就會知道，事實並非如此。當然，不排除有在牛市裡賺到錢的「傻子」，但也確實有很多人在牛市裡擔驚受怕、追漲殺跌——因為一個回檔就「割肉」，又因為不甘心而加上槓桿，到最後落得無法訴說的下場。

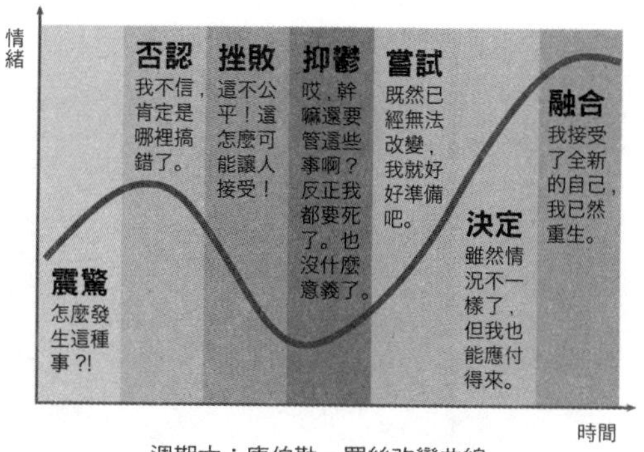

週期六：庫伯勒－羅絲改變曲線

他們為什麼會這樣？理由很簡單：他們的眼光穿不透週期，看不到真正的趨勢，有的只是最膚淺的理解，於是，他們的一切行動都像是亂打亂撞的「無頭蒼蠅」，事實上比「拿著火把穿過火藥廠」還可怕——因為他們「拿著火把四處亂竄」。

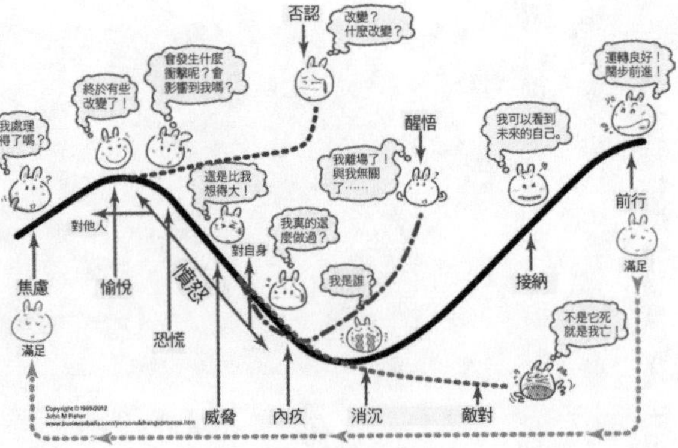

週期七

對週期的深入理解，甚至可能影響一個人的性格。在我看來，所謂不屈不撓，所謂堅持不懈，在更多的時候，只不過是因為對自己在所處的週期中的位置非常瞭解，才更容易作出的決定。

為什麼你的很多計畫最終無法落實，不了了之？背後最深刻的原因很可能是：你當時所處的生命週期與世界的種種週期（例如經濟週期）都不相同，於是，沒有人能幫你具體定制完全適合你的計畫。所以，人生規劃這種東西，聽不得別人的，必須自己來，否則也沒法「後果自負」。

人各有別。就好像在一個動物園裡，有老虎、獅子，有鸚鵡、孔雀，有鱷魚、蛇，還有很多不知藏在哪裡的昆蟲，它們都有自己的生存之道，都有自己的優勢和劣勢，沒有太多實際上有意義的、通用的、普適的優勢策略。

如果非要挑出一個來，就是：

繁殖能力強是王道。

用投資領域的話來說，就是：

> **賺的方式越多越好。**

太簡單了吧？是的，簡單到好像沒必要教育或學習似的。其實，這也是傳遞重要知識時所面臨的困惑與困難：

> **越是重要的東西，越是看起來並不相關。**

很多人問我：「笑來，你現在的主業是什麼？」我笑嘻嘻地回答：「『得到』專欄作家啊！」可是，在這個專欄裡，我會告訴你為什麼我總是能用各種各樣的方法賺錢：

> 因為我必須有投資以外的各種賺錢方法，才能確保自己能給自己的投資金額「判無期徒刑」（至少是「判」更長的「有期徒刑」）。

如果我只憑投資賺錢，也不是不好，但我覺得自己很可能做不好——因為我的心態會變，會患得患失，會不由自主地把眼光和注意力從遠方挪到眼前，變成「近視眼」，看不透週期，看不到趨勢，能看到的只剩下漲跌，於是，必然會退化為「韭菜」——那又何苦？

41. 最安全的投資策略是什麼？

投資成功的核心方法論，簡單到令人髮指的地步：

> **低買高賣。**

沒了！沒了！！除此之外，真的沒有任何更為重要或者同等重要的核心方法論了，真的只有這四個字！這就是那種典型的「世人皆知的祕密」。

時間久了，經驗多了，總結夠了，你就會發現，這世界處處都是這樣的：

> 成功算什麼？成功不重要，那只是某個里程碑而已。人生還要繼續，所以，從來都是成長更重要。可成長有什麼呀？不就是「每天進步一點點」嘛！

對啊！所謂成長，就是「每天進步一點點」而已——哪怕是每週進步一點點，也比沒有進步強一萬倍，因為後面還有「複利效應」呢。這也是**世人皆知的祕密**，而絕大多數人偏偏就是做不到。

這世界就是處處如此：

最簡單的事情，往往最難做到。

某一天進步很大其實很容易，也經常發生，可是，每天進步一點就很難，甚至每週進步一點或者每年進步一點都很難——看看身邊，有多少人的今天和許多年前的今天是一模一樣的！

「低買高賣」，說起來簡單，試試就知道了，真的很難做到——**要多難就有多難**。

一切「世人皆知的祕密」之所以最終真的成了祕密，是因為那祕密實際上是**「如何做到」**，也就是說：「what」通常算不上是祕密，因為每個人都知道；「how」才是真正的祕密，只因為「即便把那祕密是什麼全都告訴你，你還是很難做到」，換言之，只因為「你就是不知道如何做到」。

首先是對「低買高賣」這四個字中每一個字的理解：

▽這裡的「低」與「高」，是指相對值，而不是指絕對值，即，相對於當前的公司實際價值（雖然很難計算，但確實是因為很難計算，才有不同的人給出不同的價格，才有了「投資」或者「投機」的機會）。

▽這裡的「買」與「賣」，不一定是全部買入或者全部賣出。更深入的問題在於：買的時候，拿多少比例的資本去買呢？賣的時候，賣出多少比例呢？（這些都能算出來——算得對不對另說，但肯定是能算出來的。）

實際上，這樣的理解還很膚淺，再稍微深入一點研究，就會發現，「公司實際價值」實在是太難計算了。這世上有無數「理論」（其中還有很多相互衝突、甚至相互矛盾的理論）和「公式」號稱自己可以算得更準，但要命的是，無論如何，你都得選擇其中的一種，然後用自己的行動去承擔那「不一定準確」的後果。

還有更要命的——面對那些充滿爭議甚至相互矛盾的理論（還記得嗎，「有爭議」不代表「不正確」），你絕對不能問別人，別人的理解、解釋、選擇都是別人的，「拿來主義」在投資領域裡早已被證明為「必敗」，「伸手黨」註定是投資領域裡的「被捕食者」。

> 我一直覺得，對一個人最大的懲罰莫過於「讓他以後賺不到錢」。「伸手黨」在日常生活中的嘴臉，以及他們給別人造成的麻煩，比起「投資世界的本質就決定了『伸手黨』不僅根本賺不到錢，還必然賠錢」這個事實，實在是太微不足道了——想想就非常解氣。

於是，那些從一開始就掙扎著想要成為「合格投資者」的人，要從一開始就養成「盡量靠自己」的習慣。每一次對他人的無腦依賴，都是對自己能力磨練的進一步棄絕。如果你是不能自己研究、不能自己思考、不能自己選擇的人，那麼你從一開始就不應該進入投資領域——這裡是「叢林」，是現實生活中罕見的達爾文主義絕對適用且肯定適用的領域。

那麼，有沒有所有人都能做到、都能理解、都可以輕鬆上手，且只要做到就必然足夠有效的手段

	投資金額	股票價格	股票數量
一月	1	10	0.1
二月	1	15	0.067
三月	1	13	0.077
結果	3	12.32	0.244

按月定投

呢？**還真有**。

> 定投策略：定期等額購買某一支（或幾支）成長型股票。

假設，基於種種原因，根據知識與判斷，最終你選擇了某支股票，認定它是個「成長型公司」，之後，你就可以開始行動了。

▽設定一個期限，可以是每週，可以是每月，也可以是每季度。

▽在每個期限到達時，無視股價的變化，購買相同金額的該公司股票。

請注意，因為是定期且**定額**購買股票，所以，最終你「買到的均價」不一定恆等於「那個期間的均價」，甚至可能低於「那個期間的均價」。例如，在以上的例子裡，三個月的股票均價大約是一二・六七，而你「買到的均價」卻是一二・三二。

定投策略的好處是，除了定期且定額購買之外，你什麼都不用做，不用研究K線分析技術，不用天天看它的股價，不用關心它的新聞，不用打聽它的種種內幕——**真的什麼都不用管**。甚至，如果你能給你的資金「判刑」超過七年，讀年報的必要性都不大了（這是個很「嚇人」的結論），因為相對來看，「年」這個期限實在太「短」了。

人們在獲得任何知識的時候，都可能有一個「普遍順序」——一個不知不覺被整個社會打造出來的「順序」。仔細回想一下，你就可能反應過來：

▽中國人第一次認識「umbrella」這個詞，很可能是透過《新概念英語》教材，因為在中小學英語課本裡這個「生詞」很晚才出現。

▽在校學生若認識「abandon」這個詞，說明他很可能背過某一本詞彙書（不管是否堅持到底），因為這個詞幾乎是每本詞彙書裡的第一個單詞。

絕大多數已經身處投資領域的普通人，第一次聽說「定投策略」很可能是因為接觸了基金，因為基金銷售人員大都是在推銷幾分鐘之後就會啟動「定投教育」的。

可實際上，這個策略其實最好從一開始（甚至開始之前）就知道，因為它不僅適用於購買基金，也適用於購買股票；不僅適用於購買單支股票，也適用於購買「一籃子股票」（股票組合）；最重要的是，它基本上適用於每一個投資者——因為它是一種樸素的「避險工具」。

定投策略是很好的「避險工具」。因為在出手購買的那一瞬間，幾乎沒有任何百分之百確定的方法可以判斷「當前時間點的股價是否處於低點」，以及「購買之後的一小段時間裡股價是上漲還是下跌」等。採用定投策略，則相當於確定地「捕捉」了一段時間裡的均價。

現在，問題來了：

> 如果定投策略如此有效，豈不是人人都應該這麼做？為什麼最終很少有人能真正採用並貫徹實施這麼簡單有效的安全投資策略呢？

一句簡單的「大多數人根本熬不住」事實上沒有給出太多的本質解讀。如果我們有能力穿透表象看到實質，就會發現，定投策略的關鍵，不是「定期」，不是「定額」，甚至不是「長期堅持定投策略」。

那麼，關鍵在哪裡？關鍵在於：

> 在開始之前，你透過深入的研究得到了相當確定的結論：這是一家成長性極強的公司。因為——
>
> 你的收益＝公司成長性 × 定投策略效用

如果事實上該公司的成長性是零，那麼定投策略的效用等同於無；如果最終證明，該公司不僅沒有成長，甚至乾脆衰落了，那麼定投策略的效用事實上等同於放大了損失。

只有對「成長性極強的公司」採用定投策略，才是不僅有意義，而且具有「倍增效應」的做法。

更為關鍵的是，如果這一步做對了，那後面就太省事了——你甚至不用考慮「退出策略」，因為退出策略很簡單：

> 只要公司還在成長，就沒有太大的必要退出（或者，沒有必要退出全部）。

這個道理和我在《把時間當作朋友》裡評價所謂「效率」是一樣的：

> 所謂「成功」，就是用正確的方法做正確的事情。如果做的事情是對的，即便效率差一點，結果也是好的；如果做的事情是錯的，則效率越高，就越倒楣。

把注意力放在「正確的事情」上，要多重要就有多重要。很多人只不過是膚淺地理解定投策略，然後把注意力放在「定期」和「定額」上，而不是放在「正確地選擇成長型公司」上，所以，最終，那簡單、有效、安全的「策略」，在他們身上無法起作用，甚至會起反作用。

這其實是所有投資活動的最關鍵之處：

> **所有的投資「功課」都是在投資之前完成的**——買什麼，什麼時候買，怎麼買，達到什麼指標之後賣，怎麼賣……這些都是要在投資之前完成的「功課」，而不是在投資之後再去「補」的「作業」。

在上學的時候，百分之九十九的人做作業（做功課，do your homework）是為了交作業（即，給別人一個交代），這樣的習慣決定了絕大多數人在很小的時候就給自己「埋了一顆雷」（或者說「挖了一個坑」）：

> 他們此生壓根兒就沒有過**「提前做功課」**的習慣，他們的習慣是「實在不行了才手忙腳亂地補作業」。從這個角度來看，你可以輕鬆地想像：事實上，絕大多數人在投資領域裡從一開始就背負著滿身的「劣勢」。

在投資領域裡：

> **「功課」是做給自己的**，還要在做完之後用自己的資金去「踐行」它。然後，要用五年、十年甚至更長的時間去等待「成績」。

我知道，當讀到這裡的時候，絕大多數人早就著急了，腦子裡在想：

> 「我如何才能有更大的可能選擇一個甚至多個在未來更有可能成長的公司呢？」

第一，這個問題是全世界所有投資者都在苦思冥想的問題；第二，這個問題顯然沒有「唯一標準答案」；第三，這絕對不是一兩篇文章就能寫完的東西；然而，更重要的是：

▽這是你在此後必須終生研究的問題——活到老，研究到老。

▽即便你已經有了一些「猜想」、「理論」、「定律」，你也要知道，它們依然需要不斷打磨、不斷驗證、不斷修訂。

▽最終，你的研究結論是由你自己負責的。

在過去的半年裡，我改變了很多人。這些人起碼養成了一個新的習慣，一個過去可能完全不當回事兒，現在卻知道它無比重要的習慣：**隻字不差地閱讀**。其實，我還有一個習慣要灌輸給大家：**逐步徹底脫離「伸手黨」**。

事實上，從這本書的開始，我就在潛移默化地向你灌輸這個習慣，這也是在設計《通往財富自由之路》這個專欄時就定下的目標。如果你是這個專欄的讀者，不妨想想每一篇末尾的「思考與行動」的目的是什麼。最終，我希望絕大多數讀者都成為**「遇到問題時能夠自己默默地找到解決方案的人」**，這是「合格投資者」的必備基本素質——如果連這個基本素質都沒有的話，僅僅有「幾百萬」是沒用的。

在前面，我給你留了個要花一年時間才能完成的「作業」：每個月更新一次股價。在你讀完本節之後，我要給該「作業」再加上兩條：

▽在你的表單裡加上定投策略。怎麼加？別問我，也別問任何人。自己想，自己琢磨，自己總結，

自己調整，自己優化……

▽開始思考和探索成長型公司的屬性與特質。同樣，別問別人，也別做「伸手黨」。經過搜尋、思考、判斷，每個月往你的表單裡添加至少一個新的公司。隨著時間的推移，你的判斷會有變化。別急，也別怕。反正，能使用一生的東西，我們都願意用半生去磨練。（一切都可以從 Google 開始——我的意思是，使用 Google 搜尋引擎。）

一年很快就會過去。相信我，一年之後，你一定會有很大的變化。無論你是否有投資經驗，定向聚焦的思考必然帶來的「穿透表象看到實質」的效應，都能格外地讓你感覺到「意外驚喜」（serendipity）的存在。

42. 如何提高你的選擇品質？

先說個貌似在題外的話題：

你知道「剩男」和「剩女」是怎麼「剩下」的嗎？

許多年後，他們都一樣，會發現自己可能有過一次以上的機會（雖然不一定吧）。可當初他們為什麼沒有「出手」呢？再跟他們聊聊，也都一樣，他們都認為自己的要求並不高（例如，不求最有錢、最好看）。他們是這樣想的：

▽長相不能太醜吧？
▽個子不能太矮吧？
▽人不能太無趣吧？
▽收入不能太低吧？
▽學歷不能太差吧？
……

看起來，每一條都是很一般的要求，沒要求最好，只要求在三分之一以上——怎麼就找不著呢？

這是一道簡單的數學應用題，對每個要求都只剩下三分之一的選擇，最終只剩下差不多千分之四選擇，而事實上，每個人在適齡階段能足夠深入瞭解的人不超過一百五十個（包括同性），所以，算下來得活上「三輩子」才有可能真的碰到滿足條件的人——這還沒有考慮另外一個因素：對方也在挑！

然而，那些「沒剩下」的人，好像在這方面也沒花多少心思，就直接沒有了另外一些人的煩惱——感覺真是「不公平」！那些「沒剩下」的人是怎麼想的呢？他們在這方面的思考模式大抵是這樣的：

> 對方只要能滿足最重要的一條就夠了。

這就是「價值觀決定命運」（或者說得輕一點，「價值觀決定生活品質」）的一個絕佳例子。

> 什麼是價值觀來著？價值觀就是思考「什麼更重要」和「什麼最重要」，然後盯住重要的，而不是那些不重要的——就這麼簡單。

那麼，正題來了。請問：

> 人生中什麼最重要？

答案也很直接：

選擇最重要。

就是這樣。人生的頭等大事只有一件：選擇。進一步仔細看，人這一輩子需要拚了命去選擇的機會，也就那麼幾個——上大學選擇什麼專業，畢業了選擇什麼工作，到時候了選擇和誰結婚，如果創業的話選擇什麼「賽道」，等有閒錢了選擇什麼專案投資。所謂「大事」，大抵就是這些，也許還有別的，可是**數量並不多**。

因此，我們要把大智慧用到這些大事上。至於別的事，「難得糊塗」其實是個好建議。

之前我們已經提到過，**每個人作出選擇的根基就是他的價值觀**。價值觀不同，作出的選擇就會不同。我的《通往財富自由之路》專欄，每一期都是從各個角度和維度鍾鍊自己的價值觀，我們要思考什麼更重要，什麼最重要，進而在那個角度或者維度上作出選擇。我們知道了注意力更重要、更寶貴，就會作出很多不一樣的選擇；我們知道了決定價格的最重要因素是需求，就會作出很多不一樣的選擇；我們知道了投資的剛需是避險而不是冒險，就會作出很多不一樣的選擇……

所以，鍾鍊自己的價值觀就等同於提高選擇的品質。再進一步，作出選擇的更深層方法論是什麼呢？一句話就能說清楚（我個人超級迷戀那種一句話就能說清楚的原理）：

添加必要的條件。

我給你講講另外一件事。

亞馬遜（Amazon.com）已然是互聯網巨頭，也是地球上第一個真正成功的電商企業（亞馬遜一九九五年成立，eBay 一九九五年成立，Netflix 一九九七年成立，阿里巴巴一九九九年成立，京東商城二〇〇四年成立）。亞馬遜選擇的第一個商品是什麼呢？大家都知道，是書。

你有沒有認真想過，為什麼亞馬遜選擇的第一個商品是書，而不是別的呢？傑夫·貝佐斯曾在一次私下分享中提到為什麼他們當年選來選去，最終選擇書作為主要經營產品。他們當時的選擇條件是這樣的：

▽市場一定要足夠大。

▽品類必須有長期成長性。

▽消費者重複購買率要足夠高。

▽關鍵在於，要選擇一個售後成本很低，甚至乾脆不需要售後服務的商品。

這又是一道簡單的數學應用題：如果在每個條件中都嚴格地去掉百分之九十的選項，其結果就是在一萬個商品裡只有一個能夠滿足條件。回頭推演時，所謂「祕密」就顯得過於簡單了。可是，「簡單」不等於「容易」，能夠作出這種高品質選擇的團隊，做不成大事才怪呢。

我們把選擇的深層次方法論重新斷句，再次理解一下：

添加／必要的／條件。

每增加一個條件，選項就會大幅減少；如果有沒必要的條件摻雜進來，就會提前使自己「全無選擇」。這很可能是絕大多數人最終放棄深入思考的根本原因。他們總是不由自主地在作選擇的時候摻雜大量的不必要條件，搞得自己似乎「根本就沒有選擇」，於是覺得那種「深入思考」根本就沒有意義——笨一點的，直接成了「伸手黨」；聰明一點的，不自覺地進入了另外一個「坑」，整天討論「人到底有沒有真正的選擇」這類因為含糊其辭所以不可能有明確答案的「哲思」。

現在，我們知道了所謂「選擇」就是增加條件，也明白了那條件必須是**「必要的條件」**。選擇，是在我眼裡「奧卡姆剃刀法則」最應該嚴格貫徹執行的地方。

如果有興趣，你可以去維基百科上看看「奧卡姆剃刀法則」（Ockham's Razor）究竟是什麼，「如無必要，勿增實體」只是其中一個層次的解讀。事實上，奧卡姆以多種方式陳述過這個法則，而我在「選擇」上選擇應用奧卡姆剃刀法則，就是用「類比方法論」思考：這個道理還可以用在什麼地方？結果我發現，在選擇的時候：

要盡量「只考慮且不遺漏那些最為必要的條件」。

說回「剩男」和「剩女」。他們之所以會「剩下」，很可能是因為把太多沒必要（或者「沒那麼必要」）的條件放了進來，進而導致選項全部過濾。而亞馬遜當初的選擇最終被證明為是極為明智的，肯定是由於他們在選擇的時候只放進那些最必要的條件並確實嚴格依據那些最必要的條件進行篩選，從而找到了那個「難得的選項」。

當我們討論成功案例的時候，一個很普遍的說法是：

> 我就不信這些他們當初都想到了！

事實上，高品質選擇者，不是「什麼都想到了」，而是盡可能做到了「想到那些必要的條件」。無論是誰在什麼時候作出的選擇，最終都要面對不確定的未來，所以，即便選擇足夠正確，最終也不一定會成功，但是勝算會更高——這是顯然的，是吧？

我個人是每天都有一點進步的，但不斷進步也有壞處，那就是經常不太愉快，因為我總是感覺昨天的自己蠢死了（真是恨不得用更狠的髒話）。例如，我在二〇一七年看自己二〇一六年的投資決策（二〇一五年的就更別提了），發現有些項目早就「死」了，再重新推演自己的決策過程，結論總是一樣的：

> 當初我在選擇的時候，要麼乾脆忽略了某個必要條件，要麼沒有在某個必要條件上做到足夠苛刻——就這兩個原因，沒有其他理由。

觀察別人，反思自己，四處求教，海量閱讀，反覆研究，結論都一樣：

> 絕大多數人在重大選擇上毫無能力。

絕大多數人甚至迴避認真思考重大選擇（無非就是「篩選必要條件」和「用條件嚴格篩選」），然後把自己有限的寶貴注意力放到雞毛蒜皮的事情上——糾結一切。從這個角度來看，還是一樣的結論：絕大多數人（包括「兩輩子」之前的我）根本不配做投資——因為投資是最看重行業選擇的啊！因為絕大多數人會迴避真正有意義的思考啊！因為絕大多數人就是不迴避也想不出所以然啊！……其實，古人常說的「當斷不斷，反受其亂」，也是在描述絕大多數人的狀態。

在對待重大選擇的態度越來越嚴肅、越來越認真之後，怨天尤人的念頭就被根除了。在年輕的時候，我偶爾會顧影自憐，覺得自己運氣太差、老天對自己太不公平，可是隨著時間的推移和思考的深入，我越來越覺得，我的境遇都是自己的選擇能力差造成的，甚至得到這樣一個結論：現在我面臨的所有尷尬，都是當初自己選的。而且，時間拉得越長，這個結論就越確定。

在前面提到過，我以前在新東方的同事、後來創辦 CoBuild 基金的鐵嶺，曾經對我說過這麼一句話：

> 所謂「創業成功」，無非就是問答題高手做對了選擇題。

然而，在十多年後，我這麼一個勤於反思、勤於思考的人，依然經常為自己以前的一些選擇而懊惱。所謂「知易行難」——難，真的很難。

鐵嶺還給我講過一個創業方向的選擇原則：

▽高頻

▽剛需

▽大市場

後來，我在看創業項目時和創始人聊天，常常會這樣聊一陣子：

> 都說創業方向的選擇要滿足高頻、剛需、大市場這麼幾個條件，你怎麼看？你覺得你的項目滿足這些條件嗎，為什麼？如果有不滿足的地方，你能告訴我為什麼不滿足也無所謂嗎？

接下來的十分鐘談話，能給我一個大致的判斷依據，告訴我這個創始人是不是一個認真、嚴肅、深入地對待自己的重大選擇的人——屢試不爽。而且，如果一個項目最終失敗了（其實失敗的比例總是比成功的比例高很多），當我重新推演的時候就會發現，百分之百是因為那十分鐘談話裡的一些蛛絲馬跡被我忽略了，這只能說明我也缺乏修煉——路漫漫其修遠兮！

顯然，選擇能力不是天生的，它屬於只能透過後天習得與鍛鍊的能力。所以，選擇能力肯定是在平時一點一點鍛鍊出來的，練習的方法也很簡單：

▽面對任何選擇，哪怕是很小的事情——當然，要從小事練起——都可以拿出紙和筆，羅列篩選條件。

▽為每個條件的重要性打分（可以是一到五分），然後將它們重新排序。

▽考慮每個條件的必要性，打分只有一和〇（要麼有必要，要麼沒必要）。

三十分鐘之內，結果就會一目了然。但，別急，還有下一步。

▽第二天再花三十分鐘重新考慮、打分。如果選擇本身的重要性很高，那麼這個過程可能要重複更多次。

做記錄很重要。很多人之所以糾結，是因為他們從來不做記錄，總以為自己聰明到什麼都記得住。而事實並非如此，我們總是會忘掉很多東西，尤其是重要的東西，而且，記憶力與大智慧（或者說「真聰明」）並不是完全正相關的。

只要有記錄，就可以回顧，就可以反思，就可以改進，就可以提煉，就可以透過不斷雕琢最終形成完善的價值觀體系，而這恰恰是絕大多數人徹頭徹尾欠缺的好品質。另外，保持做記錄的習慣很可能是解決絕大多數人「遇事亂糾結」的最簡單、最有效的手段。不要小看積累的力量，時間久了，那些我們曾經使用過的篩選原則總是可以在「意料之外」的地方用上——不信？走著瞧。

43. 無論是創業還是投資，你必須瞭解的概念是哪一個？

事實上，關於「萬眾創業」的爭議，本質上只不過是「詞彙之爭」。我們早就知道，每個人的大腦就好像一個作業系統，而所謂「思考的作業系統」則是由一個個**概念**構成的。因此，在概念不同的人之間，無法產生有效的討論。

我從來不認為「聰明」這東西是天生的。我更傾向於，所謂「聰明」，是習得的，是積累的，是可以不斷成長的，甚至可能是完全沒有上限的。這樣的理解來自我對**「聰明」**這個**概念**的定義：

看一個人是否聰明，可以從兩個層面入手：

▽看他的腦子裡有多少清晰、準確、必要的概念。

▽看他的腦子裡那些清晰、準確、必要的概念之間，有多少清晰、準確、必要的關聯。

這不就是作業系統是不是「高級」、是不是「乾淨」的問題嘛！

讀到這裡，想必你早就發現了，儘管我們反覆提煉、矯正、修正、添加、刪除自己的概念，但我很少對某個重要的概念直接套用詞典釋義。詞典（甚至包括百科）只是入門工具，只能提供最基本（事實上在關鍵的時候還不一定正確）的解釋。而對我個人來說，要想理解那概念意味著什麼，只能靠自己的不斷探求。所謂「路漫漫其修遠兮，吾將上下而求索」，在我眼裡說的也不過是如此樸素的行動。

於是，我們一起全方位定義了很多概念（用俗話說就是「吃透了那些概念」）：「財富自由」、「注意力」、「安全感」、「資本」、「抱怨」、「剛需」、「避險」、「未來」、「長期」、「給自己打工」……事實上，這本書中的每一節都是在打磨一個概念而已，然而，這個「而已」經年累月（甚至偶爾會是「瞬間」），最終一定會給經歷了「升級」的人帶來巨大的變化——我經歷過，我清楚。

差別其實很大。在有些人的腦子裡，一個概念是一篇完整、清晰、例證豐富的文章，甚至是一本厚厚的書，而在另外一些人的腦子裡，那個概念模糊不清，或者不存在，抑或乾脆是另外一本「爛」書。

讓我們先看看「萬眾創業」中的「創業」，至於「萬眾」，我們一會兒再說。什麼是創業？滿足哪些條件才叫創業？那些正在創業的人知道自己做的事情是否算得上是創業嗎？

我們先研究一個更為樸素的詞彙：生意。什麼是生意？好像誰都懂。至於生意的分類，貌似也很簡單：**好**生意和**差**生意。那麼，有沒有壞生意呢？你可能已經想到了：壞的不叫「生意」。

也不是不能進一步細分——生意大抵有以下幾個層次：

▽滿足溫飽的生意。

▽能夠賺錢的生意（溫飽之外還有富餘）。

▽能夠成長的生意（富餘越來越多）。

▽具有成長率的生意（包含一個很多人從來都沒想過的概念：成長率）。

你看，從第一條開始，絕大多數人就已經有分歧了。絕大多數人在考慮生意的時候，對所謂「好生意」，只能想到「能賺錢的就是好生意」這個層面。而事實上，賺不到錢的不叫生意，賺得不夠多的都是差生意。難道生活沒有成本嗎？難道生存沒有成本嗎？果腹納稅都是成本，而且是很高的成本——哪怕做過一點點生意的人都能深刻地理解這個「道理」。

理論上，做以滿足溫飽為目標的生意，真的談不上是「創業」，因為這種「生意」總體上就是脆弱的，甚至可以說是脆弱無比的，它從一開始就只能與各種事實上無法戰勝的敵人作對。

▽從微觀上看：不動產成本（例如房租）不斷上漲；人力成本不斷上漲；競爭者數量越來越多。

▽從宏觀上看：社會的每次經濟結構變化對它們來說必然是一場浩劫。

所以，人們很快就會發現，絕大多數能夠滿足溫飽的生意，最終被證明為「不會長期賺錢」。「長期」本就很難做到，若長期只能滿足溫飽，又有多大意義呢？

於是，從這個角度來看，我們得修訂一下「創業」的概念了：

	短期	長期
滿足溫飽的生意		
能夠著錢的生意		
能夠成長的生意		
具有成長綠的生意		

不能不斷成長的生意，談不上是「創業」。

所以，真正的創業者拚命思索的不是「怎樣賺錢」，而是**「怎樣成長」**——如何才能做到今天賺一〇〇元，明天賺一一〇元，後天賺一二一元（這裡只是簡單粗暴的舉例，數字只是為了示例方便）？如果沒有成長，那就退回去了，變成「溫飽生意」了，因為有一個每個人都看不到但都受其影響的東西——**通貨膨脹**（雖然有些「冷靜」的經濟學家會告訴你，他們認為通貨膨脹其實是個「偽概念」）。

接下來我們還要做一件事：

在我們的思考上添加一個維度：長期。

真正厲害的創業者，考慮的不僅是「怎樣成長」，更是「不斷成長」（即，長期成長）。想想就能明白，能夠成長事實上是很難做到的事情。你看這世界展示的結果：貌似每個生意都有機會成長，可最終絕大多數生意並沒有成長……（這和人一樣吧？）要做到長期成長，豈不是難上加難？

不用深究下去，只是讀到這裡，估計你就已經有結論了：

> 如果「創業」是這麼定義的，那就很難是「萬眾」的事情了。

所以，當鼓勵「萬眾創業」的時候，其實是在鼓勵「萬眾」自尋出路，自力更生。事實上，這種選擇也真的沒有負面作用，因為無論是成功還是失敗，有心的人總是在不斷吸取經驗和教訓，並多多少少有一些進步，不是嗎？從這個角度來看，身處逆境的人更應該「創業」（在這裡，「創業」的意思是「去做能滿足溫飽的生意」）——難道應該鼓勵他們「如果滿足不了溫飽就當減肥了」嗎?!

然而，那些已經擺脫了溫飽束縛的人，為什麼要選擇去做「以滿足溫飽為目標的生意」呢？事實上真的有很多人這麼選擇了，因為他們追求「安全感」，所以把成長放到了（起碼）第二位，或者乾脆忘記了更重要的東西：**應該（只）仔細考慮成長**。

讓我們再看看什麼是「成長率不斷提高的生意」。今天賺一〇〇元，明天賺一一〇元，後天賺一二一元……這是在成長，但是**沒有**成長率（每天的成長都是恆定的一〇%）。那成長率一〇%是什麼樣的呢？今天賺一〇〇元，明天賺一一〇元，後天賺一二一元，大後天賺一四八元……成長率一〇%其實是個「很嚇人」的數字——如果你已經習慣於「複利」思考的話，不用算也猜得出來那有「多嚇人」！

於是，你可以反過來判斷：

> 那些天天琢磨如何保持**「成長率」**的創業者才是真正的佼佼者。

請注意，都不一定是「提高成長率」，「**保持**成長率」已經是**難上加難再乘以難**了吧？到這裡，就有一個很嚴肅，甚至可以認為是很深刻的結論了：

> 沒有「成長率」的創業公司，不值得風險投資進入。

再翻譯一下，就是：

> 在風險投資者眼裡，「成長率」是最重要的。

我個人是很敬畏「關鍵知識點」的。在很多時候，「關鍵知識點」明晃晃地放在那裡，貌似所有人都能看到，可大多數人就是「視而不見」——我不是在說你，我是在說自己！我當初也對這個「關鍵知識點」視而不見，直到我在虧了很多錢（至於虧了多少錢，我不好意思告訴你）後重新推演時才發現，那些錢就是我對「關鍵知識點」（「成長率」）缺乏敬畏而付出的代價。

之前我提到過，每次我重新推演自己的決策過程，結論總是一樣的：

> 當初我在選擇的時候，要麼乾脆忽略了某個必要條件，要麼沒有在某個必要條件上做到足夠苛

刻——就這麼兩個原因，沒有其他。

如果我在投資決策過程中，對「成長率」這個**最必要且最重要**的指標不夠苛刻，就只能「自己選的自己受著」了——即便僥幸獲利了，也只不過是「拿著火把穿過火藥廠」而不自知的傻子。

「關鍵知識點」的奇妙之處也在這裡。它太寶貴了，以致「無價」。「無價」的另外一個直白的意思就是「沒有價格」，或者更直白一點——「沒辦法有價格」。你想想就知道了：我想把自己虧了那麼多錢才深刻理解的道理賣給你，你會出多少錢買？你能出多少錢買？第一，你出多少錢都可能沒用，因為前提是我願意講給你聽。第二，更為重要的是，我想要多少錢也沒用，因為那「關鍵知識點」通常是「公開的祕密」，每個人都知道，或者說，「每個人都感覺自己早就知道」。例如，之前我告訴你GAFATA的祕密，你真的願意為此付錢給我嗎？事實上，無論是多少，我都能理解，因為你我都知道那結果的意義，所以我當然從一開始就沒想過要為一件「無價」的事情標價收費。

然而，以上的文字，如果你仔細思考過，「反芻」過，可能會得到一個非常嚴肅的結果：

當研究一個創業點子的時候，如果你能調用自己的元認知能力，把自己的注意力放到對「成長率」的驗證上，哪怕只是用一小時去思考，你得到的結論的品質，也很可能與國際頂級投行專家得到的結論的品質相差無幾。

這絕對是事實，也是「關鍵知識點」力量的體現。在「關鍵知識點」面前，立竿見影的效果真切地存在著。

矽谷的投資大神彼得·提爾在他的 *Zero to One*（中譯為《從0到1》）一書裡提到，餐廳也好，電影也罷，都是「爛生意」（shitty business）。很多人對此不解，紛紛表示：「那就把『爛生意』都交給我吧！」而從彼得·提爾的角度看，他所描述的都是事實，基於他的標準，那些生意很難有「成長率」——雖然可能會做到「長期」，雖然可能會有「成長」，但那些生意就是不適合他那種投資人，以及他那種資本。

簡單明瞭。

然而，即便是餐館這種在彼得·提爾眼裡的「爛生意」，也不見得是每個人都能做的。市場早就證明，所有的餐館（全世界都差不多），三分之一賺錢，三分之一維持，三分之一賠錢，也就是說，別說「成長率」和「成長」了，即便是做「維持溫飽」的生意，也至少有三分之一的從業者不合格。

好了，你可要天天想了：

> 你曾經考慮的「生意」，究竟屬於哪個類別？它為什麼屬於那個類別？你有沒有更好的選擇？

之前你可能沒有思考依據，但現在有了。你會發現，這個看似不起眼的問題，可是相當地「燒腦」呢！

44. 你的「長期」究竟有多長?

本節中的表格，你最好在 Excel（Windows）、Numbers（Mac）或者 Google Spreadsheet 裡做一下，以便自己反覆把玩。

在次頁的表格一中，橫排第一列是年度複合收益率，欄A是投資年限。如果你的年度複合收益率達到三〇%，那麼在第一年結束的時候，你的本金加收益應該等於一・三〇……到第十年結束的時候，你的本金加上收益應該等於一三・七九，也就是說，是本金的將近十四倍。

> 請注意：別去算絕對值，也就是說，別想著「我要是最初投資了XXX錢，那麼現在應該是XXX錢……」——只看倍數就好。

這個表格裡的數字能夠直觀地告訴我們一個事實：

> 對不同的人來說，「長期」的長度區別很可能非常大。

在表格裡找找吧：對年度複合收益率高達三五%的人來說（先忍住，不要去想自己能不能做到），投資六年的效果（六・〇五）相當於年度複合收益率為一〇%的人投資十九年才能達到的效果

	A	B	C	D	E	F	G
1		10%	15%	20%	25%	30%	35%
2	0	1.00	1.00	1.00	1.00	1.00	1.00
3	1	1.10	1.15	1.20	1.25	1.30	1.35
4	2	1.21	1.32	1.44	1.56	1.69	1.82
5	3	1.33	1.52	1.73	1.95	2.20	2.46
6	4	1.46	1.75	2.07	2.44	2.86	3.32
7	5	1.61	2.01	2.49	3.05	3.71	4.48
8	6	1.77	2.31	2.99	3.81	4.83	6.05
9	7	1.95	2.66	3.58	4.77	6.27	8.17
10	8	2.14	3.06	4.30	5.96	8.16	11.03
11	9	2.36	3.52	5.16	7.45	10.60	14.89
12	10	2.59	4.05	6.19	9.31	13.79	20.11
13	11	2.85	4.65	7.43	11.64	17.92	27.14
14	12	3.14	5.35	8.92	14.55	23.30	36.64
15	13	3.45	6.15	10.70	18.19	30.29	49.47
16	14	3.80	7.08	12.84	22.74	39.37	66.78
17	15	4.18	8.14	15.41	28.42	51.19	90.16
18	16	4.59	9.36	18.49	35.53	66.54	121.71
19	17	5.05	10.76	22.19	44.41	86.50	164.31
20	18	5.56	12.38	26.62	55.51	112.46	221.82
21	19	6.12	14.23	31.95	69.39	146.19	299.46
22	20	6.73	16.37	38.34	86.74	190.05	404.27

表格一（儲存格 B3 裡的公式是「=B2*(1+B$1)」）

（六・一二）；即便是年度複合收益率比一〇%僅僅高出五%，即一五%，也可以「提前六年」達到差不多的效果（六・一五）。

一個比較直接的結論是：

> 你越弱，你的「長期」就越長。

再翻譯一下，就是：

> 你竟然可以透過提高能力來縮短「長期」的長度！

「什麼?!」我知道這個說法常常讓人忍不住從椅子上跳起來（我親眼見過很多次），「為什麼我從來沒有認真想過這件事呢？」原因在於，這世上只有很少的人願意透過自己的「深入」思考提高自己的選擇或行動的品質。我之所以給這裡的「深入」加上了引號，就是想提醒你：那所謂「深入」

	A	B	C	D	E	F	G	H
1			10%	15%	20%	25%	30%	35%
2	0	1	1.00	1.00	1.00	1.00	1.00	1.00
3	1	2	2.10	2.15	2.20	2.25	2.30	2.35
4	2	3	3.31	3.47	3.64	3.81	3.99	4.17
5	3	4	4.64	4.99	5.37	5.77	6.19	6.63
6	4	5	6.11	6.74	7.44	8.21	9.04	9.95
7	5	6	7.72	8.75	9.93	11.26	12.76	14.44
8	6	7	9.49	11.07	12.92	15.07	17.58	20.49
9	7	8	11.44	13.73	16.50	19.84	23.86	28.66
10	8	9	13.58	16.79	20.80	25.80	32.01	39.70
11	9	10	15.94	20.30	25.96	33.25	42.62	54.59
12	10	11	18.53	24.35	32.15	42.57	56.41	74.70
13	11	12	21.38	29.00	39.58	54.21	74.33	101.84
14	12	13	24.52	34.35	48.50	68.76	97.63	138.48
15	13	14	27.97	40.50	59.20	86.95	127.91	187.95
16	14	15	31.77	47.58	72.04	109.69	167.29	254.74
17	15	16	35.95	55.72	87.44	138.11	218.47	344.90
18	16	17	40.54	65.08	105.93	173.64	285.01	466.61
19	17	18	45.60	75.84	128.12	218.04	371.52	630.92
20	18	19	51.16	88.21	154.74	273.56	483.97	852.75
21	19	20	57.27	102.44	186.69	342.94	630.17	1152.21
22	20	21	64.00	118.81	225.03	429.68	820.22	1556.48

表格二（儲存格 C3 裡的公式是「=C2*(1+C$1)+1」）

真的很深入嗎？那所謂「深入」真的很難嗎？那所謂「深入」真的是一般人根本做不到的嗎？顯然不是——其實很簡單，其實很容易做到，甚至，其實人人都可以做到！

實際上，弄不好你「跳早了」，因為我還有更狠的翻譯：

> 學習使人「長壽」。

因為剛剛的結論相當於：越有能力的人，其「長期」的時限越短，於是，在「長期」過去之後，他們相對於別人有著更長的「自由」時限——何止是「長壽」，分明是：

> 學習使人擁有品質更高的「長壽」。

這只是開始。

如果把定投策略加進來，那麼我們看到的將是表格二。橫排第一列還是年度複合收益率，欄A還是年限，而欄B變成了累計投資金額（假設每年都追加一個單位的投資金額）。

可以看出，一〇%的年度複合收益率與三〇%的年度複合收益率，在第三年和第四年的時候，資料看上去沒有太大的差異。

這是一個特別明顯也特別經典的例子，可以用來說明：

在一定程度上，策略可以彌補能力上的不足。

這就是明智的投資者比起相信自己的智商與能力來說更相信策略的力量的核心原因。正確的策略，力量是非常大的。對比兩張表格，同樣是一〇%的年度收益率，在表格一裡，要等到第十九年才能達到六．一二，而在表格二裡，第四年就能達到六．一一。

我知道你在想什麼：

在表格二裡，我的投入總計是五個單位啊！

關鍵在於，那多出來的四個單位（五減一等於四）分明是你貫徹執行策略的結果！到了這裡，有一個關於投資的「祕密」終於「浮出水面」，你「不得不」也「肯定」看到了：

	A	B	C	D	E	F	G
1		10%	15%	20%	25%	30%	35%
2	0	1.00	1.00	1.00	1.00	1.00	1.00
3	1	0.90	0.95	1.00	1.05	1.10	1.15
4	2	0.79	0.89	1.00	1.11	1.23	1.35
5	3	0.67	0.83	1.00	1.19	1.40	1.63
6	4	0.54	0.75	1.00	1.29	1.62	1.99
7	5	0.39	0.66	1.00	1.41	1.90	2.49
8	6	0.23	0.56	1.00	1.56	2.28	3.17
9	7	0.05	0.45	1.00	1.75	2.76	4.07
10	8	-0.14	0.31	1.00	1.99	3.39	5.30
11	9	-0.36	0.16	1.00	2.29	4.20	6.95
12	10	-0.59	-0.02	1.00	2.66	5.26	9.19

表格三（儲存格 B3 裡的公式是「=B2*(1+B$1)-0.2」）

投資的重要祕密之一在於：你最好有除了投資以外的穩定收入來源。

若你是那種總是不得不把投資收益中的一部分拿出來花掉的人，那你就慘了。我們看看表格三。

在表格三中，假定投資者每年必須花費〇・二個單位的資金。

這張表格都沒必要列到二十年，因為即便是年度複合收益率高達三五%，翻倍都需要至少四年，堅持十年也不過是九・一九，更何況能做到年度複合收益率三五%的人事實上只有萬分之一——難上加難！

總結一下：

▽對能力越強的人來說，「長期」越短。

▽對能使用正確策略的人來說，「長期」更短。

▽對有能力在投資之外賺錢的人來說，「長期」更短。

回過頭來，我們其實有一個可以計算「長期」的公式，這個公式叫作「七二法則」：

> $X \simeq 72 \div$ 年度複合收益率值

如果你的年度複合收益率是一〇%，那麼你需要七二／一〇年（大約七年）的時間讓你的投資翻倍；如果你的年度複合收益率是二五%，那麼你需要七二／二五年（大約三年）的時間讓你的投資翻倍。

在此基礎上，你可以這麼理解：

▽能讓你的投資翻倍的時間，相當於「中期」。

▽能讓你的投資翻倍再翻倍的時間，相當於「長期」。

於是，最終一切都是可以倒著算出來的。你現在能理解為什麼巴菲特認為至少十年才算是「長期」了吧？因為他給自己定下的目標和事後長期的要求是：

> 買到年度複合增長率至少一五%的股票。

在這個目標下，五年翻倍，十年翻倍再翻倍。而事實上，巴菲特的表現比當初的設想更好，他做到的是：

> 運用自己的能力（和能力的提升），把五年縮短成三年多一點，把十年縮短成六年多一點……

所以，當我們討論「長期」的時候，雖然使用的是同一個詞彙，但事實上對每個人來說，那「長期」都是不一樣長的。你的「長期」究竟是多長？你需要自己算算，掂量掂量——畢竟，多了一點點的依據，不是嗎？

最後，我要再叮囑你一句：

> 你越年輕，就越覺得「長期」長。

除了我在《把時間當作朋友》裡提到的那個道理：

> 對一個五歲的孩子來講，未來的一年相當於他已經度過的一生的二〇%；而對一個五十歲的人來講，未來的一年只相當於他已經度過的一生的五十分之一，即二%。所以，感覺上，隨著年齡的增加，時間的流逝速度越來越快。

而在投資這個領域，時間還給幾乎所有人帶來了一個感覺：

> 你越年輕，欲望就越多，也越強烈。

年輕的時候有太多（事後可能覺得不必要的）花錢的欲望和需求，這使那「長期」感覺上更難熬，可問題在於，那只是「感覺」，而不是事實——除非你自己選擇把那「感覺」活成事實。

更重要的是，越是在年輕的時候，投資所需要的特定思考能力越差，以致那個「長期」在感覺上更長。還好，投資所需要的特定思考能力是可以逐步習得的，也是可以逐步增強的，這讓人生重新充滿了希望。

45. 年輕人是否應該「不那麼看重金錢」？

先講個段子：

一個眼科醫生和一個牙科醫生喝酒聊天。眼科醫生喝了口酒，開始嘆氣：「年輕的時候不懂事，凡事都不知道細想……你看，你是牙科醫生，賺得就是比我多……為什麼呀？一個人只有兩隻眼睛，壞了還不能換……可一個人有多少顆牙齒啊！壞了還能換，換了還能再換；要長起碼兩撥，第二撥還不是一口氣長完的——這得多賺多少錢啊！

第一次聽到這個段子的時候，我樂壞了。不過，它雖然只是個段子，卻給了我一個機會來解釋一個特別重要的道理，且聽我細細道來。

人的終局，常常不是由「是否在乎金錢」決定的，而是由其他因素如何與「是否在乎金錢」搭配決定的。是什麼因素呢？「起點」與「終點」。

在這個段子裡有一個細節值得注意：這位眼科醫生的悲傷究竟來自哪裡？

	在起點在乎金錢	在起點不在乎金錢
在終點在乎金錢		
在終點不在乎金錢		

▽在起點作選擇的時候，他沒有用「將來能賺多少錢」來衡量。

▽在終點看結果的時候，他卻用「現在賺到了多少錢」來判斷。

於是，現在面對當初萬萬沒有想到的結局，這位眼科醫生痛不欲生！

如果一個人在起點就不在乎金錢，在終點依然不在乎金錢，那麼他的終局怎麼可能會被金錢的多少所影響呢？

如果一個人在起點就在乎金錢，萬一到了終點時真的已然不在乎金錢，那麼他的終局會如何被金錢的多少所影響呢？

所以，我們實際上要比較的是如下兩種情況：

▽在起點不在乎金錢，在終點卻在乎金錢。

▽在起點在乎金錢，在終點依然在乎金錢。

仔細觀察一下就知道了，絕大多數人都是一樣的——年輕的時候無所謂，到了一定的年紀都逃脫不了金錢的束縛與限制，都是到了「不得已」的時候才開始重視金錢，那「慘澹的結局」其實是從一開始就註定的，並不像大多數人以為的那樣，直到「中年」才遇到所謂「中年危機」——那危機從一開始就註定了。而且，最令人氣餒的是，在已經沒有機會時，切膚之痛在於「還不知道是怎麼回事，卻發現自己已經輸了」。所以，從策略上看，在年輕的時候認真思考金錢、重視金錢才是實際上的優勢策略。

最終，你不得不承認一個事實：

> 那些認真對待金錢的人獲得金錢的能力更強，而且會越來越強。

大陸有個收藏家，名字叫劉益謙，大家都知道他。這個人到底多有錢，他自己都不知道——這是實話，因為他所擁有的古董都是沒有定價的，而且必然會增值。你看，想賺錢，做古董生意比炒比特幣容易多了，因為古董必然會漲價——嗯，比比特幣「必然」多了。每次有人問我：「怎麼可能有東西永遠漲價呢？」我都懶得解釋。生活中這種例子多了去了，股票和藝術品就是活生生的例子。

曾經有人認真地問劉益謙：「你為什麼比我有錢？」劉益謙想了想，認真地回答道：「你想不想賺錢？」對方說：「當然想啊！」劉益謙說：「那你每天花多長時間想賺錢？我天天想怎麼賺錢，每時每刻都在想，早上起來就在想，坐在馬桶上也在琢磨……你呢？你就是想想，想一下，然後就幹別的去了，想別的去了。咱們花的時間不一樣啊，怎麼可能一樣有錢？」

你看，在一些人叫囂「生命不息，折騰不止」且引以為榮的時候，另外一些人（極少數人）是「生命不息，賺錢不止，琢磨不斷」——反正就是很不一樣。我覺得劉益謙的話很有道理，也很實在。大多數人都想賺錢，卻不願意琢磨如何賺錢——難道老天會專門給你下一場「金雨」嗎？

如果你不承認「那些認真對待金錢的人獲得金錢的能力更強，而且會越來越強」，或者僅僅是不願意承認，那麼接下來的討論就完全沒有意義了。可若你想了想，覺得這的確是事實，那麼下面的結論就是很自然的了。

▽那些「在起點不在乎金錢，在終點卻在乎金錢」的人，由於在「琢磨如何賺錢」這件事上花費的時間和精力相對更少，於是，他們的賺錢能力很可能更差，所以，他們有更大的機率在終局到來時「沒賺到多少錢，卻很在乎金錢」——怎一個「慘」字了得！

▽那些「在起點在乎金錢，在終點依然在乎金錢」的人，由於在「琢磨如何賺錢」這件事上花費的時間和精力相對更多（畢竟他們從一開始就在使勁琢磨），於是，他們的賺錢能力很可能更強，所以，他們有更大的機率在終局到來時「已然賺到很多錢」——對這種人來說，「是否在乎金錢」很難影響他們的幸福感，不是嗎？

你反應過來了嗎？在四種組合裡，「在起點不在乎金錢，在終點卻在乎金錢」竟然是最可能導致不幸終局的組合！事實上，這就是那個沮喪的眼科醫生在許多年後只能無奈嘆息的原因——回不去了，沒法重新選擇了！

順帶說一下，「複雜二分法」是一個很好用的分析工具。凡事都可以從一個維度上「二分」，也都可以從另外一個維度上「二分」，於是就可以產生四個組合，每個組合都可以拿出來仔細分析。

	聰明	愚蠢
勤奮		
懶惰		

給你講兩個好玩的例子（僅僅是好玩）。

第一個玩笑是「聰明愚蠢」與「勤奮懶惰」的組合：

▽聰明且勤奮的人，適合做團隊裡的中層，因為他們的執行力強。

▽聰明且懶惰的人，適合做團隊裡的領導，因為他們更擅長琢磨。

▽愚蠢又懶惰的人，你肯定不會要，對吧？

▽可是，對那些愚蠢卻勤奮的人，你就要小心了。若在團隊裡發現這樣的人，要馬上開除。為什麼呢？因為你不知道他們會做出什麼事情，而且他們在犯錯的時候一定會達到極端嚴重的地步！

第二個玩笑是用來說明「相信上帝更划算」的：

▽如果上帝並不存在，那麼你是否相信「上帝不會影響你」（反正上帝並不存在）——起碼那個並不存在的上帝不可能真的懲罰你，是吧？

▽但是，如果上帝真的存在，那麼，你相信，你聽話，你就會上天堂；可若

	相信上帝存在	不相信上帝存在
上帝並不存在		
上帝真的存在		

你不信，那你就慘了，你必然會下地獄！

於是，在大家都弄不明白上帝是否真的存在的情況下，在這四種情況裡最慘的是「上帝真的存在，而你竟然不相信」。

玩笑歸玩笑，現在你明白這個「複雜二分法」有多厲害了吧！當然，你在之前已經多次見過它，而且，你一定會不時地在經濟學、心理學等書籍裡見到這個工具的使用實例。

下面，讓我們看看如何用這個工具徹底想明白「人生中最重要的一個選擇」究竟是什麼。

你一生要做的事情可以分為「有趣的」和「無趣的」兩種，從另外一個維度看，也可以分為「有用的」和「無用的」兩種。於是，就有四種情況。

▽誰不希望自己做的事情都是「既有趣又有用的」呢？只可惜，這種事情太少了。不過，總有一些人有好運氣。你看「歌神」張學友，喜歡唱歌，就唱一輩子歌，因為唱了一輩子歌而衣食無憂！你看「拳王」泰森，喜歡「打人」，就「打一輩子人」，因為「打了一輩子人」而衣食無憂！——羨慕死了！

	有趣	無趣
有用		
無用		

▽千萬不要以為那些「既無趣又無用」的事情沒人做。其實，不僅有人做，還有很多人做。最常見的例子就是那些「菸鬼」（很不幸，我就是其中之一）——天天抽菸有什麼用啊？有意思嗎？吸一口，吐一口，弄不好還被嗆到，有什麼意思啊？可這種事情偏偏就是有很多人去做，不僅如此，還要冒死去做。

最終你會發現，你必須在「有用卻無趣」和「有趣卻無用」之間作出抉擇。

別的不說，「年輕的時候在乎錢」有意思嗎？真的很沒意思！理由也非常清楚：在年輕的時候，無論如何用力，都處在那條平緩的、甚至看不出斜率的直線上，即便再努力，賺到錢的實際上也很少——你說，這能有意思嗎？說實話，誰不知道談談理想、講講情懷看起來更「高大上」呢？

我太瞭解這種感受了，因為我從頭到尾全都經歷過。假如，你的父親在醫院裡隨時可能病危，你在外面拚命賺錢，可無論怎麼努力，你賺到的錢總是不夠用——那個辛苦，那個難受，那個無處訴說……可問題在於，「去賺錢」幾乎是對沒有財富可繼承的人來說最有用的事情啊！尤其是當父親躺在醫院裡，你知道自己是在「用錢搶命」的時候，「孝順」可不是掛在嘴邊上的，要想做到，得有實力，如果沒有實力，就只能流淚了，不是嗎？不管是有意思還是沒意思，都得去做！雖然這對每個人來說都是看起來理所當然的事，可實際上卻是人生最艱難的抉擇。

我不反對年輕人有理想、有抱負、講情懷、講格調——越是年輕，就越自然，不是嗎？但是，我不主張年輕人不重視金錢，**尤其不主張年輕人不重視賺錢的能力**。我也不認為那些動不動就奉勸「年輕人不要那麼在乎金錢」的人心懷深刻的惡毒——我猜，他們的終局也會因為自己當年沒想明白而實際上並不美妙吧。

我只是想從邏輯上證明給你看：「從一開始就重視金錢」可能是更划算的策略。而且，我還會用自己的經歷告訴你：到最後，若你真的賺到了很多錢，你其實是沒有辦法「依然在乎金錢」的；更為重要的是，若你竟然真的賺到了很多錢，你很可能會變成更有理想、更有抱負、更講情懷、更講格調的人（我真的見過這樣的人）。

我們不是認為「金錢至上」的人，恰恰相反，我們知道還有比金錢更為寶貴、更具價值的東西，例如時間，例如自己的注意力……我們只是因為元認知能力比較強，才習得了一個更好的策略，「在起點重視金錢」比「在起點不重視金錢」更划算、到達終點時痛苦更少。

如果你在起點不在乎金錢，那麼我希望你到終點時不要像段子裡的眼科醫生那樣「忽然間開始在乎金錢了」——那樣不漂亮。

當我開始寫專欄的時候，很多人以為《通往財富自由之路》是「標題黨」——我懶得解釋。但在這本書裡，我可以認真地解釋一下。

首先，名不副實的、「金玉其外，敗絮其中」的才是「標題黨」。

其次，若專欄銷售數量最多是因為「財富」這兩個字，那並不是壞事。

再次，若訂閱者是年輕人，那說明他運氣好，很可能因此糾正了一個連他自己都不知道自己正在實施的「劣勢策略」。

最後，我猜那些只因為看到「財富」兩個字就「避而遠之」的人，在許多年後會發現真相。

所以，我們應該認真、冷靜地對待「財富自由」這四個字，尤其是還處在起點的年輕人。在人類平均壽命不斷增加的今天，五十歲以下基本上都可以算作年輕人——即便是五十歲的人，後面也還有至少二、三十年的壽命呢！

46. 如何才能練就融會貫通的能力？

在回答這個問題之前，讓我們重新認識一下「知識」這個概念。首先，我們需要認真定義一下「知識」這個概念。

所謂「知識」，指的是能夠指導我們作出更好的決策，且長期來看更可能給我們帶來更好結果的那些資訊。

也就是說，所謂「知識」，最終只不過是一些資訊。然而，它們也不是任何資訊，而是「能夠指導我們作出更好的決策」且「更可能給我們帶來更好的結果」的資訊。

方法論總是相通的。「資訊」若要稱為「知識」，需要具備兩個條件，而絕大多數的資訊會被就此剔除。之前我們說過，所謂「選擇」，無非是添加條件——你看，它們背後的工作原理是否完全相同、相通？

因此，絕大多數的「資訊」算不上是「知識」。

例如，就算你知道「[illegible]」這個字怎麼讀，通常情況下這件事本身也很難成為你作出人生重要決策的依據，而且，這個字的存在與否，以及你是否會因為認識它而改變自己的生活，答案非常明確：皆為「否」——無論是短期還是長期（當然，若作為消遣，則無可厚非）。

> 話說，我用「鬯」這個字做例子十多年了，對我來說，這個字真的實現了它特殊的價值。

我們可以簡單地把「能否指導我們作出更好的決策」簡化為「是否有用」，這麼說也許更為簡單明瞭。

定義清晰會使我們有不一樣的選擇和行動。例如，我會不時在我的微信訂閱號裡分享看過的好電影，雖然這明顯是娛樂類內容，但從我的定義角度看，這是知識，實實在在的知識：

▽它肯定會影響讀者的決策——大多數讀者真的會看，看完之後真的會很爽，因為我只推薦我真的認為是極好的電影。

▽從長期來看，它肯定會給讀者帶來更好的結果——起碼品味與品位都提高了。品味與品位，和耐心一樣，都是長時間積累的結果。若品味與品位都提高了，那麼將來的輸入品質只會越來越高。

於是，分辨「知識」就很容易了，無非是問自己兩個問題：

▽知道這些之後，我的哪些決策會隨之改變？

▽從長期來看，這些東西可能為我帶來哪些想得到或者想不到的好處？

你應該見過很多人，在四十多歲的時候說類似這樣的話：

「唉，年輕的時候不懂事，早知道就多讀一點書了……」

有這種想法的人在人群中的比例很高，但他們已經沒辦法了，他們徹底回不去了！然而，他們還有更為無奈的事情：

他們之所以把這樣的話講給自己的孩子聽，顯然是出於真誠的勸說，但他們卻沒有任何可能讓自己的孩子明白這些話的含義。

一代又一代的人，大部分都是如此。問題出在哪裡？我的觀察與結論是這樣的：

他們在思考知識價值的時候，只考慮「有用」與「沒用」，卻忽略了一個更為重要的維度：「短期」與「長期」。

大多數人在判斷知識的用處時，心裡都有很「理性」的依據，例如「我想學有用的東西，而不是沒用的東西」——這很好，沒有錯。但與此同時，他們忽略了一個可能更為重要的理性依據：時間。你想啊，「短期有用」的東西不見得「長期有用」，「短期沒用」的東西不見得「長期沒用」。

而上面提到的那些無法讓自己的孩子信服的、因為自己已經「反應」過來而「無奈」的人所面臨的無法言說的尷尬在於，他們只體會到了痛，卻不知道問題究竟出在哪裡，他們甚至到死都不明白，他們只不過是因為從未認真對待過「長期」這兩個字才搞得自己「死因不詳」。

很多人在小學畢業之後就不讀書了，另有一批人在初中畢業之後就不讀書了，還有一批人在高中畢業之後就不讀書了……絕大多數人直到大學本科畢業，也沒有分清「上學」、「讀書」和「學習」，於是，他們分分鐘都有可能停止進步——你看，概念不清晰的危害有多大！

當年我上大學的時候，學的是會計專業，這是我的父親替我決定的。他和這世界上的絕大多數人一樣，望文生義地以為經濟學是研究怎麼賺錢的學科，然後進一步想當然地認為會計是離錢最近的專業……

要知道，我的父親並不是沒有文化的人——他是黑龍江大學俄語系的高材生，「文革」後為延邊醫學院創辦外語系的知識分子啊！

不過，我父親那個年紀的人，在那樣的世界裡掙扎著生存，真的不明白什麼是商業，不明白什麼是經濟，更不明白什麼是經濟學。事實上，經濟學研究的對象真的不是錢，完全不是錢，反正不是錢（真正直接研究錢的專業可能是金融）。許多年後，當我從事留學諮詢工作的時候才「發現」，若本科讀的不是數學或者電腦專業，那麼去美國讀金融專業的機會幾乎為零。唉，選專業真的是大多數父母完全搞不懂的事情！

絕大多數人在判斷知識有用與否（或者換個說法：「是不是『乾貨』」）的時候，希望那資訊馬上有用、立竿見影，希望在瞭解新東西的時候瞬間就能脫胎換骨。於是，他們等於主動剔除了很多「短期沒用」但絕對「長期有用」的知識。二三十年過去，到了四十多歲，他們被動地意識到了一個災難性的結果，卻完全不知道自己當初錯在哪裡，他們能表達出來的只有含混的措辭，即，「年輕的時候不懂事」。若他們真的能想明白、說清楚自己當初怎麼不懂事、做錯了哪些決定、有什麼樣的方法能讓自己的孩子避免遇上和自己一樣的「報應」，他們就不會那麼絕望。可事實上，他們並沒有，他們很可能終生都不明白這是怎麼回事——雖然那原因不能再簡單了。

從**「大多數人從不認真考慮長期」**這個事實出發，我們很容易理解為什麼絕大多數牛人都一樣，不怎麼在意絕大多數「新聞」（因為實際上那一地雞毛的瑣事對他們而言，不僅在短期內沒用，從長期來看也沒用，而且一點都不稀奇）。但是，在特定領域裡，他們卻有「火眼金睛」，無所不知，無所不曉（起碼比別人知道得多）。巴菲特說他「從來都不看新聞」，大抵是指他從來不看小事件。至於那些與他的人生選擇相關的大事件，他比任何人知道得都早，於是，他也就用不著看別人發出來的「新聞」了。

然而，即便是滿足那兩個條件（有用、長期）的可以稱為「知識」的資訊，也有不同的能量和價值。我有一個專門杜撰的概念用來區分它們：有繁衍能力的知識。

> 有些知識能繁衍出更多的知識，於是，它們顯然更高級，也更有價值。

邏輯學就屬於這一類，它可以用來判斷某個知識是否站得住腳，也可以用來預知一些結論。機率論也屬於這一類，它與邏輯學結合在一起，就能作出相對更為接近事實的預測。英語更屬於這一類，掌握它顯然（即便是在聽、說、讀、寫中只掌握了「讀」這一項）能讓你接觸更多的知識。再想想看，程式設計是不是屬於這一類？這類知識有一個專門的術語，叫作「通識」，即，無論在哪裡都用得上的知識。

最後，我們看一個人們最近頻繁提到的詞：

碎片化

知識是否可以碎片化呢？這顯然是誤解，也是概念不清晰而造成的混亂。事實上，被碎片化的只是時間，而不是別的。

碎片化的資訊無法直接構成知識。這像什麼呢？這就好像，**雖然房子確實是由磚頭構成的，但若僅僅一堆磚頭疊在那裡，我們完全不可能稱之為房子——這個類比好像無論在哪裡都用得上！**正如房子是有構架的一樣，知識是有體系的。碎片化的資訊頂多是一塊塊的磚頭而已，要讓它們成為房子的一部分，除了構架之外，還需要很多東西，例如水泥、鋼筋……

再說，即便是學習的時間被碎片化了，學習的過程實際上依然是長期、持續、連貫的，否則也不可能產生進步。而且，碎片化也不是今天才產生的，事實上從來都有。回憶一下，在我們上小學的時候，是不是上午上四節課，通常每節課都是不一樣的科目？在絕大多數情況下，不會是星期一全講國語，星期二全講數學，星期三全講自然……在離開學校之後，我們就很難有整塊的時間學習了（其實所謂「整塊的時間」，不過是滿滿的四十五分鐘而已）——不都是「抽時間」搞定的嗎？例如，我學習 Python 程式設計語言時，閱讀第一本書的時間基本上是每天在馬桶上的十五分鐘，花了整整一個月才搞定。所以，時間碎片化並不代表學習碎片化，恰恰相反，真正擅長學習的人，都擅長利用碎片化的時間完成長期、持續、連貫的學習。

於是，一個很明顯的結論出現了：

> 體系化的知識是更高級的知識。至於碎片化，則和知識完全沒有關係。

那麼，對普通個體來說，體系化又從何而來呢？我有一個理論：在知識的海洋裡，最佳策略是

「漫遊」——對普通人來說更是如此。

許多年過去，當我回頭看的時候，最慶幸的事情只有一件：

> 我好像從一開始就沒操心過「學它有什麼用」，不僅如此，我好像從一開始就覺得學習本身很有趣。於是，我無論學什麼都覺得很有趣，甚至，在學不會、學不好的時候，我依然覺得學習很有趣！

你看我的微信訂閱號名稱——「學習學習再學習」（先把「學習」這個本領「學習」好，「再」繼續「學習」）。再看看我的簽名——「一生只有一個職業：學生」（它在許多年前就放在那裡）。我不是說說而已的人，我也不是今天才開始說的人，我是那個多年來一直在那麼做的人。而那麼做的直接結果就是：我一直在「漫遊」，常常毫無目的，甚至根本就不想有目的。

在其他領域，這也許不被認為是好策略，但在知識面前，這絕對是個好策略，因為你會越來越頻繁地產生這種幸福感：

> 真沒想到，我學過的那個東西在這樣的地方用得上！

這種幸福感在英語裡叫作「serendipity」（意外的好運）。我若從另外一個角度解釋，你就會發現，這裡的所謂「意外」其實一點都不意外，而完全是必然。

節點數量	1	2	3	4	5	6
連接數量	0	1	3	6	10	15

我學很多東西的理由是：誰知道它在什麼時候會有什麼用處呢?!在《把時間當作朋友》裡，我專門提到過一個例子：很多時候，人們會出於相同的原因作出截然相反的決策，很多人在面對「誰知道它在什麼時候會有什麼用處呢」這個理由的時候，作出的選擇是截然相反的——「除非你確切地告訴我它在什麼時候有多麼明確的用處，我才會去學！」

人們經常會提到「融會貫通」這個詞。「融會貫通」究竟是什麼呢?從本質上看，所謂「融會貫通」，無非就是兩個貌似原本不可能產生聯繫的節點之間產生了「意外的聯繫」，然後竟然發現那個聯繫足夠重要，足夠有用，甚至達到令人震驚的地步。

融會貫通的前提是什麼呢?很簡單：可產生聯繫的節點數量足夠多。在只有兩三個節點時，沒有什麼連接可能是意外的——兩個節點之間能有一個連接，三個節點之間能有三個連接，四個節點之間能有六個連接……隨著節點數量的增加，可能產生的連接數量也會增加。

其實，可以直接用公式計算：

連接數量＝節點數量×（節點數量－1）÷2

翻譯過來就是：

> 只有博學的人才有融會貫通的能力（甚至機會）。

於是，在學習的時候，「莫問前程，但行好事」是最優策略，因為肯定會有一個自然的回報：融會貫通。而且，一旦融會貫通的效果出現了，就說明另外一件天大的好事同時出現了：體系化自動形成。想像一下吧：人和人的差別真的很大，一些人的腦子裡只有一堆磚頭（當然，有些人更慘，腦子裡只有零星幾塊磚頭碎片而已），另外一些人的腦子裡有一棟房子，還有一些人的腦子裡有高樓大廈，更有一些人的腦子裡有整座城市……

更進一步，我們會意識到：

> 所謂「融會貫通」，本質上就是在那些「清晰、準確、必要的概念」之間建立「清晰、準確、必要的關聯」的過程——這不就是讓我們變得更聰明、讓我們的作業系統變得更高級的過程嗎？

錯誤的概念和錯誤的關聯會影響整個作業系統的正常運轉。再舉一個例子——雖然這本書裡已經有太多的例子了。

> 很多人不知道「自信」這個概念應該如何與另外一個概念關聯起來：

> 一個人所要自信的對象，應該是未來的自己，而不是現在的自己，更不是過去的自己。
> 然而，絕大多數人最想要的是「對現在的自己自信」。於是，他們的生活中就出現了很多的扭曲，可他們卻毫不自知。

可怕吧？

除了增加節點數量之外，還有一個重要的方法：主動增加連接。主動增加連接的方法倒也簡單，就是經常問自己這麼一個問題：

> 這個概念、這個道理，還能用在什麼地方？

在第六節裡，我提到過一個例子：儘管中學物理課本裡「串聯」與「並聯」的概念很簡單，但絕大多數人從沒想過這個概念還可以用在什麼地方，可另外一些（少數）人卻如此這般地琢磨了一番——想想看，許多年後，這兩種人的生活還可能在同一個水準上嗎？

47. 人生的終極問題到底是什麼？

我在長大的過程中，聽說人生的終極問題是：

▽我是誰？

與之相關的問題還有兩個：

▽我從何而來？

▽我要去向何方？

後來，我發現這些並不是最重要的問題，因為「未來的我究竟是誰」取決於我今天做了什麼、過去做了什麼……換言之，「我」並不是一個固定的、一成不變的存在，因此，琢磨「我是誰」很可能完全是徒勞的。

但是，有一天，我發現了一個更有意義的終極問題：

> 什麼更重要？

事實上，你可能早就注意到了，在這本書裡全部都是思考「什麼更重要」的範例。因為在我的體系裡，「什麼更重要」就是用來鍛造價值觀的問題，而價值觀是作業系統的核心要素之一，幾乎一切決定都來自這個問題的答案。

什麼更重要？

反覆認真地把這個問題問下去，深究下去，到最後會直接出現另外一個更重要問題的答案。這個問題是：

什麼最重要？

這是我多年來最有效的「武器」，我都記不起有多少次用它解決學習、生活、工作中的重大問題了，反正總是「一刀砍下去，結束戰鬥」——很難想像吧？

當年，別人考托福是為了出國，而我是為了去新東方當老師（因為我的父親躺在病房裡，我需要一份收入相對高而又穩定的工作）。我以為，去新東方當老師，一定要有個好成績，就開始研究托福考試。所謂「研究」，從本質上看，就是這把「刀」——要想研究「什麼最重要」，就從「什麼更重要」問起！

嗯，單詞量很重要！那麼，有沒有什麼比它更重要呢？一定有。為什麼一定有呢？因為我發現，無論如何，你在下一次考試當中都會遇到一些不認識的單詞（因為那是設計出來的考試，所以，找幾個你肯定不認識的單詞放在裡面，實在是太容易、太基本、太必須的了），例如「phlogiston」這種單詞，即便是美國人，若有一點偏科，不喜歡化學，估計也不認識。那麼，什麼更重要呢？琢磨來琢磨去，我發現托福考試考的不是單詞量，而是透過基礎詞彙揣摩上下文邏輯的能力。這一「刀」太狠了——別人以為通過托福考試要背一萬兩千個詞彙，我可好，隨便通篇搞定了十篇託福閱讀文章之後，就開始研究上下文邏輯去了——我竟然沒有專門背單詞就通過了托福考試，還拿了個很高的成績！當上老師之後，我把這個思考結論寫成了一本書：《TOEFL 核心詞彙21天突破》。這本書賣了很多年，讓我跨過了「財富自由」的「里程碑」，而且直到今天還在賣。

這是學習上的例子。生活上的例子呢？我在很多場合都說過，我和老婆二十多年沒有吵過架（這件事我身邊的朋友都知道）。我是如何做到的呢？其實，不是「如何做到」的，而是從一開始就註定如此。因為我很認真地想過「擇偶標準」這件事——長相重要嗎？重要，但顯然有比它更重要的考慮因素。身材重要嗎？重要，但顯然有比它更重要的考慮因素。學歷重要嗎？重要，但顯然有比它更重要的考慮因素……透過反覆探究「什麼更重要」，我終於找到了一個「最重要」的因素：

> 對方是不是一個能講道理的人？

在我看來，這是唯一最重要的因素，因為若滿足這一條件，就幾乎沒有不能解決的問題了。而後來，我一不小心遇到了一個不僅各方面都不錯，竟然還「能講道理」的女生，那就直接在一起唄！只一「刀」，終生幸福。

在工作上也一樣。現在，我每週都要跟很多團隊開會，會議流程很簡單：

▽我們當前最重要的事是什麼？為什麼？

▽如果我們確定這是當前最重要的事，那很簡單——把一切注意力都放在它上面！

帶團隊也一樣。我曾認為自己缺乏「管理能力」——剛開始我也認同這一點，因為許多年來，我確實一直在「單打獨鬥」。後來我是如何解決這個問題的呢？還是那把「刀」。我花了好幾年時間去琢磨：在帶團隊這件事上，什麼更重要？得到的結論是：

選一件發展迅速的事情去做最重要。

如果團隊正在做的事情發展迅速，那麼即便是大家各有缺點，又能怎樣呢？反正大家都很忙，忙著發展，忙著「打仗」，忙著「救火」，甚至忙著「數錢」，哪裡有空想別的事情啊？可如果團隊正在做的事情進展極其緩慢，那麼各種問題就都出現了，且問題的作用會被放大。於是，在決定帶團隊之前，我會窮盡精力去琢磨：他們到底做什麼才能有最迅速的發展？如果琢磨不出來，我就乾脆不做了；如果琢磨出來，我就知道，那一「刀」已經結束了「戰鬥」。

後來，我完全是誤打誤撞進入了投資領域。當時，我還不知道自己一腳跨進了一個鏡像的世界，我的作業系統裡還沒有「左側世界」、「右側策略」等概念，所以當然是跌跌撞撞，頭破血流……經過一段實操之後，我又把那把「刀」亮了出來，開始躲在家裡琢磨：

> 什麼更重要？到最後，什麼最重要？

結論是：

> 在買到可維持長期成長率的可增值資產之後，一直握著——不動最重要。

順著這個「發現」，我想透了很多這個新世界裡的重要原則：

▽自己對自己負責。

▽成長率決定價值增長。

▽一定要投資比自己更牛的人。

▽一切的功課與努力都要在錢打出去之前完成。

▽在金融的世界裡，沒有什麼可以打敗錢這個東西。

▽自己不懂的東西，無論看起來多好，都不能胡亂參與。

我送過你一把「鑰匙」，再送你一把「刀」——這本書是否「價值連城」，就看你的了。為什麼?!憑什麼?!為什麼到最後我沒有責任，做不好反倒要怪你呢？——好問題！

你有沒有想過，在「教育」或者「學習」這件事情裡，什麼最重要？最終，環境比老師重要，你自己比環境重要。於是，到最後，在教育或者學習這件事情裡，自己最重要。否則，就無法解釋：為什麼在同樣的環境裡，總有一個脫穎而出的人？由同樣的老師去教，為什麼總有人比別人做得更好？

自己才是最重要的決定因素。

那麼，在你身上，什麼素質最重要？堅強，勇敢，聰明，還是耐心？仔細想想吧。這麼多年來，我只看到一個素質比其他素質都重要：

幹一行，愛一行。

這是我們人類的基因設計：

▽你只能做好你熱愛的事情。

▽你不可能做好你討厭的事情。

「愛」與「不愛」，貌似是前置條件，可這種理解絕對是膚淺的。你以為自由戀愛的婚姻就一定幸福嗎？你以為這世上就沒有「先結婚，後戀愛」且過得很幸福的家庭嗎？你看，「愛」與「不愛」，並不一定是前置條件。

而在人群之中，就是有少量的「另外一個物種」，他們很厲害，因為他們無論做什麼，到最後都能愛上什麼。若有能力愛上，就有能力持續去做；若能持續去做，又怎麼可能做不好？我對「執行力」這個東西有另外一個定義和判斷：

> 判斷一個人是否有很強的執行力，只要看他在做得不好的時候會不會繼續做下去就可以了。

如果不喜歡做，怎麼可能接著做下去？如果不熱愛，怎麼可能堅持到最後？所以，在「執行力」這個東西裡，一個很重要的因素就是熱愛程度。愛到無以復加，就沒有人可以阻擋，也就沒有任何挫敗會導致放棄。

之前提到過，無論做什麼事、學什麼東西，我都要想盡辦法為它賦予極大的意義，如此這般，我就把「堅持」和「努力」之類的概念都從我的作業系統當中刪除了。此外，我還有更「狠」的策略：

> 我事實上在與我的每一個技能談戀愛。

呵護她，關心她，哄她開心，跟她一起「high」……愛得要死要活。想拆散我們？沒門兒！

這把「刀」我用了不知道多少年，在可預見的未來，我還是會頻繁地使用它。我最近一次使用這把「刀」是這兩年在琢磨未來的時候。事實上，我在第三節提到過：

很多事情，好像明擺著就在那裡，但不走到一定地步是不會認真思考它們的。在穿越成本線之後，我才明白那真的只不過是起點（過去只是猜測「那應該是個新起點」）。只有走過去才有機會看清楚：「個人財富自由」真的只是第一步而已，後面還有很多步呢！下一步是「家族財富積累」，後面還有「財富管理」，再後面還有「家族傳承」——你要考慮的不僅是如何把財富傳承下去，更重要的是如何把方方面面的能力傳承下去。

亮出那把「刀」，琢磨來琢磨去，我才發現，還有比財富自由更重要的事情。到最後，我找到了一個概念：家族傳承。傳承什麼更重要？傳承什麼最重要？傳承能力最重要。事實上，這是非常樸素的思考過程，不是嗎？想想也挺好——進入了一個沒人教、沒書看、只能靠自己的領域，結果還好——我們不是沒有學習能力的人，是吧？

前面說的貌似都是「大事」，不過，那把「刀」幾乎可以用在任何地方。下面我會耗費一點篇幅，舉一個關於「小事」的例子。

你是否嘗試著學過PowerPoint 設計？你可能想不到，我這麼好學的一個人，卻經常勸別人：「別學那玩意兒了！」意外嗎？為什麼呢？理由有很多，我只說最重要的一個。在整個簡報過程（向上是報告，向下是演講）中，投影片是最重要的嗎？顯然不是，顯然有比投影片更重要的東西：內容。

這是有明證的。[1]二〇一三年，LinkedIn 的創始人霍夫曼（Reid Hoffman）公開了他在二〇〇四年向 Greylock 基金尋求 B 輪融資時製作的簡報投影片。霍夫曼的那一次簡報說服了 Greylock，使 LinkedIn 成功獲得一千萬美元的投資。

這個稱得上「字字千金」的簡報投影片長什麼樣子呢？毫無美感！

然而，請注意，對簡報的對象來說，這根本不是重點。他們是投資人，他們關心的完全不可能是這種東西：

▽呀！字體太難看了！

▽嗯？這個配色實在是太亂了！

▽啊！這是哪兒來的插圖？這麼不搭！

▽唉！誰做的？怎麼完全沒有設計基礎呢？

投資人關心的只有事實和邏輯——這是肯定的。手裡拿著真金白銀尋找機會的投資人，當然不可能被「金玉其外，敗絮其中」的東西所迷惑。

於是，我們已經有一個很重要的結論了：

內容∨投影片設計

然而，有一個更重要的因素：宣講者是霍夫曼，而不是某個他們完全不認識的人！

有句話很有道理：你不知道並不可怕，你不知道你不知道才可怕。

二〇〇四年，霍夫曼已經三十七歲了。一九九〇年，他從史丹佛大學畢業，拿了雙學位，一個是符號系統，另一個是認知科學。一九九三年，他在牛津大學拿了哲學碩士。一九九四年，他參與創建eWorld（該公司於一九九六年被AOL收購）。一九九七年，他創建了SocialNet.com，開始專注於互聯網社交領域。與此同時，他是PayPal的早期聯合創始人之一，後於二〇〇〇年一月離開SocialNet，全職加入PayPal，擔任COO。二〇〇二年，當eBay以十五億美元收購PayPal時，霍夫曼已經是PayPal的副總裁了。二〇〇二年年底，霍夫曼重拾他的互聯網社交夢想，於是組建團隊，LinkedIn於二〇〇三年五月五日正式上線。此時，霍夫曼早已經成為矽谷最著名的天使投資人之一，江湖人稱「人脈王」。

想像一下，若你是投資人，坐在霍夫曼對面聽他的宣講……不是說霍夫曼講了什麼不重要，而是說，他講的內容固然重要，但更重要的是，他是霍夫曼，不是別人，不是隨便一個「Mr. Nobody」——他可是整個矽谷創投圈都想投資的對象啊！至於投影片設計水準嘛……呵呵。

於是，我們的結論應該改進了：

人＞內容＞投影片設計

簡言之，最重要的是人，你要做的更重要的事情是「成為能說那話的人」！大約十年前，我寫過一篇文章，發表在網上，題目就是《成為能說那話的人》。那時我發現，人微言輕——若你是個舉足輕重的人，那麼你的話就會被重視；否則，你的話就會被忽略。不是投影片不重要，也不是內容不重要，而是——有更重要的事情等著我們去做！

所以，我從不在製作投影片上浪費時間。可我也喜歡漂亮的投影片——怎麼辦？用錢換時間啊！我到國外網站買一些很漂亮的範本，通常只要花十五到三十美元（也就一兩百元人民幣）——難道我做一場演講連這點錢都賺不回來嗎？不可能！

還有更重要的問題需要你認真考慮：

你到底想成為誰？

▽你想成為一個使用投影片的人。

▽你想成為一個為別人設計投影片的人。

你自己選吧。

這把「刀」實在太好用了！請你收好它，因為它會讓你在變成「另外一個物種」之後，為你配上一個「外掛」。

另外，我專門寫了一本書，叫作《別再學習幻燈片（投影片）製作了！》，並為它設計了一個巧妙的銷售方式。若你有興趣，可以到網上搜尋「別再學習幻燈片製作了」，不管是用 Google 還是用百度，估計很容易就能找到。我想，若用這本書裡講述的各種原理創造出一個能「大賣」的產品，也是個很好的故事。等有空時，我會給這本書出個「有聲版」（到時你就知道我會怎麼做了）。

【注釋】

[1] http://www.reidhoffman.org/article/2135。你可以自己訪問這個網址，為了節省篇幅，我就不在這裡放圖片了。

48. 執行力差的根源究竟在哪裡？

不管你的執行力是不是強，你都知道總有一些人的執行力很強，是不是？即便你的執行力不強，你也知道執行力很重要，是不是？當我們面對一項任務的時候，所謂「執行力」其實有另外一個定義：

所謂「執行力」就是指一個人是否清楚地知道要怎麼一步一步做下去。

如果你會做，直接去做就是了。如果你不會做，當然要去學了！學會了就開始做。而如果你學不會，那原本就應該接著學，可絕大多數人在這裡卻選擇了「不了了之」。還有更狠、更氣人的情況：

明知道事情應該怎麼做，甚至很清楚每一步應該怎麼做，可就是不做、沒做。也不是不想做，但反正不是今天做——明天再說唄……

最氣人的情況是這樣的：

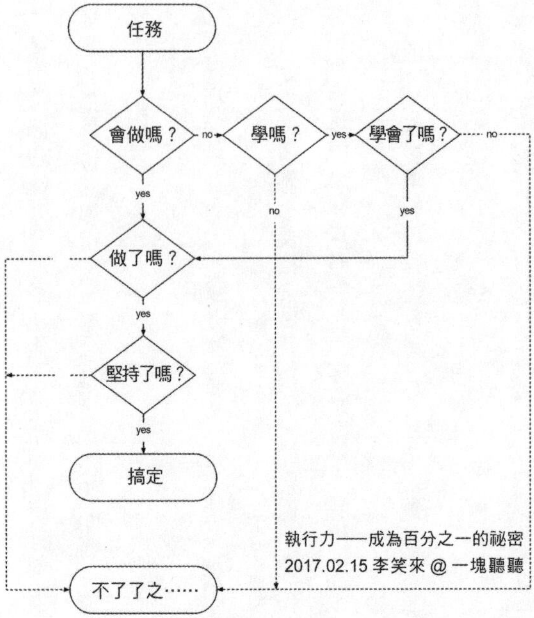

所謂執行力

> 也不是沒做——做過，很早就做過，但就是沒有持續做……反正也不知道是為什麼。

在上面這幅圖裡，虛線部分實際上是絕大多數人終生不斷循環的路徑。雖然每個人都知道自己應該走那條實線的路徑，可真的不知道為什麼，最終就是沒能走在那條路徑上——我都聽見你們心裡的嘆息了！

事實上，我們每個人都有執行力，而且都有很強的執行力。只不過，比較奇怪也比較讓我們生氣的是：

我們都格外擅長把沒必要的事情做到底。

例如，我是「菸鬼」，我也知道抽菸事實上完全沒必要，但我就是很自然地堅持抽菸，而且，我甚至可以很冷靜地得出符合邏輯的結論，告訴自己，也告訴別人：我「沒必要」戒菸。你說我傻也好，說我愣也罷，我根本不在乎。

千萬不要笑話我，因為沒人有資格為這件事笑話我，因為每個人都有這種能力，而且每個人都有很強的這種能力——你也一樣。例如，你是女生，你在當前這種文化裡長大，受這種文化的薰陶，於是，你在很大的機率上可能每天都要問你的男朋友或者老公「你愛我嗎」、「你是不是最愛我」，諸如此類。有必要嗎？事實上沒有必要。但感覺上呢？反正，你就是會天天問，恨不得每天問幾萬遍。再如，現在百分之九十以上的人每天手機不離手，可能在一分鐘內就要打開手機好幾遍，其實打開手機也不會做什麼，但就是覺得若手裡沒有手機，心裡就空蕩蕩的。有必要嗎？事實上沒必要。但，那又怎樣？自從手機有了大螢幕，變成了所謂「智慧手機」之後，人們丟手機的機率都大幅降低了，因為手機已經徹底變成了每個人身體的一部分。

你看，每個人都很擅長把很多沒必要的事情做到底。所以，我們每個人都有很強的執行力，只不過，總是在必要的事情上，我們的執行力就好像失靈了一樣……

這也許是個公開的祕密：

我們的身體裡有不止一個自我。

為什麼說這是「公開的祕密」呢？因為關於我們的身體裡「好像」有不止一個「自我」這件事，人們很早就意識到了，只不過長期以來沒有足夠合理、精準的解釋。

在兩千多年前，蘇格拉底和斐德羅就討論過這件事，柏拉圖還做了記錄。蘇格拉底很聰明，他相信聰明人是不用做記錄的，只要用腦子記住就可以了——幸虧柏拉圖覺得自己笨，於是把蘇格拉底的對話都記了下來……

當時他們認為，人的靈魂有三重本質，還為此畫了一幅圖：一個騎手，駕著一輛由一黑一白兩匹長著翅膀的馬拉著的戰車。黑色的馬代表欲望靈魂；白色的馬代表意志靈魂；騎手代表理性靈魂，要駕馭這兩匹神駒勇往直前。

在心理學發展的早期，佛洛伊德把這個類比改頭換面，其實就是「偷懶」換了個不一樣的類比：完整的人格由三大部分組成，它們分別是本我、自我和超我……不細說了，沒必要。

最近二、三十年，一個叫作「腦科學」的領域發展迅猛。現代科技讓我們有了足夠的技術手段去研究大腦的構造和運行原理，以致我們今天對自己的那種好像是天生的精神分裂症狀有了清楚和徹底的解釋。

人類的大腦分為三層。最裡面的那一層在爬行動物時代就發展好了，我們不妨把它稱為「鱷魚大腦」，它用來指導我們的身體完成各種應激反應（stress）——就像鱷魚那樣。鱷魚只有這一層大腦，它們沒有情緒，沒有理智，只有五種應激反應（都可以用以「f」開頭的詞彙描述），就在地球上生存了這麼多年。

▽如果入侵者是同類，同性，且不如自己強壯，那麼「fight」！

▽如果入侵者是同類，同性，且比自己強壯，那麼「flee」！

▽如果入侵者是同類，異性，那麼「fuck」！

▽如果入侵者不是同類，不管它是同性還是異性，只要不如自己強壯，那麼「feed」！

▽如果以上皆不是，那麼「freeze」。

人類的第二層大腦在哺乳動物時代就發展出來了，我們不妨把它稱為「猴子大腦」。簡單地講，這層大腦用來生成各種情緒，包括最基本的恐懼、興奮等。這樣的情緒實際上是對各種外部刺激的高級綜合反應：感受到危險要產生恐懼，以便迅速逃離；見到獵物要足夠興奮，以便身體的各部分協調起來，足夠有效率……順帶說一句，家裡養的寵物雖然沒有理性，但有情緒，牠們也會開心，也會難過，也會興奮，也會害怕……

人類最終發展出了幾乎獨一無二的第三層大腦，稱為「前腦額葉」。不誇張地講，人類文明都是建立在前腦額葉之上或者之中的。

我們每個人都多次經歷過「突然之間大腦一片空白」的情況，你知道那個時候你的體內發生了什麼事情嗎？大抵是這樣的：

▽我們的腦細胞活躍是需要大量能量的，例如氧、糖等。

▽我們的心臟位置決定了大腦所需要的能量會先輸送到「鱷魚大腦」（即，最內層的大腦），然後輸送到「猴子大腦」，最後才能抵達「人類大腦」（即，前腦額葉區域）。

▽當我們突然受到驚嚇，或者突然情緒激動的時候，內兩層的腦細胞最先活躍起來，消耗了大量的能量，因此，外層負責處理理性的大腦區域完全沒有能量供給，只能「暫時休眠」。

所以，從現代科學的角度解釋，所謂「更為理性的人」其實是前腦額葉區域相對發達的人。

這樣看來，像蘇格拉底、斐德羅、柏拉圖那樣的人，直覺驚人地準確。那匹黑馬對應著「鱷魚大腦」（直覺），那匹白馬多少有點不準確地對應著「猴子大腦」（情緒），而那個騎手（理智）則好像清楚地對應著「人類大腦」（理智／元認知）。

你可以這樣理解——在最初的時候，我們的「戰車」是這樣的：

▽黑馬很強大（直覺）。

▽白馬次之（情緒）。

▽騎手只不過是個孩子（理智／元認知）。

請注意：在這本書的語境裡，「元認知」與「理智」常常可以互換。

所以，我們的「戰車」其實挺爛的，跑起來歪歪扭扭，弄不好就會兜圈子，馬不聽話，騎手年幼……可一旦如此理解，我們馬上就能反應過來，我們真正的任務是：

用一切辦法改進戰車的性能！

▽想辦法讓騎手儘快成長。

▽想辦法讓白馬和黑馬一樣強大。

▽想辦法讓騎手和馬配合好。

首先要糾正一個普遍的錯誤認知。在過去相當長的時間裡（甚至包括現在），人們常常錯誤地把理智與情緒、直覺對立起來，搞得好像：

▽理智最高級，我們只需要理智就夠了。

▽情緒一點用都沒有，有也只能是害處。

▽直覺都是錯的（儘管我們不得不承認——少數人的直覺非常厲害）。

這其實非常荒謬，就好像騎手、白馬、黑馬原本是一家人，現在非要離間他們一樣——還要「科學」地、「有理有據」地讓這一家人分崩離析。於是，連帶出現了一系列貌似合理，卻不僅不起作用，還會起反作用的理論與建議。例如，「最大的敵人是自己」、「一定要戰勝自己」這樣的說法不僅是錯誤的，還是有害的，更是違背事實的。騎手、白馬、黑馬根本不應該以「幹掉對方」為目標。那應該以什麼為目標呢？合理的目標是：和睦相處。

我們必須接受一個事實：最終，黑馬、白馬、騎手誰都幹不掉誰。想像一下：如果黑馬和白馬被「幹掉」了，騎手駕馭誰去，戰車還能跑嗎？

還有，不應該用先入為主的道德判斷來衡量他們。人們常常為黑馬的想法和行為感到羞恥，但這其實是不對的，是違背事實的，當然也是有害的。歷史上有很多記載，例如，某個傳教士因為自己的性欲太強烈，總是在不合時宜的場景勃起而羞憤難當，最後只能採取極端的方法，用石頭砸爛自己的性器……對黑馬，我們應該採取成年人對待小孩子的態度——耐心調教，而不是「哎呀，這孩子太煩人了，我不管了」。

有的時候，在我們的腦子裡會產生一些奇怪的、甚至非常邪惡的「閃念」，那並不是因為我們已然變成了壞人，而是有科學解釋的：只不過是我們大腦中的一些原本沒有關聯的腦細胞（活用「神經元」這個詞也可以）突然相互關聯了一下。你可以把這些「閃念」想像成「大腦在和自己玩，天馬行空，弄出來的一些『意外』的念頭」——它就是在好奇地左一下、右一下地「試」著玩呢。而當那個

「閃念」出現之後，你嚇到了，想：「我怎麼這麼邪惡啊！」在這個時候，這不僅不是壞事，反倒是好事，這說明你的元認知能力在正常工作，它在審視自己的每一個操作步驟和操作結果，然後作出判斷——「這個念頭不好」（即，「這個關聯是沒用的、不必要的」）。反應過來了嗎？邪念和靈感的產生過程其實是一樣的，你要做的不是「消滅邪念，克服誘惑」，而是讓元認知正常工作，讓它知道什麼是好的，什麼是不好的，什麼是更好的，什麼是最好的。

再進一步，你要明白，黑馬有黑馬的用處，白馬有白馬的用處，它們不僅誰都不能消滅誰，而且恰恰相反，它們是互相需要的，誰離了誰都不行。也就是說，直覺有直覺的用處，情緒有情緒的用處，元認知有元認知的用處，它們各司其職，相互配合，才真的厲害。

以下才是真正有意義的深刻理解：

▽情緒是理智的快捷方式。

▽直覺是情緒的快捷方式。

直覺（黑馬）的反應比情緒（白馬）快，情緒的反應比理智（騎手）快。這是由生理結構造成的，因為黑馬離心臟最近，所以最先獲得血液和各種養分，然後是白馬，最後才是騎手。這也是「在剛開始的時候，連喚醒騎手（理智／元認知）都很難，讓他成長就更難」的原因。

不過，隨著騎手的成長，他會直接給自己已經習得的本領建立「快捷方式」並將其固化到白馬身上。顯然，這樣處理起來速度更快，相信你已經有過深刻的體驗。

▽過去，你以為金錢最重要，而不知道注意力的寶貴，於是，你整天浪費自己的注意力而不自知，在那三個「坑」裡幸福地活著。那時的你，湊熱鬧、隨大流、為別人操碎了心，而且，你並不知道自己身在「坑」裡，於是你常常情緒不錯，只是在元認知偶爾審視自己的現狀時有點難過而已。

▽後來，你的元認知升級了，你建立了新的價值觀，知道了「注意力∨時間∨金錢」，你從「人生三大坑」裡爬出來了。你會發現，你關掉了朋友圈，不再關心所謂「熱點」，不再隨便好為人師，把自己的注意力放到了更合適的地方（例如，自己的成長）。你的情緒開始反過來了（在另外一個鏡像世界裡）——有人和你討論所謂「熱點」，你開始覺得無聊；有人隨大流，你卻一點都不浮躁；有人為別人操碎了心，你卻覺得那很可笑……

所以，事實上完全沒有必要「控制」情緒，也沒有必要「消滅」情緒。最有效的調教白馬的手段很簡單：讓騎手不斷學習新的概念，打磨、更新舊的概念，鍾鍊更好的價值觀，反覆思考，重複應用，然後把它交（教）給白馬（即，建立正確的情緒）。最神奇的是，對那新知識、新技能，若白馬用得多了，還能把它們傳遞給黑馬，而黑馬的反應速度更快……

那些被評價為「看人很準」的人，通常都會表示：「不知道為什麼，我第一次見到那人就知道他是那樣的……」事實上，這不是他們天生的直覺，而是後天習得的——先是騎手學會並多次重複應用，然後傳遞給白馬，繼續重複應用，到最後連黑馬都學會了。而這個過程發生在很久以前，於是，他們真實的感受總是：「不知道為什麼，直覺告訴我……」

所以，雖然都叫「直覺」，但不同人的直覺，品質卻相差很多。這是物種之間的差異，因為絕大多數有效的直覺是要讓元認知（騎手）先學會才能逐步建立的。「跟著感覺走」也不是很多知識分子膚淺地認為的「肯定是錯的」——萬一那情緒是專家透過訓練自己的元認知進而建立的快捷方式呢？

建立更重要、更有效的快捷方式（情緒與直覺）本質上就是把學到的東西內化的過程，所以，情緒與直覺也都是習得的。二〇一七年，當「美聯航事件」發生後（編按：美國聯合航空因為超賣機票，強將一名華裔醫生粗暴地拉下飛機），群眾都很憤怒——這也沒錯。而巴菲特呢？他不僅不憤怒，還挺高興，因為直覺告訴他：機會來了。一個壟斷企業的股票價格懸崖式下跌——還有比這更好的機會嗎？於是，他理智地大幅度買進。當然，他不是沒有社會責任感的人，他冷靜地批評美聯航，希望他們改進。而如此這般，美聯航的股價也可以回到正常水準。學吧，學吧！看看人家的白馬和黑馬，看看人家的騎手！

還有，要知道黑馬、白馬和騎手最終都不是完美的。人們總是幻想自己能夠「改頭換面」，「重新做人」——這依然是錯的，也是根本做不到的。從一開始，他們就不是完美的。在成長過程中，他們和現實中的所有東西一樣，都是連滾帶爬地成長的，不時犯錯，不時犯下一些「無法彌補」的錯……他們和我們一樣，不是電腦，沒有「格式化硬碟，重新安裝乾淨的作業系統」的功能，都只能將就著繼續，忍受著歷史造成的結果執拗地向前。而且，他們是「一家人」，雖然都有缺點，但也都有優點；雖然有時候配合不佳，但還是要相互容忍，相互促進，出錯了一起承擔後果，做好了再接再厲。

最後，要深刻理解「快捷方式」的建立過程，即，新習得的知識的內化，需要很長時間，需要很多次的重複，需要很多次的應用，直至能夠不假思索地完成。

很多人對「教育」只有膚淺的理解，當然也不可能對「自我教育」有正確的理解。人們總是以為「告知」就是「教育」，以為「知道」就是完成了「自我教育」，卻不知那只是表面上的步驟。他們完全忽略了另外兩個重要的環節：「內化」與「生產」。

前面反覆提到兩個詞：「重複」與「應用」。「重複」就是「內化」的過程。例如，開車的人從剛開始的笨拙到後來的熟練，最終達到方向盤就好像長在手上，剎車、油門就好像長在腳上的程度，就是內化的過程。而賣油翁說的「無他，唯手熟爾」，就是內化完成的結果。

「生產」就是反覆「應用」那些透過重複而完成了內化的新技能，透過產出反過來進一步強化那些新技能。最明顯的例子是寫作。寫作是反覆思考並反覆輸出思考結果的過程，在這個過程中，更強的邏輯能力被內化，更強的表達能力被內化，更強的溝通能力被內化，更強的感染力和影響力被內

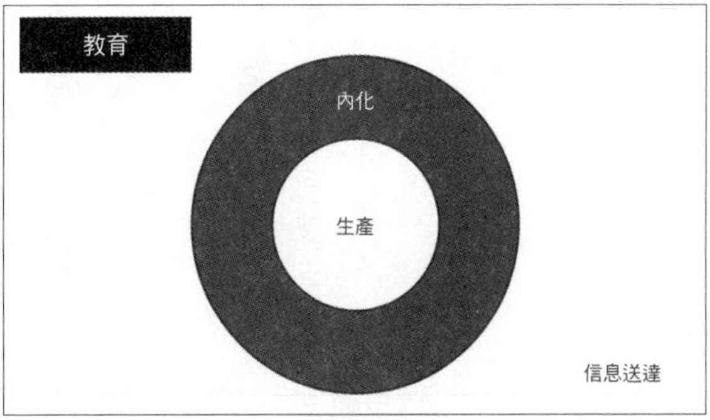

所謂教育

化，而且發生這一切的原因和結果都是元認知能力的不斷強化與內化。在《通往財富自由之路》專欄的每一篇文章下面都有很多留言[1]，只要稍加留意，你就會發現，很多人的留言品質極速上升，在最初的時候不過是隻言片語，很快就變得篇幅更長，邏輯更嚴謹，例證更有力，表達更豐富……不誇張地講，這個專欄用一年的時間培養了幾萬個潛在的未來作者——我也很開心呢！

於是，沒有產出的教育是沒有任何意義的（這就是過往的教育總是失敗的根本原因）。「自我教育」失敗的原因也是一樣的：你不生產，就實際上什麼都沒有——能識字，能看書，卻什麼都做不出來，還有比這更失敗的嗎？

我一向認為，能「想明白」的人都有很強的執行力，執行力不是獨立存在的，它只是「想明白」這個動作的自然結果。而一切的「半途而廢」，其最合理的科學解釋，也是最樸素的解釋是：重複與應用的次數不夠，內化過程沒有完成，大腦皮層溝回構建失敗，應該建立的神經元關聯不夠強以致斷掉，回到了原本沒有關聯的狀態。

執行力差的另外一個解釋，也是更重要的解釋，是我們早就講過的：執行力強的人和執行力差的人是兩個完全不同的物種，他們各自生活在與對方截然相反的鏡像世界裡。雖然你覺得跑步累，但不見得所有人都覺得累，總有「另外一個物種」願意到健身房裡跑步，大汗淋漓，讓自己精神煥發；雖然你覺得做某件事很無聊，但不見得所有人都覺得無聊，總有「另外一個物種」興致盎然地做著你完全不能從中體會到快樂的事情；雖然你覺得做某件事很辛苦，但不見得所有人都覺得辛苦，總有「另外一個物種」就算不吃不喝也要把它做完——誰攔著他，他就跟誰急！

如何提高執行力？進化成「另外一個物種」就可以了。到時你就會知道，那根本就不是逐步提高的過程，而是從零起步，在開始的一瞬間就達到「滿血」的狀態。

【注釋】

[1] 你可以在http://caifu.xinshengdaxue.com上查看所有留言，我沒有對這些留言進行任何刪減和編輯。

49. 如果真正讓你賺到錢的不是知識，那究竟是什麼？

之前我們說過，概念之間的關聯是作業系統的基礎核心，胡亂的關聯只會讓作業系統跟著胡亂運轉，清理作業系統的主要工作之一就是把那些亂七八糟的關聯「幹掉」。

我們先看一個概念：知識變現。

如果不仔細研究，「知識變現」這個詞彙看起來沒什麼毛病。從理論上講，古今中外幾乎所有的人都在想辦法透過知識去變現。假如你是一個白領，透過讀一個更高的學位找到薪資更高的工作，算不算知識變現？假如你是一個農民，憑藉比別人高的文化水準，使用現代化的工具充分提高生產效率，算不算知識變現？假如在古代，你的家族有所謂「傳男不傳女」的祕方，以致生意就是比別人更好，算不算知識變現？哥倫布找女王「融資」，後來找到新大陸，算不算是知識變現？

所以，「知識變現」根本不是新現象，它一直就在那裡，只不過長期以來，有相當高比例的人的作業系統是混亂不堪的，他們分不清「上學」和「學習」、「資訊」和「知識」、「知道」和「做到」等淺顯的概念之間或細微或重大的區別，愚蠢到相信「知識無用」的地步。

不過，若看大趨勢，我們必須承認一個事實：

一切知識都正走在通往免費的路上。

在互聯網高度發達的今天，一個人只要擁有正常的學習能力，就可以透過 Google 抵達大量的知識入口（例如 Wikipedia、Quora、YouTube、Stack Overflow）。若你完全不懂英文，只能看懂中文，也起碼可以透過百度抵達「知乎」和「優酷土豆」。

而「被死亡」的傳統出版業最近正在復甦。為什麼呢？當然是因為有越來越多的人買書看了。為什麼買書的人多起來了呢？除了比過往更注重知識之外，更重要的原因很可能是「生活必需」消費在收入中的占比逐步降低，也就是說，雖然書價好像漲了，但相對於漲得更多的收入來說，書其實「更便宜」了，於是，人們會購買更多的書。也就是說，連需要紙張成本的「印刷版知識」，也正在變得越來越「廉價」。

所以，知識本身的變現能力不是很強，甚至從大趨勢上看，知識的變現能力正趨近於零。更何況，即便是知識，也能分成「正確的知識」和「錯誤的知識」，即便是「正確的知識」，也能分成……還記得嗎？我們認真討論過一個論斷：正確本身並無太大價值。若你是正確的，大家也都是正確的，那你就沒有任何相對優勢；若你在正確的同時還能特立獨行，那你就很可能有很大的價值。

能夠變現的也不一定是「認知」。知識放在那裡，很難自動變現，而對同樣的知識有了認知之後，也不一定能自動變現。沒有什麼例子比 GAFATA 更精準、更驚人了——將同樣的、正確的知識傳遞給同一個人群，結果呢？結果和過往我們在教育場景裡看到的沒有區別：總是只有少數人真正受益；總是有絕大多數人不了了之。

那麼，真正能夠變現的東西究竟是什麼呢？我想，實際上真正能夠變現的是「認知差異」。

人們在面對同樣的資訊、知識、現象、事實、資料等的時候：

▽不僅對它們的認知不同，例如，有少數正確的，有大多數不正確的——這裡有差異；

▽而且，即便是在認知正確的群體中，還有認知高度、認知深度的不同——這裡還有差異。

在我的專欄《通往財富自由之路》和這本書裡，你已經看到「無數」個這樣的例子了：

▽對「法定節假日」這個概念，我和絕大多數人的認知差異很大，最終大到我的「長期」比別人短一半的地步。

▽對「時間管理」這個概念，我和絕大多數人得到的結論截然相反。我意識到「時間是不可管理的」，於是，我不僅在行動上發生了巨大的變化，甚至乾脆寫了《把時間當作朋友》這本書，在賺到很多稿費的同時改變了很多人的生活路徑。

▽同樣是思考「創業」，在閱讀我的專欄《通往財富自由之路》或這本書之前，很多人從未聽說過「成長率」這回事。那麼，在此之後，你和他們對「創業」的認知差異會有多大？

▽與我同時「撞見」比特幣的人其實有很多，但他們中的大多數要麼沒買，要麼只買了幾個，要麼買了很多卻早早拋掉了……為什麼呢？歸根結柢，這是我們對同一個東西的認知差異很大造成的。

人與人的認知差異是巨大的，甚至大到好像物種之間差異的地步。在生活中，經常有人拿類似「你連這個都不知道」或者「這個你才知道啊」的表述四處刷存在感，而這本身很可能就是巨大認知差異的表現。因為他們不知道，事實上「知道」（即，「認知」）本身的作用不大，真正起作用的是「比別人更有高度的認知」或者「比別人更有深度的認知」，用我的專欄和這本書裡的專門詞彙來講，就是**「升級過的認知」**，而真正有巨大作用的是**「經過多次升級的認知」**。

也許你會好奇，能實現不斷升級的最重要工具是什麼呢？還真有一個：

行動中的思考。

在很多時候，單純的思考不僅價值不高，而且能量不足。事實上，「紙上談兵」說的就是這個現象。用行動刺激思考，用思考改良行動，才是最有效的方法。在行動中產生的思考，不僅品質高、數量多，意外驚喜也特別多。很多想法，很多總結，很多靈感，若非處於行動之中，是不可能存在的，而這一點是那些疏於行動的人永遠無法理解的事情。

在這個方面，我印象最深刻的經歷是這樣的：

當你握住一筆資產，等它上漲一百倍甚至更多之後，別人所關注的漲跌「一個點」，對你來說就是漲跌「一倍」——每上漲一個點就是多一倍。

按理說，這是個極其簡單的事實，只需要最基本的算術能力就能理解，就算想到，好像也沒什麼稀奇的。可說實話，在我做到之前，我從來沒有想過這個問題。我也必須承認，在做到之前，我即便想到了，也很可能會忽略它的意義。而後來，我知道了這個事實並為此感到震驚，我之後的行為模式也由此獲得了巨大的指導。但是，對那些上漲一〇%就「握不住了」的人來說，即便我把這個不僅極其重要，甚至在做到之前根本就想不到的道理告訴他們，又如何呢？這個道理不會改變他們的行為模式，因為他們正在思考的是「他們的行為模式所刺激出來的思考」。

沒有踐行，就沒有可變現的東西；沒有行動中的思考，就沒有真正有價值的認知升級。沒有認知升級，就沒有認知差異；沒有足夠的認知差異，就根本不可能白手起家——是啊，不是「富二代」，不是「官二代」，憑什麼擁有可「繼承」的「資本」呢？

50. 為什麼「共同成長」才是最好的出路？

對很多人來說，教科書裡的概念是學來應付考試的，考試過後，那些概念就被他們扔掉了，美其名曰「還給老師了」。這樣的習慣使大多數人從不審視自己正在使用的概念。其實，生活中的每個概念都需要審視、清理、升級、重新審視、重新清理、再次升級……

再一次，讓我們從一個特別簡單、特別基礎，也是我們一生都在使用的概念開始：

朋友

什麼是朋友？我就從自己說起。以下提到的「我們」其實都是指我自己，如果你有共鳴，那你就屬於「我們」。

在最初的時候，我們雖然朦朧，但實際上是有所定義的：

朋友就是那些與我們共度時光，讓我們感覺到溫暖的人。

這裡有個詞：「感覺」。對，友情就是一種感覺，它讓我們溫暖。我想很多人都和我一樣吧？

然後，我們慢慢長大。在這個過程中，我們的作業系統有一些基於歷史和文化習慣的細微的漸進升級。慢慢地，我們對朋友多了一個標準：

> 朋友就是那些與我們共度時光，讓我們感覺到溫暖，讓我們心甘情願地付出的人。

在這裡我使用了一個很中性的描述：「讓我們心甘情願地付出」。你也知道，在很多時候這其實是不可能的。

在我們東北老家，這叫「夠意思」。小孩子們在交往中慢慢學會另外一個概念，叫「義氣」，然後不由自主地把這個概念和「朋友」這個概念揉在一起。在那個時候，我們還不擅長思考，不會意識到「夠義氣」、「夠意思」這樣的概念其實是一種「毒藥」，雖然它看起來是那麼美好。

儘管我現在說那是「毒藥」，但在當時卻真的不知道。為什麼說那是「毒藥」呢？因為我們不由自主地在一個純淨的概念裡加入了「公平交換」的機制。問題又來了：對於「什麼是公平」，我們根本沒想過。人就是這樣，即便不知道什麼是公平，但當不公平發生的時候，卻可以瞬間體會。

於是，開始有了背叛，開始有了欺騙，開始有了傷害，開始有了失望和憤世嫉俗。於是，我們進入了一個相對混亂的時期。

過了一段時間，我發現人和人是特別不一樣的。大多數人的生活空間是相當有限的，很多人出生、成長、結婚、生子直至死亡，都在一個地方。即便是在大城市，也有這樣的人——北大幼稚園、北大附小、北大附中、北大本科、北大研究生、北大博士、北大工作……我真見過這樣的人，還不止一個。

我呢？我出生在黑龍江省海林縣，在八歲的時候跟隨父母搬到吉林省延吉市，小學轉學一次，初中轉學一次，高中複讀一次，然後離開老家去長春讀書，畢業後沒有回老家，而是去了瀋陽，後來回老家待了一段時間，又輾轉廣州，而後定居北京。對我來說，被動且長期好像是不存在的。回望從前的歲月，雖然從小交下的朋友不多，但幾乎每一個都是因為我主動與之保持聯繫才一直有聯繫的。維繫交往是要耗費時間和精力的，在兩個人的交往過程中，一定至少有一個人是主動的，而我就是那個主動的人，因為我覺得這些「成本」是必然存在的，也是我必須承擔的。

所以，朋友的定義在我這裡開始發生變化。在我這裡，所謂「朋友」是這樣的：

> 朋友就是那些與我們共度時光，讓我們感覺到溫暖，讓我們心甘情願地付出的人。而這裡所說的「付出」，常常是指我願意花時間和精力主動與之聯絡，主動與之維繫友情。

與此同時，因為我的人生軌跡發生了變化，所以我對朋友的定義也開始分化。由於其稀缺性，「老朋友」成了一個特殊的分類（這實際上是由時間的稀缺性造成的）。人就那麼一輩子，小時候的時光就那麼幾年，不可能重新來過。因為「老朋友」的稀缺性，所以我為這個類別增加了一個原則：不輕易和他們產生合作關係，生怕傷到這個稀缺的存在。不是「不」，而是「不輕易」，這其實是一種尊重。

成熟的特徵就是獨立。「獨立」的意思是說，在生活上、經濟上越來越不依賴朋友，對朋友更多的是精神上的需求。於是，我對在這個階段能夠交到的朋友有了新的定義：

> 朋友就是那些願意與我交往，而且我也欽佩的人。

那篇被斷章取義的文章〈放下你的無效社交〉的主旨就是這一點。雖然我們欽佩、仰慕的人很多，但成為朋友的前提是人家願意和我們交往。

我很瞭解一個現象：交往是要耗費時間的。由於我是個長期主動維護友誼的人，所以我很自然地知道，有些時候你一不小心就會成為別人的負擔——這是很不好的，不是嗎？

一方面，在我的朋友眼裡，我是個擅長社交的人，我懂得如何維繫已有的關係，懂得如何主動與一些我欣賞的人建立新的聯繫……另一方面，說實話，在相當長的時間裡，我發現我特別不擅長處理層級關係，而我的經歷使我在這方面缺少歷練。我沒上過班——一天都沒上過。我大學畢業就開始做銷售，後來確實在新東方工作過，可是在那裡，老師不是行政人員，不需要坐辦公室，完全是「放養」模式。於是，我只要遇到層級關係，就肯定會出差錯。在這方面，我做過各種被別人笑到肚子疼的「非常不得體」的事情。

所以，我會盡量選擇那種「一個人就能做好」的事情去做——講課啊，寫書啊，做網站啊，都屬於這種事情——不會的我就去學，多難都必須自己學會，哪怕時間不夠用，也要擠出一些去學習必要的技能。許多年來，我就是這樣的。於是，在那個階段，我與我的絕大多數朋友之間的聯繫主要是精神上的。

這種情況大約持續到我三十五歲的時候。在隨後的幾年裡，我逐漸意識到我有能力去幫助一些人了。其實，在那之前，很多時候我是自顧不暇的。後來，我乾脆成了一些人進步的動力——我想，《把時間當作朋友》陪著很多人度過了「上一輩子」吧。

於是，我對朋友的定義再一次更新：

> 朋友就是那些我願意花時間與精力與之共同做成至少一件事的人。

我和我的好多朋友都是這樣的。二〇一二年的最後一個季度，我認識了李路。我覺得他是個很牛的人，於是只要有機會，我就和他聊，前後聊了五六個可能性，最終他說：「嗯，這個不錯，我願意跟你幹。」然後，我叫來了當時在推特上已經認識了兩三年的朋友沙昕哲，一起折騰出一個公司，叫KnewOne。同一時期，在一次Ruby交流會上，我認識了馮曉東，一個一九八九年出生的「小朋友」（對我來說，他是個「小朋友」）。我覺得他很厲害，就跟他討論很多事情，差不多一兩個月就找他吃個飯、聊個天，其間得到了很多做軟體產品的思路（有些時候，我的一些看法會被他批得「狗血噴頭」）。二〇一四年春天，他給我打了個電話，說：「我搞出一個東西，你來看看唄……」我就去了，一看，喜歡壞了，當場要求「一起玩兒」。然後，他把團隊拉出來，我請大夥兒吃了一頓飯。那頓飯相當於團隊全體成員對我進行「面試」，我回答了很多問題。最終，「面試」通過，我們正式合作了。二〇一六年，我和羅振宇開始合作，我先是把自己的書授權給他的公司銷售，後來在「得到」上開了專欄。這就是「共同做成一件事」，然後「共同做成另外一件事」的過程。

所以，回頭看看我對朋友和友情的定義，其實背後是一個很簡單、很清晰的過程：

▽依附

▽獨立

▽共生

在這個過程中，一個朋友給了我巨大的提醒。他叫霍炬，在網上也很有名。他是個「萬人迷」，真正的「萬人迷」——個頭不高，長得也不怎麼帥，但女生就是很迷他。你知道為什麼嗎？因為他是那種能幫助對方成長的人。這說起來簡單，其實不容易做到。這件事到底有多難？我就問你：你這輩子見過幾個感激前男友的女人？霍炬就是「別人家的前男友」。

在認識霍炬之後，我對友情的定義多了一個層面，我開始覺得每個人的友情品質是不一樣的。對朋友來說，真正有用的，不是那種膚淺含混的「夠意思」、「講義氣」，而是幫助對方成長——這才是最有價值的。

友情中最有價值的部分來自各自的成長或者共同成長。

所以，我想有一類人和我是一樣的，我們有屬於我們的特殊的交友方式。例如，對我來說，寫博客、寫微信訂閱號文章，其實都是交友方式。互聯網使人與人之間的思維溝通跨越了地理空間的限制，以前我們在身邊找到「同類」的可能性很低，而現在這個可能性卻被互聯網放大了，放大到必然可以找到「同類」的地步。有些時候，我們的想法在身邊的人看來是瘋狂的，但互聯網會把我們的思考帶到我們完全想像不到的角落。在那些我們都不知道是哪裡的地方，也許有一些人能夠理解我們，能夠認同我們，能夠與我們共同成長——這是很神奇的事情。

這就是我主動持續升級自己的作業系統的一個實例。我們很關心自己使用的概念是否足夠清晰、準確、必要、有效，我們樂於花時間和精力去打磨這些重要的概念，在這個過程中，我們自然而然地琢磨出與這些重要概念相關的方法論。例如，「朋友」的定義清晰了，「選擇朋友」的原則就有了吧？

那麼，這些年我打磨出來的方法論都有哪些呢？關於朋友，我有如下三個方法論的總結。

（一）在老朋友身上要花時間

老朋友很難得。一路走來，你認識的絕大多數人會散落在你不知道的地方，只有少數幾個，基於種種神奇的原因能夠一直保持聯絡——既然如此，就不應該丟掉。

大概十年前，在剛認識霍炬的時候，我發現他有個和我差不多的習慣：每隔一段時間就騰出一個下午來認真整理一遍通訊錄——幾乎在一瞬間，我們的交情更深了，因為我們都覺得對方是自己的「同類」。我的這個習慣使我成為那個更經常主動聯絡的人——維繫任何關係，都需要一個主動的人，否則，這個關係總會被淡忘。當然，這也是很多朋友能在這麼長時間裡和我保持聯繫的重要原因。

花時間就是耗費生命。時間就是這樣，無論你做什麼，它都會流逝，不會因為你虛度它，就給你機會重新來過。所以，我很重視自己的時間。所以，我願意在老朋友身上花時間的意思是：我很重視他們。就是這樣。

（二）甄別那些值得花時間與之成為朋友的人

許多年前，當我還在「闖蕩江湖」的時候，在北方的一個城市遇到一位長者，我們成了「忘年交」，常常一塊兒喝酒聊天。有一次喝酒，沒喝多，他跟我閒聊，說：

「什麼叫『闖蕩江湖』啊？就是離家走南闖北謀生活唄。那你就是『闖蕩江湖』的人。走南闖北，要會識人。兩種人不能交：第一種，太『黑』的；第二種，對老婆不好的。

「你一路會遇到很多人，其中那些太『黑』的，早晚會栽。別跟他們對著幹，你要繞著走，沒空得罪他們，也沒必要跟他們有任何交道。他們太『黑』，如果巴結他們，那你就變了……

「你到一個地方，人生地不熟，新認識個人，你怎麼知道他是什麼樣的啊？告訴你個簡單的方法：請他全家吃飯，多請幾次，多觀察。要是這個人對老婆很好，那你就好好交；要是他對老婆不好，那你就閃。為啥啊？你想，老婆是他這一生最親的非血緣關係人，他對自己老婆都不好，怎麼可能對你好呢？那不是扯淡嗎？說啥都是沒用的，得看他幹啥……」

即便在二十多年之後想起這番話，我也覺得這是「若沒人告訴你，你就可能永遠想不到的思想」。從那以後，我真的是這麼做的。我結交的朋友，都是家庭穩定的。有些人儘管優秀，卻不懂得如何照顧、維繫家庭，對這樣的人，我一般都有意避開。那位老哥的一番酒後真言，讓我在後面的許多年裡節省了不知道多少時間。在這些年裡，我每年都會抽時間去看看他，如果去不了，就一定要通上幾個電話。

隨著時間的推移，隨著自己的進步，我在選擇朋友方面越來越挑剔，理由也很簡單：每個人的時間都很有限，所以必須認真選擇值得花時間的人，否則就不划算。於是，我有了幾個簡單的標準作為我甄別朋友的方法論：

▽一技之長
▽追求進步
▽真誠熱情

這種看似簡單的標準，作用卻是神奇的。過不了多久，你就好像憑空多了一隻眼睛一樣，在一大群人中，你甚至可以瞬間鎖定那個可能符合你的標準的人。於是，我又增加了一個標準：

> 所謂「大牛」，就是那些有能力構建自己的世界的人——他們透過構建自己的作業系統，再配合行動，從而構建自己的世界。

這些人的特點是：由於已經強大到一定程度，所以他們自然而然地更關注自己的世界而非外部的世界。於是，當你坐在他們對面時，常常會感覺他們的目光穿透了你。這不是錯覺，這大抵是因為他們的目光焦點並不在你的身上，而在更遠的地方，你和你的周遭對他們來說是「外界」。

這種感受比較難以描述，但我可以用自己的概念去定義。這種人是那種「內視」的人：他們看到的不是外界，而是他們在自己的心裡構造的那個世界，與那些自以為是的人不同的是，他們很在意自己的構造是不是合理。所以，只要遇到這種「內視」的人，我就知道，他已經是「大牛」了（別人能否看到他的過人之處，只不過是時間早晚的問題）。

關於甄別朋友的方法論，我還有一個很重要的標準必須提及：

> 用嘴道歉的人不值得交往，用行動道歉的人遇到一個就要珍惜一個。

有的時候，這種方法論會延展到另外一個作業系統裡，正如我們常常說的——道理都是互通的。

大家可以看看我的文章〈寫給女生的五個擇偶建議〉[1]，其中我提到這樣一個標準：

人總是會犯錯的——從本質上看，對大多數人來說，這只是運氣不好，因為故意犯錯的人是壞人，不在考慮範圍內。

在犯錯之後，絕大多數人只用嘴道歉。表現更為惡劣的是掩蓋、撒謊或想辦法證明對方也不是好人……這些人其實差不多是壞人了。用嘴道歉之後若得不到原諒，就說你「小心眼兒」、「沒風度」、「不夠意思」什麼的——這樣的人比壞人還壞。

只有少數人在發現自己不小心犯錯之後，馬上用嘴道歉，隨後開始用行動道歉、彌補，直至一切恢復原狀，甚至比原來更好。在這個過程中可能需要付出很多代價，但他們知道這是自己必須做的，否則他們就不再是自己。

遇到這樣的人，嫁了吧——首先很難遇到；其次若錯過了更難再次遇到。

事實上，找合夥人、判斷員工的去留，都可以用相同的方法論，不是嗎？

（三）為大家創造多贏局面

我經常組局，介紹一些有趣的朋友互相認識，但有一個原則永遠不變：我從來不安排一個人需要求另外一個人幫忙的局。這種不對等的局，沒有意思，誰愛組誰就組，反正我沒興趣。

把兩個人（或者多個人）放在一起之前，我會花一些時間（甚至很長時間）思考：把這樣的兩個人（或者多個人）放在一起，可能產生什麼樣的互補效果或者什麼樣的合作？通俗點講，就是能擦出什麼樣的「火花」。如果我覺得他們很有可能擦出「火花」，那這事兒就有意思了。雖然不一定馬上就能看到效果，但事實證明，這種提前做的功課常常會帶來意外的好運（serendipity）。

其實，對人們常說的「情商」，我是這樣定義的：

> 所謂「情商」，指的是一個人有多大的能力去創造共贏的局面。

不要說多個人，就是兩個人交往，也最好避免「求人」的狀態——這樣的關係沒辦法長久。最好能創造兩人共贏的局面，這樣大家才都開心。這不太容易做到，但肯定值得多花些時間去做功課。

以上關於擇友方法論的內容，寫於二〇一五年年底，到現在將近兩年過去，我又多了一個重要的判斷依據，換言之，我的作業系統再一次升級了。

二〇一七年四月，一位朋友突然打電話來約吃飯，那是我好久沒見的一個聰明人——捷越聯合總裁馬曉軍。我很開心，放下手中的事直接跑去了。飯吃得很開心，席間大夥說起一件事。幾年前，馬曉軍給一個我們共同認識的人投資了五百萬元人民幣。後來呢？後來這錢打水漂了——公司黃了。在事情做得不好的時候，大家都不願意相互打擾，於是他們有相當長的時間沒有聯繫。前不久，那人找到馬曉軍，說：「我當年沒做好，現在我新做的一個公司馬上就要被上市公司收購了，我送你兩三個點的股份吧。」馬曉軍好奇，問：「一個點值多少？」對方說了個很大的數字。馬曉軍想了想，說：「我不要，這不是我的，當初我投的是那個後來失敗了的公司，我投的也不是你的一輩子。心領了，但這不是我的，我不能要，咱以後肯定有別的機會。」

我見過這種人，雖然不多，但確實有。我知道，這世上只有很少的人真的明白且能準確運用這個原則：

> 不是我的我不要。

對很多人來說，這絕對是「說起來簡單，做到幾乎不大可能」的原則。遇到這樣的人，一定要認真交往，因為他們難能可貴。

好了，接下來我們可以深入討論「共同成長」了。

成長是有方法論的。事實上，這本書的全部內容就是從各個角度逐步系統地闡述成長方法論的。成長的目標是什麼？進化成另外一個物種，擁有一個長成那個樣子的未來——還記得吧？

成長不僅有方法論，還有體系。在我看來，成長的體系由以下三個層面構成：

▽與自己共同成長。

▽與家人共同成長。

▽與朋友共同成長。

首先，在我們的身體裡有若干個「自我」（黑馬、白馬、騎手），我們要和自己共同成長，一個都不能落下。相互陪伴，相互容忍，相互促進，相互鼓勵……透過各種各樣的手段與方法，讓自己的戰車越來越強，讓自己的作業系統越來越高效，逐步進入另外一個鏡像世界，甚至可以在兩個對立的鏡像世界裡自由穿梭。

其次，要想辦法與家人共同成長。家人的步伐不一定能和我們保持一致，但他們是家人啊！你必須想辦法在自己的速度慢的時候跟上去，在自己的速度快的時候拉他們一把，不是嗎？既然是家人，相互嫌棄肯定是劣等策略。一定有辦法——看你是不是有意願，能不能把耐心花費在他們身上。更為重要的是，財富自由只是一個里程碑，後面還有很遠的、更具挑戰的路，例如家族傳承。不能與家人共同成長的人，根本無法進入下一個層面。

然後，要與朋友共同成長。自己能夠飛速成長固然好，但幸福感可能會被扯破。幸福感的定義非常直觀：

> 所謂「幸福感」，就是你與你所在的世界之間的強關聯。

你所在的世界主要由什麼構成？你的家人和你的朋友，其他的人真的沒那麼重要，尤其對你的幸福感來說更是如此——這是客觀事實。善待你的朋友，就是善待你的世界；甄選你的朋友，就是優化你的世界；與你的朋友共同成長，就是讓你的世界成長起來……

可事實上沒完，還有一個層次——所有人直到最後還在追求的層次：

> 與整個世界共同成長。

不說特別「高大上」的例子，只說一個樸素的事實。那些現在已經六、七十歲卻可以用微信發表情包的人之父母爺奶，就是做到了「與整個世界共同成長」的人（起碼是部分做到了）。有專業的素養，有旺盛、執著的好奇心，有無往不勝的執行力，有超強的學習能力——擁有一個能夠自主升級的作業系統的人，不大可能被這個世界落下，與整個世界共同成長是他們自然而然的生活方式。

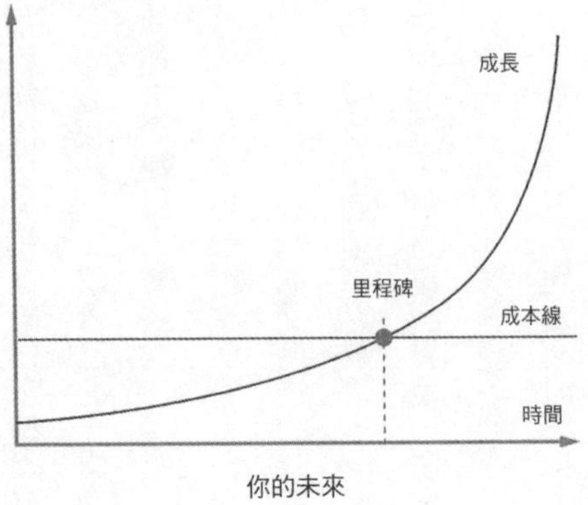

為什麼你的未來更可能是上圖這個樣子的呢？

答案很可能簡單到出乎你的意料：

> 因為你能比你的上一代活得更久！

人類的平均壽命正在不斷延長。如果你今年三十歲，你很可能從未認真想過這個事實：

你的有效工作時間很可能還有六十年。

巴菲特多大歲數了？他一九三〇年出生，二〇一七年八十七歲，還在開心地工作。他的合夥人查理．孟格，一九二四年出生，二〇一七年九十三歲，還在開心地工作。

也許你腦子裡會閃過這樣的念頭：「都那麼大歲數了怎麼還不退休？」不解釋了，你之所以還會這麼想，是因為你是「另外一個物種」，反正和他們不是同一個物種。至於你是否能進化，取決於你的選擇。

學習事實上是對自己的投資。一切的投資活動都一樣，「長期投資」永遠是最靠譜的策略，至於市場嘛，「短期是投票機，長期是稱重機」。這話不是我說的，是巴菲特的師父班傑明．葛拉漢說的（他一八九四年出生，活到了八十二歲）。

在這裡不得不多說一句：「退休」其實是計劃經濟時代的遺留概念，早就應該從你的作業系統裡刪除了——腦子裡有個沒必要存在的概念，要多耽誤事兒有多耽誤事兒！

在第四十七節裡，我分享了自己的看法：

> 在買到可維持長期成長率的可增值資產之後，一直握著——不動最重要。

可是你有沒有想過，「買到可維持長期成長率的可增值資產」到底有多難？很難很難。可是，很多人不知道，每個人都擁有一個零成本的可增值資產——你也有！每個人都有！那是什麼呢？是你自己。

> 你自己就是你能買到的最便宜的、最有可能長期保持成長率的可增值資產！

要牢牢抓住，握住，堅決不放！成長率由你自己控制且成本為零，在哪裡還能找到這麼好的可增值資產？你怎麼敢「做短線」呢?!唉，哪裡還有什麼「休」可「退」啊！

平均壽命的延長，相當於給整個社會中的每一個人提供了「更短的長期」，相對來看，整個社會正在從「投票機」向「稱重機」進化。在這樣的社會裡，「懷才不遇」、「生不逢時」之類的場景正在逐步消失，尤其是在交通高度發達、人口流動性前所未有地提高的大環境下，更是如此。正所謂，「此處不留爺，自有留爺處」，反正不大可能「處處不留人」——世界這麼大，你可以到處溜達。

研究一下最近三十年的經濟發展資料就能明白，人類正在經歷一個前所未有的階段，正處在拐點上，個人財富的積累速度與量級前所未有地快與大，更為重要的是，跨過財富自由里程碑的人口比例逐步上升——這是大趨勢，你要和這個世界共同成長。

看完這本書就能實現財富自由了嗎？肯定不能。不過，雖然這世界上不會有一本書可以讓所有的讀者都達成目標，但有些書確實比另外一些書厲害太多。例如，愛德華·索普於一九六七年出版的 *Beat the Market: A Scientific Stock Market System*，就比同時期的任何一本書都厲害，在其後的幾十年裡造就了無數億萬富翁，到今天依然在發揮著影響力。

可問題在於，我們早就想明白了，「自我教育」要靠自己。自己的行動，以及自己在行動中的思考，才是進步的核心。資訊送達本身無法構成完整的教育——說句俏皮話：我作為這本書的作者的聲譽，基本上全靠你了！加油！

在 *How to Read a Book*（中譯為《如何閱讀一本書》）這本書裡有個精彩的類比：作者和讀者的關係就好像棒球場上投手和捕手的關係，沒有哪個投手會故意把球投偏，也沒有哪個捕手會故意不接球，需要雙方共同努力，才能完成一場精彩紛呈的比賽。我盡力投，請你接住！

如果你進化成了另外一個物種，如果你能夠自主升級你的作業系統，甚至可以熟練地在各個鏡像世界自由穿梭——記得告訴我，讓我感覺自己與這個世界有更多的強聯繫，幫我提升幸福感。

感謝你，感謝你花費你的時間認真閱讀這本書！

【注釋】

[1] http://t.cn/RakB5O2。

後記：如何成為一個更幸福的人？

下面的內容看起來像是題外話，可實際上並不是。

西方人杜撰的英雄、超人是會飛的，中國神話中的神仙也是會飛的，可他們的姿勢卻不一樣——超人是趴著飛的，神仙是站著飛的。為什麼呢？因為即便是杜撰出來的人物，也要符合一定的科學原理。超人趴著飛是有道理的，因為那個姿勢可以減少空氣阻力帶來的影響；神仙站著飛也是有道理的，因為在神仙被杜撰出來的年代，人們的腦子（作業系統）裡還沒有「空氣阻力」這個概念（所以用今天的眼光來看就顯得有點「缺心眼兒」）。

為什麼這不是題外話呢？因為這個例子清楚地告訴我們：無論看起來多麼荒謬的現象，背後都有一定的道理存在。

相信《通往財富自由之路》專欄和這本書的讀者，在這方面的感受尤為強烈：

當你嘗試著進步的時候，你遇到的更可能是打擊，而不是鼓勵。

相信我，你並不孤獨。

> 這是我的父親經常對我說的話，它陪伴了我一輩子。每當有不好的事情發生在我身上的時候，父親就會笑嘻嘻地對我說這句話。後來，我發現這絕對是一個客觀描述，如果我遭遇不幸，那我也絕對不是「唯一一個遭遇不幸的人」——這真的是我這一生中最「治癒」的句子。

起初，我並不理解。我覺得，進步本來就是件好事啊！難道不是每個人都追求進步嗎？為什麼有些人會打擊別人呢？為什麼有些人永遠都在給別人潑冷水呢？為什麼有些人要做這種損人不利己的事呢？而且，為什麼不僅是「有些人」，甚至是「絕大多數人」會這麼做呢？真的很奇怪！

觀察能力、思考能力、通感能力、反思能力，真的不是一兩天就可以精通的，即便我總是很想知道答案，也要等上許多年才能明白其中的道理。

所有的人都希望自己進步，這絕對沒錯。但與此同時，進步絕對不是自動發生的，它天生就是耗時費力的，就是在很長一段時間裡根本看不出效果的。因為所有真正有意義的進步，最終都會像複利曲線一樣，在經過那個「長期」之前，都像是「恆定沒有斜率的直線」，只有經過「長期」，已經度過某個時間點，才會有「肉眼可見」的「飛揚」。

而另外一個事實又是確定的：每時每刻，絕大多數人都一樣，並非處於「飛揚」的階段，而是在自然而然地體會著「昨天和今天有什麼不同」。與此同時，絕大多數人並未學會「如何呵護自己的希望」，那希望的燭光隨時可能被一陣莫名其妙的風吹滅——哪怕只是一個走路虎虎生風的人經過，都

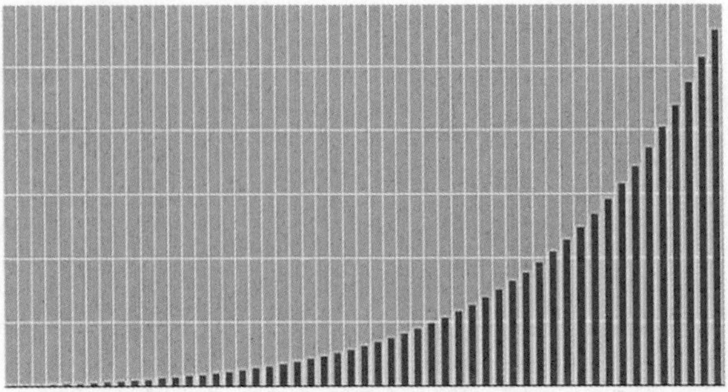

複利增長曲線

可能弄滅那燭光。

在這種情況下，請問：有誰喜歡自己被證明為退步呢？

你進步了，就意味著其他人相對退步了。從你的角度出發，當你看到身邊的人進步了，而自己依然原地踏步的時候，你是不是會焦慮？如果答案是肯定的，那麼反過來，假設你的確進步了，你身邊的人是不是同樣會焦慮？再進一步，請問：焦慮是不是絕大多數人以為的負面情緒？

沒有人喜歡退步，沒有人喜歡相對退步，沒有人喜歡被動退步（即，被證明為退步）。反正，沒有人喜歡被證明為退步——你也不喜歡，不是嗎？

不開心！——這是所有人作出莫名其妙的選擇或行動的根本原因（或者說「動力」）。換句話講，為什麼會有人潑你冷水，為什麼會有人說你壞話，為什麼會有人不陰不陽地對待你？原因很簡單：你讓他們不開心了！

也許你會想：又不是我讓他們不開心的，是他們自己太脆弱，自己選擇不開心！雖然有一定道理，可這不過是一面之辭，還有很多你沒有考慮到的因素在發揮作用。

這事確實怪你的更深層次的原因在於：

> 一切的進步都不是一蹴而就的。一切的進步在起點上只不過是「願望」而已，實際上的進步是需要行動支援的——不僅需要行動，還需要長期持續的行動，即，在「肉眼可見」的「飛揚」發生之前還需要很長時間。

於是，當你「表現自己」，或者嘗試「證明自己」，甚至不小心「好為人師」的時候，從本質上看，你是在用尚未發生的結果去表現、去證明。從更深層次的視角去看，事實上**是你自己在「占便宜」**——你在用未來不一定會產生的結果刷當下的存在感。要知道，即便進行了長期持續的行動，也可能因為運氣不好而無法獲得預期的結果。

然而，對方其實不見得能想得這麼清楚（事實上，他們肯定不會想得這麼清楚，否則他們會有截然相反的態度），但這並不妨礙他們會隱隱地或者清楚地感覺到自己「吃虧了」，於是，他們必然會有所反應（也可以稱為「反彈」），他們無論如何都會有「反抗」或「反擊」的衝動。這個運作的道理是具有普遍性的，否則不可能出現如此大面積的類似行為。古今中外都一樣，不分年齡、性別，不分種族、國界，絕大多數人都會不由自主地採取負面的決策和行動——只要你聲稱自己正在進步，就會有無數人冒出來，要麼打擊你，要麼嘲諷你，甚至暗害你，或者憋著勁兒等著，只要一出現機會，就跳出來證明你的所作所為都是徒勞！

你要給自己洗腦了。如果再遇到向你潑冷水的人，再遇到說風涼話的人，再遇到在背後坑害你的人，就不必那麼膚淺地把對方定義為「壞人」了——從更深的層次分析，是你做「錯」了，是你讓他們不開心了，是你「占便宜未遂」。雖然他們也不一定是「好人」，但你確實有「錯」，而且「錯」得不淺。

我和你一樣，在年輕的時候覺得這個世界「充滿了惡意」，覺得自己好像一隻在叢林裡掙扎著生存的兔子，四處都是威脅，四處都是陷阱，隨時都可能被別的動物攻擊。偶爾得空，也總是不由自主地哀嘆：為什麼我天生是兔子，而不是豹子？然後也會好奇：若我天生是豹子，會整天欺負兔子嗎？

終於有一天，我覺醒了。根源在哪裡呢？因為我發現了自己對「叢林類比」的一個理解漏洞。我們所生存的社會確實像一個「險惡」的叢林，叢林裡有各種各樣的動物，牠們用各式各樣適合自己的方式生存，相互捕食，拚命繁衍，每天殺戮不斷，卻也生生不息。這個類比在這個層面是相當準確的，但有個細節被我忽略了——是什麼呢？在這個叢林裡，有些個體是能從一個物種「進化」成另外一個物種的，也就是說，有些兔子可能「進化」成豹子（反過來也一樣，有些豹子可能「退化」成兔子）。還有一個現實是，兔子肯定不是一下子就變成豹子的，它也許要先變成狼，再變成野豬，然後才變成豹子，以後還可能變成獅子或者大象。雖然這個叢林裡的絕大多數動物，生來是什麼，死去的時候還是什麼，但這畢竟不是大自然裡的叢林。在這個類比的「叢林」裡，某些個體的「進化」速度可以達到「不可想像」的程度。

這對我來說是個至關重要的領悟，若二十多年前它沒有發生，今天的我就不會存在——也許我依然是那隻在叢林裡每天心驚膽戰地逃亡而不知道明天會怎樣的兔子。

琢磨清楚這些道理之後，我開始釐清思路：

▽讓別人不開心，是自己不對，自己不周到。

▽一切「進化」（你看，我甚至不再用「進步」這個詞了）都是「長期」之後的未來結果，不是今天就能拿出來展示和證明的。

▽拿尚未發生的事情說事兒、講理，儘管不一定是錯的，但通常不會被別人正確理解。

▽人們不理解你的時候，自然不會支持你。

▽證明自己是沒有必要的，若做到了就無須證明，若沒做到則證明也是徒勞。

▽自己給自己引來很多攻擊，不僅是愚蠢的，更是致命的。

那該怎麼辦？

默默地完成進化。

最佳策略選擇完成。

在「進化」完成之前，不說，不表現，不好為人師，因為說了也沒用，表現了也證明不了，在那種情況下好為人師只能令人厭惡，而且多半會被理解或者證明為「虛偽」（大約十年前，我發表過一篇文章，標題是〈成為能說那話的人〉）。

現在，我寫專欄，有十幾萬人訂閱。雖然專欄裡面講的道理中有很多是我十幾二十年前就想明白並且踐行了的，可若十幾二十年前的李笑來跳出來做同樣的事情，會有同樣的效果嗎？肯定不會——「人微言輕」是有道理的。

還有一個小問題：怎樣讓自己變成一隻受歡迎的兔子，甚至連豹子都喜歡的兔子，或者連蛇都不討厭的兔子？這個問題更為嚴肅——若有解決方案，那一路上會少多少威脅和危險啊！

最初的策略很初級：做一隻歡樂的兔子。事實上，樂觀並不是天生的。樂觀是一種選擇，一種能力，一種相信明天會更好的選擇與能力。我猜你早就觀察到了，我們身邊總是有那麼一兩個人，在任何時候都是笑嘻嘻、樂呵呵的，做什麼事情都像「打了雞血」一樣興奮，哪怕遇到再大的挫折，也就是垂頭喪氣一會兒，然後依然像什麼都沒發生一樣歡樂地活著。我發現，他們都很招人喜歡。反正，我很清楚：我自己很喜歡這種人。

我要成為這種人。心理學研究成果對我幫助很大，因為我知道：一切的歡樂，其實都只不過是多巴胺分泌處於平均水準以上的結果。於是，事情就變得簡單了：多學習、多運動，人自然就開心起來了！當然，還有輔助的方法：在人群中尋找那些歡樂的人，與他們為伍。

隨著時間的推移，我終於找到了升級的策略（而且是更有效的策略）：成為一隻勵志的兔子。當然，不是那種整天宣揚成功學的兔子——我要成為一個鼓勵所有人的人。理由也很簡單：既然那麼討厭被別人潑冷水，被別人說風涼話，被別人陷害，就無論如何也不應該成為那樣的人；不僅如此，還要站到他們的對面，成為一個善於鼓勵他人的人。

「鼓勵」絕對是這世界的稀缺資源——我相信你早就有深刻的體會。如果你是個善於鼓勵他人的人，那麼你起碼會直接獲得兩個好處。首先，你身邊的人會不由自主地喜歡你——誰不喜歡擁有稀缺資源的人呢？更為重要的是，隨著你不斷鼓勵他人，不斷看到因為你的鼓勵而繼續前行的人獲得了他們所期待的結果，你會慢慢變成一個無須他人鼓勵的人——你早就變成了正能量本身。後面這個好處實在是個意外驚喜，也實在是個極度驚人的意外驚喜，不信你就試試看。

一旦開始做，你就會知道，鼓勵他人真的很簡單，一句樸素的「我支持你」就已足夠，甚至在更多的時候，你連這句話都不用說，只需要默默地陪伴一會兒就已經完成了對他人真正的鼓勵。有時我也很震驚：這麼簡單的事兒，怎麼就很少有人去做呢？

一路走過來，另外一個策略也自然而然地形成了：即便成了豹子，也不應該欺負兔子。

這個叢林本身也在「進化」。在過去，叢林裡確實常常是「你死我活」的局面。現在呢？叢林本身變了，發展太快，機會太多，因此，相互捕食變得「成本過分高昂」——還不如自己忙活自己的呢！就像在幾千年前，人類發展了農業之後，戰爭就自然而然地減少了許多個量級一樣；也像科技發展到今天，「和平」成了剛需一樣。只有輸贏和對立的時代已經過去，雙贏、多贏的局面和機會變得更多、更頻繁，於是，人們的價值觀發生了變化，只要聰明一點，大部分人都能找到「獨善其身」的位置。

我們生活在一個更好的叢林裡，而這個叢林理論上會變得越來越好，不是嗎？

通往財富自由之路

作　　者　李笑來
美術設計　BERT
內頁排版　高巧怡
文字校對　謝惠鈴
行銷企劃　林芳如，王淳眉
行銷統籌　駱漢琦
營銷總監　盧金城
業務發行　邱紹溢
業務統籌　郭其彬
執行編輯　何維民
副總編輯　何維民
總 編 輯　李亞南

國家圖書館出版品預行編目 (CIP) 資料

通往財富自由之路 / 李笑來著 . -- 初版 .
-- 臺北市 : 漫遊者文化出版 : 大雁文化發行 , 2018.01
472 面 ; 15×21 公分
ISBN 978-986-489-229-7(平裝)
1. 成功法 2. 財富
177.2　　106022661

發 行 人　蘇拾平
出　　版　漫遊者文化事業股份有限公司
地　　址　台北市松山區復興北路三三一號四樓
電　　話　(02) 2715-2022
傳　　真　(02) 2715-2021
讀者服務信箱　service@azothbooks.com
漫遊者臉書　www.facebook.com/azothbooks.read
劃撥帳號　50022001
戶　　名　漫遊者文化事業股份有限公司

發　　行　大雁文化事業股份有限公司
地　　址　台北市松山區復興北路三三三號十一樓之四
初版一刷　2018 年 1 月
定　　價　新台幣 399 元
I S B N　978-986-489-229-7